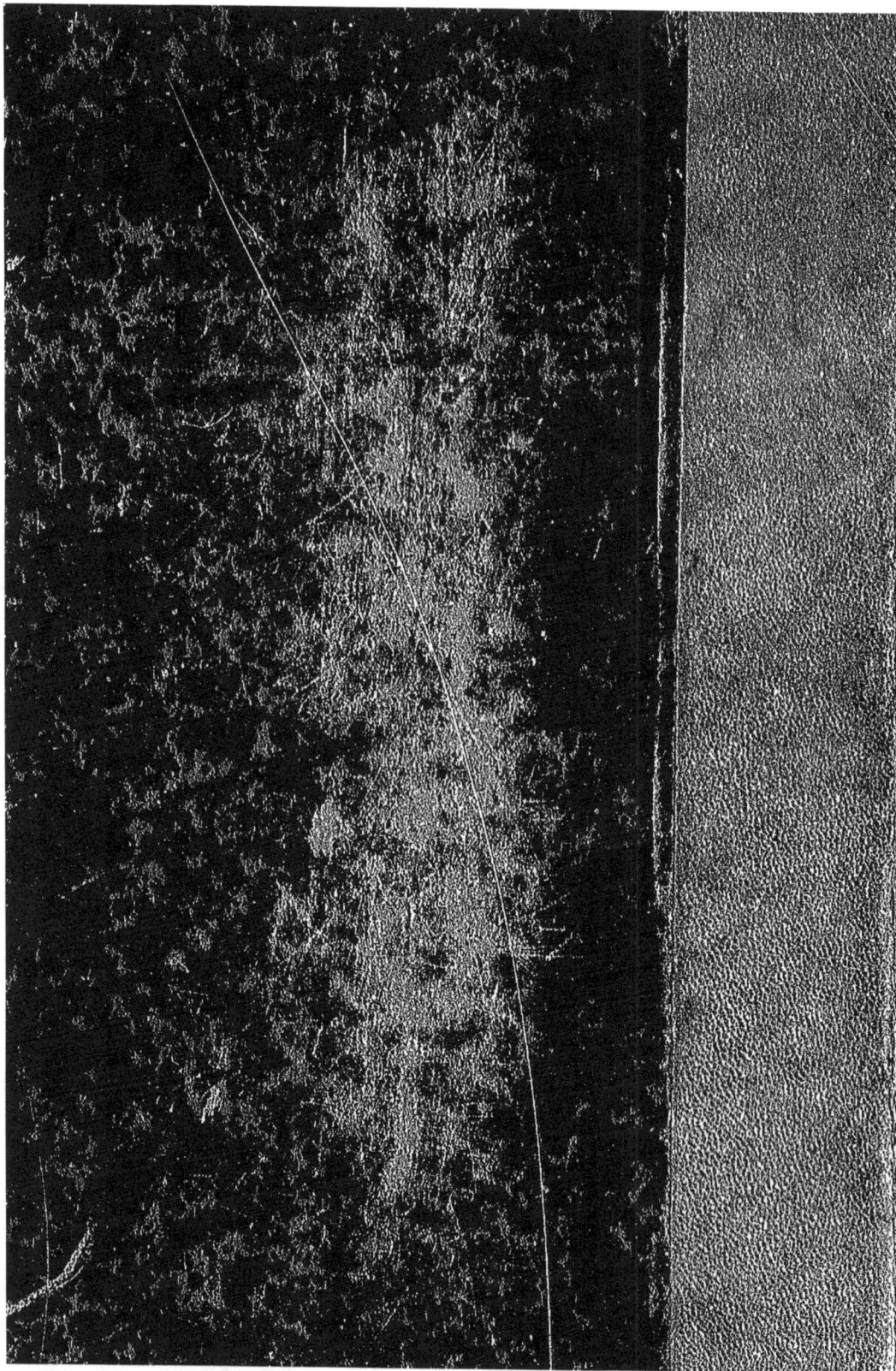

LES

ENFANTS MAL ÉLEVÉS

LES
ENFANTS MAL ÉLEVÉS

ÉTUDE

PSYCHOLOGIQUE, ANECDOTIQUE

ET

PRATIQUE

PAR

FERNAND NICOLAŸ

Avocat à la Cour de Paris

« J'ai voulu faire gaiement
un livre sérieux. »

PARIS

LIBRAIRIE ACADÉMIQUE DIDIER

PERRIN ET Cᶦᵉ, LIBRAIRES-ÉDITEURS

35, QUAI DES GRANDS-AUGUSTINS, 35

1890

PRÉFACE

I

Si le sujet que nous traitons est vieux comme le Monde, il est néanmoins toujours jeune comme l'Actualité...

Nous nous sommes proposé de donner dans ce volume, non un tableau de genre ni une œuvre fantaisiste ; mais bien une photographie instantanée de la vie de famille, prise au cours même des épisodes ordinaires et des incidents quotidiens.

Or, dans l'intimité, on ne revêt point l'habit noir, on ne porte pas la cravate blanche ; on est en robe de chambre et en pantoufles...

Enguirlander à plaisir ce foyer ; endimancher ses hôtes, et leur supposer un langage pompeux, c'eût été fausser la vérité des situations, et décolorer nos personnages.

Aussi le lecteur excusera-t-il, nous l'espérons, le sans-façon obligé des dialogues.

Ce sont en effet des portraits *vécus*, comme disent les artistes, que nous avons essayé de peindre, en nous montrant soucieux de rendre la ressemblance, avec une fidélité scrupuleuse et une entière indépendance.

Quant au livre même, il est écrit pour les familles, — nombreuses encore, — qui ont réellement à cœur de donner à leurs enfants une *vraie éducation*, et qui s'estiment comptables de ces jeunes âmes devant Dieu, devant la Société et devant leur Conscience, car :

. *De l'advis des aultres, n'ai que petit soulcy.*

C'est sous l'influence du regard si pur des enfants qui nous entourent, et la pensée pleine de respect pour cette sainte chose qui s'appelle leur candeur, que nous écrivons ces pages, sévères parfois.

Nous souhaitons cependant prouver au lecteur que l'on peut être sérieux sans être morose..., aussi bien que l'on pourrait être grave, sans être en rien sérieux.

D'ailleurs comment ne pas sourire en parlant de l'Enfance !

Loin de nous la témérité de vouloir imposer nos propres jugements, si convaincus soient-ils. Notre travail n'est point une leçon impertinente, mais une sorte d'examen de conscience.

Nous n'enseignons pas.

Nous étudions.

II

Un *célibataire* ose-t-il écrire sur l'éducation ? on le traite de théoricien et de rêveur : « Vous en parlez à votre aise ! lui dit-on ; quand vous aurez des enfants, vous ne tiendrez plus le même langage. »

Un *père de famille* entreprend-il la même étude... ?

On déclare qu'il ne saurait être indépendant : « Vous jugez tous les enfants d'après les vôtres ; vous avez nécessairement des préventions et des illusions ; vous ne pouvez pas être impartial. Ah ! si vous étiez garçon, à la bonne heure... ! »

Eh bien ! voilà pourquoi, tenant grand compte des doctrines des théoriciens, et mettant à profit

l'expérience journalière du praticien dans l'application effective des principes, il nous a paru opportun de les rapprocher et de les combiner dans ce
volume ; tantôt les résumant en de brèves formules ; tantôt esquissant en traits rapides, les personnages que nous mettons en scène.

**
*

Voici comment nous avons procédé, à l'origine,
pour nous former une opinion :

Nous avons inscrit sur une double colonne,
d'un côté les noms des enfants bien élevés, de
nous connus ; et en face les noms... des autres,
longue, très longue liste !

Puis, nous avons recherché et étudié *un à un*
les procédés d'éducation mis en œuvre par les
parents.

Cette méthode nous a donné des conclusions
positives et précises, qui sont la base même de
notre argumentation, et, si nous ne nous abusons,
la justification plénière de notre thèse.

En effet, quand on n'enregistre que des opinions
et des impressions, l'erreur est bien à craindre ;
quand, au contraire, on ne conclut que d'après

des faits et des « documents humains », sévèrement contrôlés, on arrive à la certitude en quelque sorte.

Or c'est ce procédé *expérimental*, que nous
avons suivi rigoureusement, dépouillant toute
idée préconçue et tout parti pris ; nous préoccupant, non de faire triompher un système, mais
de nous instruire par un examen minutieux et
constant.

Nous prions le lecteur de n'oublier pas que
nous n'avons entendu décrire que des physionomies *typiques*, ne nous attardant point à suivre
la gradation des séries intermédiaires, qui varient
à l'infini, se combinent entre elles, et se trans-
forment de mille manières.

**

« Il n'y a pas de règles possibles! objectera-
t-on, tout dépend des natures. »

... Veut-on dire que tous les enfants ne sont
point coulés dans le même moule, ni modelés de
la même pâte... ?

Ce serait naïf à force d'être vrai ; car il est

manifeste que les caractères sont aussi dissemblables que les physionomies.

...Ou bien, le propos a-t-il la prétention de signifier qu'il n'y a pas de principes fixes, absolus, en matière d'éducation ?

Alors, nous nous inscrivons en faux contre cette affirmation téméraire.

Autant d'enfants, autant de caractères, soit ! ce qui n'empêche point qu'il n'y ait des tendances *générales* et des prédispositions *communes à tous*, dans ce curieux « bréviaire du monde » qui s'appelle l'Enfance.

En *aucun cas*, en effet, il ne faut discuter avec l'enfant ni laisser marchander l'obéissance ; en aucun cas, il ne faut se déjuger ; ni gronder longuement, au lieu de châtier rapidement ; en aucun cas, il ne faut punir d'une manière inégale, promettre sans tenir, ni menacer en vain.

Toujours, au contraire, la correction rare et sévère est préférable ; toujours, l'accord complet entre le père et la mère est nécessaire ; toujours on doit se défier de rappeler les torts ou les erreurs de l'enfant, une fois le pardon accordé ; toujours, il faut le mater *très jeune*, au risque de n'en jamais devenir maître ; toujours il faut le tenir en gaieté, le mettre en garde contre l'égoïsme, contre les médisances, contre la mollesse...

Les juges n'appliquent pas à tous les délinquants les mêmes peines ; cependant, qui oserait prétendre que les lois positives sont une superfétation ?

L'éducation serait-elle donc la seule science sans principes ?

LES
ENFANTS MAL ÉLEVÉS

LIVRE PREMIER

PORTRAITS D'ENFANTS MAL ÉLEVÉS

CHAPITRE PREMIER

L'ENFANT MAL ÉLEVÉ : A TROIS ANS

Dès trois ans environ, un enfant peut assurément compter déjà dans la catégorie des « mal élevés », et se révéler comme un petit être complètement désagréable.

Une jeune tige poussera aussi bien de travers qu'un gros arbre...

Ce n'est qu'un *baby;* soit!

Mais il a assez d'intelligence pour comprendre; assez de volonté pour résister; assez de force pour faire tapage.

1

Il y a là en germe les tendances accusées de l'âge mûr. Car si les hommes sont de grands enfants, les enfants, eux, sont de petits hommes.

*_**

Parlons d'abord du *langage*.

Le répertoire de bébé, bien que fort étendu en réalité, paraît cependant se composer exclusivement des formules les plus restreintes : « Je veux. — Laisse-moi tranquille! — Tu m'ennuies. — Je le dirai à maman... »

Tel semble être presque tout son vocabulaire : le reste est l'accessoire.

C'est une aigreur continuelle, une insubordination constante, une malveillance qui ne désarme pas!

Son premier geste, le matin, est une impatience; son dernier cri, une plainte ou une insolence.

Du lever au coucher, il est mécontent et grognon...

Jamais il n'est satisfait de rien, quoique parents, domestiques ou amis s'ingénient à le distraire et à l'intéresser. Ses exigences ne prennent jamais fin.

Vous croyez qu'il vous sait gré de l'avoir amusé? Non pas! il vous en veut quand vous ne l'amusez plus.

Voyez ses *manières;* il mord sa bonne, égratigne ses camarades, menace et même frappe sa mère qui se contente de lui dire avec solennité « *Oh! le vilain qui bat sa mère! Fi! que c'est laid, Monsieur...! Vous n'êtes plus mon petit garçon...* »

Qu'un ami ou un parent veuille l'embrasser amicalement : d'un coup de coude il le repoussera avec brusquerie.

Si des passants le regardent, il leur fera une affreuse grimace.

Quand la contorsion est bien laide, bien ridicule, surtout si elle est faite dans des conditions qui attirent l'attention sur l'enfant, souvent les parents seront les premiers à en rire ; et au fond de leur cœur, ils trouveront cette petite insolence assez amusante.

On sort, on va se promener...

C'est *baby* qui dit où il prétend aller.

La maman avait des courses utiles, des affaires prévues... : qu'importe !

N'est-ce pas lui qui gouverne ?

***

On est *en visite...*

Bientôt il vient se coucher, ou plutôt s'abattre gauchement et mollement sur les genoux maternels, ou s'appuyer avec indolence contre le fauteuil.

D'un air écœuré et d'un ton traînant : « *Allons-nous en, m'man,* » dit-il.

Et la mère, d'une voix claire, de répondre aussitôt : « Oui, mon bijou chéri ! Nous allons nous en « aller tout de suite ; sois gentil... »

***

A table, il indique les morceaux de son choix, ceux qu'il « veut » ; les autres étant naturellement pour la famille.

Certes, à cet âge, il est incapable, impuissant, plus faible et relativement bien plus dénué et plus dépendant qu'aucun être de la création.

Néanmoins, ce petit personnage, loin de songer à la reconnaissance, n'a pas la moindre idée qu'il doive quoi que ce soit, à qui que ce soit...

On ne le lui fait point comprendre d'ailleurs.

Il ne peut rien par lui-même, et il se croit maître absolu! car chacun ploie devant lui et se soumet à ses fantaisies.

Son père, ne pensant qu'à l'avenir, se livre à un travail infatigable. Sa trop bonne mère se dépense en amour et en sollicitude fiévreuse...

L'enfant absorbe tout, et n'éprouve pas le plus léger sentiment de gratitude pour tant de dévouement et d'abnégation.

Désire-t-il une chose? Eh bien! qu'on l'aille chercher...!

Quoi de plus simple !

Il est profondément convaincu que, dans la vie, pour posséder l'objet convoité, on n'a qu'à étendre le bras ou à presser le pas. Il ne soupçonne point d'autres entraves ni d'autres difficultés. Et si l'on objecte que l'on n'obtiendra rien sans argent, il répondra hardiment : « *Papa en a !* »

⁂

Quant aux *domestiques*, ce sont à ses yeux des gens nés uniquement pour le servir.

Ils sont bien créés pour cette fonction, pense-t-il,

puisqu'ils touchent un salaire, occupent des salles distinctes et doivent obéir.

Et c'est avec une certaine cruauté qu'il leur fera sentir l'humilité de leur condition.

***

Au contraire, (et plus encore dans l'intérêt de notre fils que par bienveillance pour les inférieurs), confions doucement et tout bas au bon petit cœur de l'enfant que, légalement, moralement et chrétiennement, ces serviteurs, tout en ayant plus de devoirs que nous, n'en ont pas moins des droits; qu'ils aliènent leur liberté par nécessité; qu'on doit être bon pour eux parce qu'ils sont moins heureux que nous; que les domestiques ne sont autres que des pauvres dont on galonne la misère par une vanité d'usage, et qu'ils sont en habit dans la crainte d'être en haillons...

Car c'est bien notre vêtement *de cérémonie* qui constitue leur tenue ordinaire, n'est-il pas vrai?

Une explication est peut-être opportune...

Apprenons-lui que sa « bonne », pour lui donner les soins dont il profite, en a privé ses propres enfants qui en avaient mille fois plus besoin que lui; que c'est l'indigence qui a contraint cette femme à les sevrer brusquement de son amour, à s'éloigner de son foyer, pour aller s'établir dans la dépendance sous un toit étranger.

La mère vit..., et cependant ses fils sont orphelins !

Tendrement, entre deux baisers, disons-lui ces choses à la fois sévères et douces.

Dites-les lui ; il le faut !

On lui doit *la vérité*.

Oh ! parlons-lui sans crainte ! Son cœur, tout plein de tendresses exquises et de générosités ineffables, devinera ce que son intelligence ne comprendrait pas dans le détail.

Non ! je n'imagine pas cet enfant capable de cracher au visage d'une mère parce qu'elle est pauvre !

Au lieu de souiller cette joue privée de baisers filiaux, il pensera, je gage, à y déposer une caresse, comme aurait pu le faire le petit absent, et à murmurer cette charmante confidence : « Moi *aussi*, je t'aime bien ! »

Il respectera la mère de l'abandonné, alors qu'il était prêt à égratigner ou à battre la femme mercenaire.

⁎

Dès que l'enfant a eu conscience de lui-même, il a trouvé gîte confortable, foyer pétillant, table garnie, lit moelleux, meubles capitonnés, en un mot tous les contours de la vie aussi arrondis que possible...

On n'a rien oublié, excepté de lui faire comprendre que pareilles jouissances *ne sont pas le lot de tous*, et que ces biens multiples, qu'il utilise ou consomme, sont autant de faveurs REFUSÉES A BEAUCOUP, hélas !

Il jouit de l'utile, même du superflu ; et, à côté, on manque du nécessaire !

Pourquoi lui laisser croire que tout lui est dû?

De là cet égoïsme funeste dans lequel il grandit.

C'est sa première tendance; et c'est par suite le premier défaut qu'il importe de combattre, celui qui engendre tous les autres à cet âge : l'insolence, les bouderies, la colère et l'ingratitude.

*

Quel étonnement pour cet enfant, quand, par hasard, on lui dit qu'il y a de petits pauvres de son âge, qui grelottent de froid, couchent sur la paille, ne mangent point de viande et à peine de pain!

Comme ces révélations l'intéressent et le captivent! comme elles le rendent doucement rêveur et sérieux!

Alors, tout un monde d'idées et de sentiments nouveaux s'éveille dans cette jeune âme...

Avec quelle attention émue, quelle charmante curiosité il écoute votre récit, et en fait préciser les particularités touchantes. Il est avide de savoir toutes ces choses dont il n'avait nullement conscience.

Sans doute, maintes fois, il a rencontré des malheureux au seuil de sa porte, ou au carrefour voisin. Il leur a même donné une menue pièce, et a poursuivi son chemin.

C'est un petit mendiant! et lui, il est riche.... Qu'y a-t-il donc de commun entre eux?

Il lui semble aussi naturel d'être né dans la dentelle et d'avoir grandi dans la soie et le velours, que de trouver l'indigent couvert de guenilles.

Ah! disons à notre fils que ce pauvre est un

enfant comme lui; qu'il aimerait aussi le duvet de l'oreiller, les mets choisis, les friandises, les plaisirs.

Disons-lui que ce petit être blêmi par les privations et la souffrance, n'a probablement jamais eu un seul joujou ! Disons-lui qu'on est bien heureux de se sentir à l'abri du besoin. Expliquons-lui souvent et clairement, que tout ce qu'il dépense est payé par le labeur de son père ou par celui de ses aïeux, et qu'il *était possible que les biens qui l'entourent lui fissent défaut complètement.*

Si l'enfant en est convaincu, ses exigences diminueront à l'instant, et il goûtera mille fois plus ces biens divers dont il profitait tout à l'heure, sans même s'en douter.

***

Oui ! mettons en parallèle, et dans un vif relief, d'une part tout ce dont il jouit, et d'autre part ce qui manque au plus grand nombre. Renouvelons, ravivons ces impressions *chaque fois* que l'enfant éprouve une jouissance nouvelle, ou que, par instinct, il recherche ses aises ; et, nécessairement, il comprendra le bonheur de son sort.

Alors, germera dans ce jeune cœur une fleur à double tige : la joie du bienfait reçu, et la gratitude envers les bienfaiteurs, les parents, ces dispensateurs choisis par la Providence !

***

En un mot, qu'il sache de très bonne heure, que

le monde est rempli de gens qui souffrent ; sinon, AU LIEU D'APPRÉCIER CE QU'IL A, IL JALOUSERA CE QU'IL N'A PAS, et se révoltera en voyant ses désirs se heurter aux barrières de l'impossible.

Ses ambitions et ses souhaits dépassant toujours la mesure de ce qui est réalisable, (car on est insatiable par nature), il pourra être comblé, dans cette impasse terrestre, de tous les privilèges imaginables, et cependant, en dépit de cette large somme de bonheur, s'estimer *le plus malheureux de tous*, s'il n'a point la facilité de satisfaire telle fantaisie déplacée.

Un enfant peut se persuader qu'il est déshérité comme aucun, parce qu'il lui manque un jouet ou une friandise : tout le reste *ne comptant pour rien !*

Pareille conviction est d'autant plus à craindre, que, très souvent, de décevantes et même de poignantes réalités, remplacent dans la vie les illusions caressées et les rêves enchanteurs !

Raison de plus pour apprendre au cher *baby* qu'il y a ici-bas des privations nécessaires, et que les jouissances permises sont encore elles-mêmes autant de faveurs.

Bref, enseigner la POSSIBILITÉ DE LA PRIVATION, doit être la base d'une première éducation sérieuse et forte.

CHAPITRE DEUXIÈME

L'ENFANT MAL ÉLEVÉ : A DIX ANS.

Il a dix ans...

Il est plus insolent qu'à trois ans, parce qu'il est plus osé.

Il crie plus haut, parce qu'il est plus fort.

Il est plus méchant, parce qu'il s'est développé.

Il est plus dissimulé, plus rusé, parce qu'il a l'expérience. L'arbuste a grandi, voilà tout; l'essence n'a point changé. Les parents commencent alors à s'apercevoir que l'enfant pourrait bien être mal élevé....

Hélas! *C'est chose faite!*

Force sera bientôt de l'avouer! et l'on s'empressera, pour avoir la paix, de confier à d'autres le soin d'en faire un bon sujet.

***

« *Il faut que ce grand garçon se mette sérieusement au travail,* » répéteront les parents, heureux de la nécessité bénie qui s'impose de se séparer du « chéri », dont ils ne peuvent « rien tirer » absolument.

Quel soulagement! Quel débarras!

« *Il n'est point méchant,* dira-t-on au proviseur;

« *au contraire, il a bon cœur; seulement il est vif*
« *et espiègle ; il a besoin d'être tenu un peu.....*
« *Oh! ce n'est pas parce que c'est mon fils! mais je*
« *n'ai jamais vu autant de facilité!* »

Le fait est qu'il dépense si peu d'intelligence, qu'il
doit en garder beaucoup en réserve.....

Naturellement, on ne confessera point que sa présence n'était plus tolérable, qu'il était trop indiscipliné pour se soumettre, trop « solide gaillard »
pour qu'on osât avoir recours à la force contre lui.

La mère surtout ne se risquerait point à intimer
un ordre *positif*, car elle sait bien ne pas devoir être
obéie, et ne pouvoir point employer la contrainte.

Elle confiera même à son mari, qu'elle aurait peur
de « *recevoir un mauvais coup* » du jeune brutal, qui « *ne se connaît plus quand il est en fureur* ».

Et elle a effectivement raison de craindre...!

Tel est ce petit Monsieur.

***

I. — Pour lui, le moment est venu de songer à
son *émancipation*. Il a conscience que l'on compte
désormais avec lui, qu'il peut compromettre sa famille par des scandales, et qu'on cédera, plutôt que
de les subir.

***

Comment se manifestera cette première tentative
sérieuse d'indépendance? Le voici :

D'abord, il fera de minimes acquisitions sans y

être autorisé; il fuira la surveillance des siens, recherchera toutes les occasions de s'en éloigner, s'isolera autant que possible. N'être plus avec ses parents est pour lui le plus réjouissant des projets ! Leur société *l'ennuie*...

Et ceux-ci s'en mortifieront ! Cependant, ils ont tort de s'étonner.

Sans doute, ils ont cru assurer le bonheur de l'enfant, en s'ingéniant à écarter de lui contrariétés et privations.

Là s'est bornée leur sollicitude étroite.

En a-t-il été plus heureux... ?

Non, certes !

On lui a toujours cédé; mais AVANT de mollir, on l'a contredit; puis, blâmé APRÈS. Il ne l'oublie pas, et en garde rancune.

N'osant point lui dire : « je ne veux pas », il est vraisemblable qu'on s'est retranché derrière de mauvaises raisons, dont l'illogisme n'est pas resté inaperçu.

Et comment l'argumentation paternelle ne serait-elle point vicieuse, puisque, pour refuser, on invoque mille motifs aussi variés qu'inexacts, au lieu de donner le *seul vrai*, à savoir : je ne permets point...

***

Étudiez l'enfant, ses actes, ses paroles; tout tend vers ce but unique : *préparer lentement, mais sûrement son émancipation.*

Il y travaille sans relâche, évitant de parler de

l'emploi de son temps, des amis qu'il fréquente et des lectures qu'il a entreprises...

Particularité très intéressante pour l'observateur : il cesse insensiblement toute confidence, et semble chercher un voile où s'envelopper.

Pourquoi?

Parce qu'il pressent qu'il désirera bientôt se cacher, et que sous peu, il serait gênant pour lui de *rendre compte* de sa conduite.

Sa curiosité est en éveil... Il est impatient de feuilleter seul le livre de la vie, et de rétablir les pages qu'on en a sagement arrachées par prudence.

Assurément, tout cela n'est pas traduit dans son esprit sous forme syllogistique, mais constitue néanmoins une prévision nettement accusée chez lui, et clairement entrevue.

Son instinct ne le trompe pas.

***

II. — La seconde « caractéristique » propre à cet âge, c'est une *assurance imperturbable.*

Il se croit un personnage ; parle de tout; donne son avis sur tout; discute les jugements des hommes d'âge; lutte contre les opinions des spécialistes, et inflige les démentis les plus énergiques à son père.

Quant à sa mère....., il tient son intelligence en un si grand mépris qu'il ne lui fait même point l'honneur de la réfuter. C'est une pauvre femme!

Lui parle-t-elle...? Il hausse les épaules de pitié...
— « Tu ne sais pas!... » telle est sa dédaigneuse réponse habituelle.

A trois ans, il imposait ses volontés : on a cédé,

A dix ans, il entend qu'on partage ses idées, quand même.

Il ne doute de rien, affirme sans savoir, s'engage sans prévoir, porte d'insolents défis avec une jactance et une témérité pitoyables!

***

III. — Très souvent, remarquons-le, il est encouragé, dans son arrogance et dans ses velléités d'indépendance, par une certaine catégorie d'intimes du foyer qu'on devrait écarter comme la fièvre! car ils exercent sur les enfants l'ascendant le plus déplorable, ascendant d'autant plus dangereux qu'il est fréquemment répété, et semble patronné par la famille même.

***

Qu'un *étranger*, un passant, un ami de rencontre ait un langage peu réservé, ou incite l'enfant à quelque méfait…: sur-le-champ, le père interviendra, et n'hésitera pas à remettre à sa place l'indiscret personnage.

« Si mon observation le froisse, pensera-t-il, il ne reviendra plus; voilà tout! »

Supposez au contraire un de ces *habitués* qui entrent à toute heure, causent librement, sans contrôle, et prennent à l'insu des parents une influence décisive sur les enfants, tantôt, les amusant ou jouant avec eux, tantôt, leur offrant de riches cadeaux;

supposez, dis-je, un de ces intimes blâmant le père
ou le contrecarrant...

Eh bien! dans la crainte de le mortifier, de le blesser, on n'osera pas lui adresser les reproches qu'il
mériterait; car il est en pied dans la maison : l'éconduire serait un événement!

Au fond, les parents sont vexés, offensés même
dans leur conscience. Pourtant, on courbera la tête,
on fera la sourde oreille...; et cet ami léger ou inconsidéré finira par substituer son action à celle du père,
à tel point, que le chef de famille occupera une place
de sous-ordre, et tiendra un rôle entièrement effacé.

***

Un exemple entre mille :

Le père a consigné l'enfant : l'ordre est absolu,
formel.

Le parasite, qui n'est certes pas venu pour assister à une lutte en attendant le déjeuner, et qui souhaite d'ailleurs être bien vu de l'enfant, qu'il aime à
sa manière, lèvera de sa propre autorité l'interdit.

— « *Allons! c'est fini! n'en parlons plus. Une*
« *autre fois il sera plus gentil,* » décidera en maître notre Mentor d'occasion, qui jouera à lui seul
tous les personnages de la scène.

Et, malgré le père, on ira se promener...

Ah! le soir, la guerre reprendra au foyer, plus
ardente que jamais; on le devine.

Mais qu'importe à l'ami!

Est-ce qu'il sera là?...

***

Honnête homme, je le veux croire, il n'enseignera pas l'insubordination; mais il commettra des maladresses équivalentes.

Ainsi, en dehors des parents, il donnera les friandises défendues; remettra à la dérobée l'objet ou le jouet prohibé; facilitera en cachette les distractions refusées par la mère, non sans motif, j'imagine; fournira des explications que le père jugeait bon de taire...

Et ainsi de suite...

Puis, après avoir satisfait la curiosité de l'enfant, il ne manquera pas d'ajouter ce mot désastreux : « *Tu sais! surtout, n'en dis rien à tes parents!* »

Et l'on se taira...

Cela pourrait justement s'appeler : procédé infaillible pour discréditer les parents.

La vérité est, que le père ressemblera singulièrement chez lui à un intrus.

L'ami, lui, sera l'idole attendue, fêtée, acclamée.

***

On constatera que ce rôle est toujours rempli par des *désœuvrés*, qui voient là un simple passe-temps, rien autre chose. La disproportion d'âge ne permet pourtant pas de croire que la conversation de l'enfant soit si attrayante; mais que voulez-vous! il est « si drôle » !

C'est un jeune Triboulet, dont les grimaces font rire et dont les saillies dérident. On le recherche comme une distraction quelconque.

Oui! on le gâte en s'amusant; quelquefois même, on s'amuse à le gâter.

Après tout, pendant un instant on se sera récréé... Les parents, ensuite, s'en tireront pour le mieux.

Cela les regarde.

...L'enfant a, je suppose, la réputation d'être familier, insolent.

Le bon ami de la famille, (qui ne cherche qu'à passer un gai quart d'heure), va le questionner..., lui suggérer une démarche auprès de ses parents ou des domestiques, *dans l'espoir secret* de lui entendre dire une impertinence ou une incongruité.

Il la blâmera tout haut, très haut même; mais d'une *certaine manière*, qui ressemble beaucoup plus à un encouragement qu'à un reproche.

***

En réalité, l'enfant comprend à merveille qu'on le trouve comique, et se croit extraordinairement spirituel.

Or, homme ou bambin, du moment qu'on fait rire, on a grand'chance de réussir dans le monde.

« *Il est bien amusant!* » est l'éloge qu'on entend exprimer comme louange suprême. On veut être distrait à tout prix.

***

Ainsi, l'ami en question a constaté que l'enfant se permettait telle expression risquée, tel mot brutal, telle désignation ou appellation ridicule à l'égard d'une personne respectable; ou bien, il l'a entendu

2

imiter le zézaiement de celui-ci, le bégaiement de celle-là ; il l'a vu reproduire la démarche gauche de l'un, les infirmités de l'autre, les gestes communs des valets, les grossièretés du gamin des rues...

Alors, il se fait l'instigateur d'une *petite représentation* qu'il annonce lui-même, et à laquelle il convie l'entourage.

C'est une véritable *parade* qu'il organise.

Et le jeune acteur donne sa séance récréative.

On applaudit, on excite l'enfant dans sa vilaine conduite et dans sa mauvaise action.

Le fait est qu'il y a lieu de se pâmer d'aise!

Bafouer un vieillard ; critiquer les défauts du prochain ; se moquer d'une infirmité : tout cela prête incontestablement à rire!

N'est-ce pas aussi le vrai moyen de former à la fois l'esprit, le goût et le cœur?...

« *Mon Dieu qu'il est drôle! Comme c'est bien « cela! On jurerait que c'est lui; on croirait l'en- « tendre! Dites donc, papa! savez-vous qu'on fe- « rait de votre fils un fameux comédien? Ah! il a « la note, il a le chic!...* »

Et souvent le père, plus touché par la vanité que guidé par le devoir, se dira à part lui : « Effectivement! il y a quelque chose dans cette petite tête-là. »

La mère, plus délicate, ne manquera pas de s'écrier, (je ne parle toujours que des honnêtes familles) : « *Fi! vilain laid! Savez-vous, Monsieur, que c'est « trrrès mal ce que vous faites là. Tenez, vous êtes « un mauvais sujet!* »

Mais il faut entendre de quelle voix ces choses

sont dites, pour comprendre ce que vaut la réprimande !!

Et en même temps, l'enfant recueillera une caresse,
ou surprendra un de ces regards dont les mères ont
le secret, et qui signifient : « *Au fond, chéri! Tu*
« *sais bien qu'il ne faut pas croire un mot de mes*
« *paroles.* »

⁎

Ce n'est pas tout.

On reçoit encore d'autres habitués : depuis le jeune
viveur jusqu'au vieillard blasé, qui se permettent devant l'enfant le langage le plus détestable.

Mots à double entente, allusions indiscrètes, équivoques à peine voilées..., tout passe !

Heureux, quand au dessert, on n'en arrive pas aux
propos graveleux, à mi-voix, bien entendu : ce qui
ne sert qu'à attirer mieux encore l'attention du petit
monde présent.

⁎

Qu'il s'agisse de dandys ou de barbons, le répertoire est semblable : ce sont de vieux contes à peine
rajeunis, que l'on donne comme primeurs; ou les
scandales des journaux d'hier, qu'on analyse dans les
détails.

D'ordinaire, pour se rendre intéressant, on dit qu'on
tient ces particularités du héros même de l'aventure..., que l'on a été l'un des acteurs ou l'un des
témoins de l'affaire..., etc..., etc.

Le père, qui redoute avant tout de passer pour prude, qui veut être tout ensemble un « vieux libéral » et un homme « *dans le train* », fera la sourde oreille ou sourira avec indulgence...

Quant à la mère, si l'anecdote devient trop croustilleuse ou l'expression trop scabreuse, elle protestera dans bien des cas par une intervention aussi honorable... qu'intempestive : « *Chut! chut!* dira-t-elle avec « onction et mystère; *vous oubliez, cher Monsieur*, « *que nous avons ici de jeunes oreilles...* »

Et l'enfant, pour qui le propos eût pu passer inaperçu, dressera « sa jeune oreille», et recueillera, pour le retenir et le méditer, le mot risqué qu'il sait désormais cacher un secret.

Néanmoins, cette mère trop novice se croira vigilante et pleine de sollicitude comme personne !

Elle a les meilleures intentions, d'accord ! mais son inexpérience n'est pas moins funeste que la tolérance du mari.

..

IV. — Parlons maintenant du *langage* de notre jeune héros.

Le français de nos aïeux étant trop fade, paraît-il, pour traduire ses pensées, il emploiera le vocabulaire de la langue « verte » la plus faubourienne.

Le père est peut-être un lettré, la mère une femme distinguée, instruite...; et leur héritier a le langage du « pâle voyou », des rôdeurs de barrière et des colons de Nouméa !

Prouvons que nous n'exagérons pas.

Notre jeune *potache*, (pour parler comme lui), importe du *bazar* universitaire dans la *cambuse* paternelle, un nouvel idiome, le pur argot, qui frappe constamment à la porte de nos salons et finira par en forcer l'entrée.

Le professeur n'est pas un homme bizarre. — C'est un *type* qui a une drôle de *balle*...

Le devoir n'est pas ennuyeux. — Il est *sciant*, *bassinant*...

En récréation, on ne se bat pas. — On se *flanque* une *pile*, une *peignée*, une *tripotée*...

On ne s'enfuit pas. — On *détalle*...

On n'est pas interdit. — On est *époustouflé*...

On ne tombe pas. — On prend un *billet de parterre*...

A-t-il une mauvaise place en composition ? — Il s'en *bat l'œil;* et s'il était premier, il ne ferait pas *sa poire* pour cela...

Enfin, dimanche, il compte bien aller *se balader*, à moins que la pluie ne fasse tourner ses projets en *eau de boudin*.., etc...

Plus tard, on le verra, le français ne fera que de très rares apparitions dans son langage courant, devenu régulièrement argotique.

**

V. — Jusqu'ici, on a laissé l'esprit de l'enfant se fausser un peu, son caractère se gâter beaucoup, c'est vrai ! mais, presque toujours du moins, les puretés de son cœur, les candeurs de son âme sont restées intactes.

La tige présente des aspérités, voire même quelques épines, mais la fleur a conservé sa fraîcheur.

Aucune image troublante n'a traversé cette jeune imagination ; aucune vision impudique n'a fait impression sur cette âme encore neuve...

C'est le moment que choisissent nombre de parents, pour conduire leurs enfants à ces exhibitions, qu'il est convenu d'appeler innocentes, parce qu'on les juge avec l'expérience de la vie et dans la maturité de l'âge : j'ai nommé les féeries.

*_**

— « Quoi ! pas même de féeries ! Quelle exagération ! »

— Entendons-nous bien.

Ne demandons-nous à nos enfants que la mesure d'honnêteté dont la masse du public se contente ?... Si oui, il va sans dire que l'on aurait tort de se préoccuper ou de se gêner en rien.

Il n'est point douteux, en effet, que l'enfant pourra débuter par les féeries, continuer par les théâtres, finir par les brasseries interlopes, et cependant, quand il sera las de la vie de garçon, devenir à son heure un fonctionnaire régulier, un industriel achalandé, un professeur couru, un avocat disert, un homme correct aux yeux du monde...

*_**

Avons-nous au contraire d'autres ambitions ?

Sommes-nous *résolus* à faire de notre enfant un *homme* par le caractère, un *gentilhomme* par la

dignité [1]...? Estimons-nous qu'il est de notre devoir
de sauvegarder la vertu de l'enfant et d'y aider
autant que possible ? Établissons-nous une certaine
différence entre la probité vulgaire et le véritable
honneur...? Croyons-nous enfin à une morale distincte des codes...?

Alors, prenons garde ! observons : et bientôt
notre opinion sera faite.

***

La pensée vous est-elle venue de rechercher,
de recueillir avec prudence les impressions d'un enfant de douze ans, au sortir de ces représentations,
où les enchantements de l'art, les inventions étour-
dissantes, les séductions accumulées, une musique
entraînante, des danses délirantes ou lascives, font
tourner sa jeune tête après avoir émerveillé ses yeux...?

C'est comme l'engourdissement d'un rêve...! un
éblouissement chez les   s, un enthousiasme fé-
brile chez les autres ; pour beaucoup, une initiation
prématurée et une révélation indiscrète ; pour tous
enfin, un tableau mauvais dans une éducation qui
veut être sérieuse.

Ah! le lendemain, elle semblera bien terne et
morne la maison paternelle, éclairée seulement par
la modeste lumière, que répand une petite lampe
sur la table de famille!

Hier! c'était si éclatant, si lumineux, si rayonnant! Tout était diapré, scintillant, irisé!

1, « Sans la dignité, la descendance n'est qu'une dégringolade, »
a dit V. Hugo.

L'enchantement des fées, le tourbillon des ballets audacieux, les mirages les plus rutilants, la splendeur des décors, le luxe chatoyant des costumes, hanteront avec persistance son souvenir et absorberont sa pensée, au point de rendre pendant plusieurs jours son intelligence *flottante*.

Non! un travail appliqué et fructueux n'est point de sitôt possible.

[*]

Allez plus avant dans cette analyse, et si vous avez la confiance de l'enfant, vous entendrez maintes réflexions significatives, auxquelles le père et la mère croient difficilement, parce que *ce n'est jamais à eux qu'elles sont faites.*

Il n'y a là qu'un germe ; d'accord !

Mais ce germe doit porter les fruits mauvais, dont bientôt les parents se plaindront amèrement. Certes, si on n'aimait point tant à se faire illusion, force serait bien de le reconnaître.

Une fois séduit par ces sortes de distractions, toutes les autres ne sauraient paraître que fades.

Comment un jouet de cinq francs semblerait-il agréable et désirable, alors que, pour pareille somme, l'enfant a pu goûter un plaisir dont la mise en œuvre a coûté une vraie fortune.

C'est le piment servi à haute dose dès le premier service. Inévitablement, le reste du repas doit être insipide.

CHAPITRE TROISIÈME

L'ENFANT MAL ÉLEVÉ : A QUINZE ANS

Quinze ans ! âge ingrat entre tous !

Disgracieux jusqu'à la laideur, gauche jusqu'à la sottise, orgueilleux jusqu'au ridicule : tel est le lycéen de quinze ans.

Il a la maladresse des premiers ans, et les témérités de l'homme fait...

Une présomptueuse niaiserie a remplacé la candeur; et, de sa force future, il n'a encore que les audaces sans la puissance.

Type de transition, enfant déformé et homme informe, mélange malheureux de deux âges, l'un effacé l'autre mal défini, il rappelle assez bien ces jeunes oiseaux qui ont grand bec, grosses pattes, membres disproportionnés, démarche bête et voix discordante...

Cela ne l'empêche pas d'être vaniteux !

C'est même sa note dominante.

**

A vingt ans, il sera plus modeste, parce qu'il aura subi des épreuves qui auront été peut-être des échecs, et qu'en tout cas, il se sera mesuré avec des concurrents inquiétants. Il y a là de quoi le dégriser un peu.

Mais à quinze ans, il n'en sait pas encore assez, pour deviner l'étendue de son ignorance !

***

I.— L'une de ses grandes satisfactions, est « d'épater » ses parents par sa science.

En causant, et sans en avoir l'air, il « pousse quelque bonne colle, » qui doit les laisser émerveillés et rêveurs.

Dans chaque lycée, chaque institution en effet, il y a de ces traditions : un certain nombre de rébus et de quiproquos savants, de curiosités quintessenciées, de problèmes bizarres qui traînent dans les classes, et que les élèves recueillent avec soin.

Naturellement, le père et la mère restent interdits; et notre jeune homme jouit de leur stupéfaction.

Jugez de son triomphe ! c'est lui qui leur pose des questions. Et comme il rit, plaisante ou raille, quand ils se prêtent à ce petit examen mortifiant !

***

Si l'enfant est plus rusé, il se contentera d'interroger *sérieusement* ses parents, sous prétexte de s'éclairer lui-même, mais avec la secrète pensée de leur faire comprendre qu'ils sont arriérés, et que la science de leur temps est singulièrement défraîchie.

C'est que le jeune homme a bien une demi-douzaine de finasseries à sa disposition ! et avec ce bagage, il se trouve largement muni.

La mère, pendant les quelques heures qu'elle l'aura près d'elle, n'entendra que des choses extraordinaires de la bouche de ce petit Monsieur :

« *Lundi, j'ai pioché pendant toute la matinée un* « *sale cosinus et un stupide logarithme ; mais j'ai* « *réussi mon équation.* » Et, feignant de se remémorer une loi algébrique, il dira, avec une conviction recueillie et une volubilité mécanique : « *le coeffi-* « *cient du second terme, est la somme des seconds* « *termes des facteurs binômes, ou la somme des* « *racines en signes contraires.* »

Puis, continuant son jeu : « *Ah ! tu connais bien* « *le petit *** ? Croirais-tu que, l'autre jour, à la* « *cosmographie, il a confondu la parallaxe avec* « *l'écliptique. C'était « tordant » ! En rentrant,* « *nous composerons en sciences ; veux-tu parier* « *que nous aurons pour sujet : la classification des* « *monocotylédones et la description du pancréas ?* « *Si on m'interroge là-dessus à mon « bacho », je* « *suis sûr de n'être pas « recolqué ». Je sais ça depuis* « *un siècle... D'ailleurs, c'est simple comme bon-* « *jour ! Avec dix lignes sur le canal cholédoque, le* « *duodenum et l'épithélium pavimenteux, le père* « *X... (le professeur) sera enchanté ! ravi !*

Beaucoup de mères, pénétrées d'admiration, ou, pour être plus vrai, flattées dans leur orgueil, ne manqueront point d'encenser le petit vaniteux.

Vienne une visite, la maman s'écriera : « *Vrai-* « *ment ! on demande maintenant aux collégiens* « *des choses inouïes ! C'est du chinois pour moi !* « *je n'y comprends pas un traître mot ! mais cela* « *plaît à l'enfant... Il est certain qu'il est doué...*

« *Ah ! s'il n'y avait pas de* « *chouchoux* » *dans les*
« *classes ! Mais lui, n'est pas de ces élèves qui*
« *adulent leurs maîtres; au contraire...! Il n'aime*
« *pas les injustices ; et je le confesse, il dirait*
« *plutôt une insolence dans un moment de viva-*
« *cité... Un instant après, il n'y pense plus.* »

Traduction libre : c'est un « cancre », et un impertinent.

*_**

A l'égard de son père, la note change.

Avec quelques particularités scientifiques nouvelles, avec certaines découvertes ou inventions effectivement récentes, il le déconcertera un peu.

Le père pourrait alors se contenter de faire observer
à ce jeune sot, qu'il en sera ainsi tant que les parents
naîtront avant leurs enfants...

Oui, ce fils connaîtra... de nom, le *germanium*,
l'*actinium* et le *jargonium*, le *graphophone* et la
diméthyloxyquinizine, effectivement ignorés il y a
quelques années; il parlera en connaisseur de l'*hété-*
roplastie; de l'*utriculaire*, curieuse plante carnivore
découverte d'hier... ; mais il ne saurait peut-être pas
écrire une page avec l'orthographe la plus usuelle.
Imposez donc l'épreuve à ce petit glorieux: le conseil
est pratique.

Cela n'empêchera pas le papa, qui est heureux de
tant de précocité, de dire devant son fils, en frappant sur l'épaule d'un vieil ami: « *Décidément, mon*
cher, nous ne sommes pas de notre siècle! à notre
âge, on n'est plus à la hauteur... Il faut l'avouer:
je nous trouve bien ignorants. »

Et baissant à peine la voix : « *Entre nous, à* « *côté de tous ces gaillards-là, nous paraissons* « *de vieilles perruques.* »

**

Dira-t-on qu'il n'y a là qu'une simple plaisanterie ? Nous aimons à le croire.

Mais l'enfant en est-il moins encouragé dans sa ridicule fatuité ?

Allons, excellents parents ! faites-vous petits, humbles et modestes devant vos fils ; soyez les premiers à leur inspirer le mépris dont ils vous abreuveront bientôt... ! Eh quoi ! à supposer vraie la supériorité intellectuelle de l'enfant, est-ce que le bon sens, le jugement, l'âge, l'expérience ne comptent pour rien dans la vie ?

**

Parlant de l'histoire des idées et des croyances à tous les âges, un philosophe contemporain rappelle combien ils ont fait rire, ces naïfs et crédules bonnes gens, qui, autrefois, croyaient aux sorciers et à la magie ! Cependant de nos jours, poursuit-il, d'éminents princes de la science ne professent-ils point cette doctrine qu'on peut, par suggestion, disposer de la volonté d'un tiers même pour le mal, et s'emparer de sa pensée en quelque sorte ? Serions-nous revenus par hasard à un nouveau genre de sortilèges et de maléfices ?.... Car enfin, dit-il, si tels illustres savants ont actuellement raison, les gens « arriérés »,

qui jadis redoutaient « les sorts et les influences »,
peu importe le nom, n'étaient donc pas si extravagants qu'on se l'imaginait.

L'idée est excessive, mais le rapprochement est
au moins curieux à signaler.

***

Au fond, qu'y a-t-il d'exact dans les doctrines modernes ? Nous n'avons point à le discuter ici.

Disons seulement à nos fils, que, si notre siècle a
le droit de se montrer fier de ses belles découvertes,
il ne doit être, pour cela, ni arrogant ni méprisant.

Le présent n'est-il pas fait de l'expérience du
passé ?

Que la science sache donc être modeste, même
dans ses justes triomphes, car, après tout, le Progrès
consiste fréquemment à signaler les erreurs d'hier :
peut-être demain réfutera-t-il celles d'aujourd'hui;
et ainsi de suite... ! le tout, avec une égale bonne
foi, une égale énergie d'affirmations successives.

Aura-t-on même jamais la raison dernière des choses ...? Il est permis d'en douter : *Tradidit Mundum
disputationi.*

Un père avisé aurait beau jeu à tempérer les violentes audaces de cet orgueil scientifique, qui enivre
d'une suffisance grotesque la jeunesse de nos écoles.
Comme il pourrait réduire à de justes proportions
quantité de conclusions imprudentes, excessives, ou
franchement inexactes !

Que de gens, par exemple, pour faire le procès
aux idées spiritualistes, se réclament de Darwin, qui

cependant fait dans sa correspondance cette déclaration : « Je ne suis point athée. »

***

II. — Oh! bien restreint est le nombre des faits *acquis* et des notions *certaines*, comparé à la multiplicité incalculable des systèmes qui font grand tapage un jour, pour rentrer ensuite au néant!

Demandez-le aux VRAIS savants!

Demandez-leur, si, plus amèrement que personne, ils ne déplorent point l'envahissement insolent et hâbleur d'une sorte de « romantisme scientifique, » se substituant aux réalités expérimentales pures.

***

Sous prétexte de vulgariser la science, on la rend simplement *vulgaire;* c'est-à-dire que, par une préoccupation mercantile, on l'accommode au goût du public, en descendant à lui, au lieu de l'élever à soi. Les hautes conceptions, les fortes études, la méditation et le recueillement n'étant le partage que d'un groupe d'esprits d'élite, on en arrive, pour être écouté ou lu, à s'attacher aux petites curiosités de la science, aux exceptions et aux bizarreries susceptibles d'*amuser* le plus grand nombre, et de complaire à l'intelligence moyenne des masses...

Dans ces livres, la vérité est traitée comme l'histoire l'est elle-même dans les drames populaires : tout est sacrifié au besoin d'être *intéressant,* toujours et quand même! A tout prix, on entend rendre la *science facile :* comme si ces deux mots ne se réfutaient pas l'un par l'autre ! Mais le temps presse, la vie est courte..., et coûteuse : il faut donc « faire vite et pas cher ».

Ah! trop naïfs acheteurs, vous en avez pour votre argent. L'œuvre est bien cotée ce qu'elle vaut !

**

Puis, même dans un monde choisi, que d'*hypothèses*, acceptées docilement pour *thèses !*

Que de suppositions, (ingénieuses rien de plus), prenant corps, grâce uniquement au *nom sonore* dont on les a baptisées, même avant leur naissance !

Que l'on crée un mot nouveau pour désigner une chose nouvelle : à merveille !

Mais qualifier une découverte qui n'est *point encore faite ;* décrire une entité franchement chimérique, comme s'il s'agissait d'une trouvaille indiscutable et constatée; surtout, en tirer sans preuve les plus graves conclusions... : c'est en imposer !

Néanmoins, de jeunes étudiants, sur la foi d'idéologues fantaisistes pères d'une douzaine d'appellations étonnantes, vous parleront avec outrecuidance, de *plastidule,* de *protoplasma,* d'*anthropopithèque,* absolument comme si, à l'heure présente, il y avait là autre chose que de fort jolis mots grecs, enveloppant de simples imaginations (1).

---

(1) Il est convenu, paraît-il, que si l'homme singe, (qu'on cherche toujours en vain), au lieu de ressembler plus à l'homme qu'au singe, était plus voisin comme type, du singe que de l'homme, on appellerait ce précurseur simien *pithécanthrope,* et non plus *anthropopithèque...* si

Le moyen de ne pas s'incliner devant pareil vocabulaire, pour peu qu'on n'ait pas le loisir d'aller consulter furtivement son « Alexandre » !

L'idée est peut-être vieille comme le monde; cependant le terme inintelligible qui la rajeunit, a le précieux avantage d'entraver les réfutations utiles, et de mettre le sens commun en déroute.

Oui ! c'est précisément parce que nous admirons et aimons d'enthousiasme la vraie science, que nous redoutons de la voir conclure avec témérité et « avant l'heure », au risque de perdre son prestige et son autorité légitimes, en cessant d'être *positive*, au bon sens du mot.

****

Est-ce que nous exagérons ?

Qu'un jeune étudiant entende soutenir, je suppose, que les êtres organisés, y compris l'homme, proviennent de la matière brute ; il discutera sans doute, ou du moins pourra le faire.

Mais qu'il voie dans un ouvrage ou une revue, que, grâce au célèbre professeur d'Iéna, on explique exactement ce phénomène « par l'autogonie initiale « du *Monisme* : qu'en effet, la première manifesta- « tion de l'*archigonie* fut l'*archiplasson*, ou proto- « gène autogone irréductible, unité vitale suivie du

---

on le découvrait jamais. (ἄνθρωπος, homme ; πίθηκος, singe.) Mais j'y songe ! *Si* l'on trouvait le produit fantastique de la *carpe* et du *lapin*, on s'enrichirait de la famille des *cyprinoconiles* ou *conilocuprines*, vocable qui ne déparerait point la nomenclature. (κυπρίνος, carpe ; κόνικλος, ou κόνικλς, lapin.)

bioplasson, d'où est sortie toute substance örga-
nisée....; » il restera fatalement ahuri et muet.

Supposez le helléniste, comme MM. Havet ou Egger, il lui faudra un quart d'heure pour traduire cette
demi-page de *grec*, qui n'a du français que l'apparence.

Et s'il ignore la langue de Périclès, (ce qui peut
fort bien arriver), il croira que la Cause Première
*est sérieusement contestée par une découverte à
sensation.*

Ne comprend-il pas tout à fait?

Qu'il lise alors l'explication suivante pour se
bien éclairer : « Ainsi donc, poursuit l'auteur, à la
« monère, parcelle de protoplasma sans noyau, (stade
« *monerula*), succède la cellule amibe, parcelle de
« protoplasma avec noyau (stade *cytula*), laquelle
« forme des communautés de cellules ou synamibes,
« (stade *morula*), qui nous amènent insensiblement
« à l'homme même. »

Ce n'est pas plus difficile que cela......

Et comme c'est simple !!!

***

Un système tel que l'hétérogénie est-il mis à néant
par les Pasteur et les Tyndall?

On change l'étiquette, et on l'appelle : *autogonie de
la monère;* ce qui rend fort acceptable et tout mo-
derne ce vieux « cliché ».

Que de fois, achetant un volume qui « vient de paraître », n'y trouve-t-on pas, copiées servilement,
les imaginations de Leucippe ou de Démocrite,
d'Épicure ou de Lucrèce, offertes comme primeurs!

De grâce! commencez donc par vous assurer de la chose : vous la nommerez et décrirez ensuite! Ce sera moins piquant, mais plus logique.

Non! il faut en prendre son parti : l'*Eozoon* du Canada, (plaisamment qualifié : *canardense*), le *Bathybius*, la *Monère* ne figurent encore dans les auteurs que comme groupement de lettres; et on ne les rencontrera pas plus dans les collections, que les Naïades, les Cyclopes et les Zéphirs; pas plus que le *voile* de l'Anonyme, le *miroir* de la Vérité ou la *chaîne* des Temps; pas plus que le *char* de la Nuit, la *roue* de la Fortune ou les *doigts* de l'Aurore...

Que l'homme s'y résigne...! Il n'a pas le pouvoir divin de créer des êtres, rien qu'en les nommant.

***

Et voilà les savants qui, *a priori*, repoussent comme anti-scientifique toute croyance métaphysique quelconque, au moment même où ils font de la philosophie... malgré eux !

Point de doute! Si l'on y regardait de près, on verrait bien vite que c'est la surprenante crédulité de la demi-science qui engendre son incrédulité néfaste.

Expliquons donc clairement à nos fils et à nos neveux, qu'il faut éliminer le roman, éprouver les théories au creuset de la vérité, s'enquérir du *substratum*, et, comme dit Montaigne, ne point prendre le *mot* pour l'*objet*.

Newton parlant de ses découvertes, (dans lesquelles nous avons peut-être raison de voir des *lois*), se contente de les qualifier d'*hypothèses fécondes*, donnant en cela une admirable leçon de probité et de réserve scientifiques.

***

III. — Quand l'enfant mal élevé, à l'âge que nous étudions, n'est pas très impertinent avec sa mère, (ce qui est bien fréquent), il se montre d'un sans façon, d'un sans gêne des plus déplacés.

Renonçant à tout ascendant, à tout prestige, elle se laisse traiter en condisciple, permet des appellations familières, petites moqueries dans lesquelles elle voit, à travers le prisme maternel, d'ineffables gentillesses ; et, fière que son fils daigne s'occuper d'elle, fût-ce pour la plaisanter quelque peu, elle répétera à tout venant : « *Cet enfant m'adore.* »

Il vous adore, peut être ; mais vous respecte-t-il...?

Comme guide, la mère n'existe plus : elle a abdiqué. L'autorité a fait place à une camaraderie de mauvais goût.

***

IV. — Étudiez maintenant le jeune homme en dehors du toit paternel.

Quelle importance comique il se donne !

Avec quel air de mousquetaire pourfendeur, de matamore insolent, il défie du regard le manouvrier qui l'a heurté au passage, ou le cocher dont la voiture l'a frôlé d'un peu près !

Avec quel air connaisseur et capable il « détaille » les œuvres artistiques devant lesquelles il s'arrête ! Comme il toise les passants et les examine d'une façon pédante...!

Il commence à s'habituer au cigare.

Oh ! le temps du mal de cœur est oublié ! et le jour est déjà loin où il essayait, dans un *retiro* quelconque, sa première cigarette.

Sans doute, le jeune fumeur ressent bien encore un léger trouble. « Mais il faut être homme ! On s'y fera... »

Avec quel intérêt, quelle complaisance, il suit des yeux les spirales blanches de l'âcre fumée que, savamment, il chasse du coin des lèvres en jets intermittents ! Avec quelle extase il l'expire de ses narines bridées par un rictus d'idiot !

Alors il se sent quelqu'un, et se croit appelé aux plus grandes choses.

***

Un jour de sortie, il entre dans un café...

D'un coup sec de son stick sur la table qui résonne, il appelle le garçon, ou bat en cadence la mesure, sur le bord de la soucoupe du précédent consommateur.

Puis, d'une voix résolue et enflée, avec une gaillardise surfaite, qui dénonce une timidité encore mal vaincue, il demande un *bock* d'un ton impatient, presque malhonnête.

C'est qu'il a la bonne fortune, en pareil cas, de parler insolemment, sans redouter une réprimande ou sans encourir un pensum. Il sait que les patrons recommandent d'être patients avec les clients...

Pourquoi donc serait-il poli ?

D'ailleurs, il donnera dix centimes de pourboire :
il sait vivre !

Et à supposer que le « servant » se montre peu accommodant, le petit sot fera du « potin » pour se
poser, et pour... poser. Car il ne se laisserait pas
manquer, lui! il dirait bien son fait à n'importe qui!
il vaut son homme... !

Et le plus misérable incident prendra les proportions démesurées d'une véritable aventure, qu'il narrera à chacun comme une héroïque épopée.

***

V. — On devine sans peine, que ses parents lui
laissent une grande latitude dans le choix des *lectures*.

Ils sont assez d'avis, qu'il est opportun de *tout savoir*, pour apprendre ce qui est bien, et ce qu'il
faut éviter.

Comme si le jugement, à cet âge, pouvait être sage,
indépendant, éclairé! Comme si le mal n'avait pas
plus d'attraits que les austérités de la vertu!

Quelle aberration!

Mais, assure-t-on, il est avantageux de tout éprouver par soi-même, afin de conquérir l'expérience nécessaire.

Autant vaudrait soutenir qu'il faut avoir eu toutes
les maladies pour les bien traiter.

M. Pasteur n'a pas été mordu, que je sache...

***

On permettra donc au jeune homme les lectures les plus scabreuses.

Toutefois, il a chance de ne jamais connaître certains romans d'un réalisme violent ou cynique, si les parents n'y aident à leur manière.

Une belle pièce d'or, régulièrement remise par la famille, en vue des menus plaisirs, va le mettre à même de se procurer ces volumes corrupteurs, que les charmes du style et la richesse du coloris rendent doublement attachants.

Grâce à cet argent de poche dépensé sans contrôle, il aura mille moyens divers de satisfaire sa curiosité, toujours stimulée et jamais rassasiée.

Aux féeries a succédé, on le pressent, l'audition des drames les plus passionnés, et des comédies en rupture de morale.

Les parents veulent bien avouer que la thèse est... osée ; mais comme c'est « *divinement joué* », cela couvre l'immoralité de l'œuvre.

L'excuse est faible...

***

Enfin, il cherchera fréquemment à s'échapper pour rejoindre ses amis, futurs complices de ses escapades de jeune homme.

Et si la mère conservant un reste de vigilance, lui demande « des noms », il répondra d'un ton mécontent : « Tu ne les connais pas : qu'est-ce que cela peut te faire ? »

Et ce sera tout.

On a perdu barre.

Dès lors, il n'y a plus vraiment ni père ni mère au foyer, mais en quelque sorte un *maître d'hôtel*, et une *lingère*.

CHAPITRE QUATRIÈME

L'ENFANT MAL ÉLEVÉ : A VINGT ANS

C'est l'âge d'homme, et cependant notre personnage appartient encore à notre étude, tant qu'il n'a point quitté le toit de la famille.

D'ailleurs, au regard de la loi, on n'a la majorité dans sa plénitude qu'à vingt-cinq ans seulement.

.... Il a vingt ans : que sont ses parents à son égard ?

Ni plus ni moins que des serviteurs, de vrais domestiques, avons-nous dit.

La maison se transforme d'après la fantaisie du jeune maître : tout cède à ses caprices, tout est ordonnancé et organisé suivant ses goûts.

Heures de repas, choix de convives, menus de table, crus de vins, distractions, réceptions, voyages, sont subordonnés aux volontés de ce despote, hier imberbe !

Les parents cessent de gouverner.

Le père n'aura même pas toujours le droit de continuer l'intimité avec ce vieil ami de cœur, qui s'appelle *son* journal quotidien ; et force lui sera, pour avoir la paix, de remplacer *Le Temps* par *La Charge*, et *Le Moniteur* par *Le Charivari*.

***

Comment! voilà un « blanc-bec », peut-être même un « béjaune », pour lequel, durant ses études, on a dépensé vingt mille, trente mille francs... ! il est complètement incapable de se gouverner...; il manquerait de tout sans la pension paternelle ; il vit exclusivement aux « crochets de la famille », selon l'expression consacrée... .

Eh bien ! cet arrogant petit Monsieur, (qui attendra longtemps avant de pouvoir se payer une paire de gants du produit de son travail), va trouver intolérable, inacceptable, humiliant pour lui, le régime modeste qui suffisait à ses parents depuis un quart de siècle !

Ce qui était le bien-être pour eux, c'est la gêne, presque l'indigence pour lui !

A son point de vue, le *nécessaire*, l'indispensable, correspond à un *superflu* aussi compliqué que sérieusement onéreux.

**
*

Pendant des années, les parents ont su se priver ; ils ont voulu limiter les dépenses, précisément pour assurer à « leur bijou » une position indépendante, et une instruction supérieure à la leur propre.

Vous vous imaginez qu'il leur en est reconnaissant... ?

Si vous lisiez dans son jeune cœur, vous verriez qu'il les trouve naïfs jusqu'à la bêtise de s'être privés de quelque chose, ou de s'être réduits en rien dans leur « confort ».

Ce qu'il éprouve, ce n'est point de la reconnaissance pour leur abnégation, mais de la pitié pour ces braves gens qui « *ne savent pas vivre* », et se montrent absolument « *en retard* », en vrais disciples qu'ils sont du « *vieux jeu.* »

Telle est sa manière de s'exprimer à leur sujet.

En ce qui le concerne : avoir tout à sa guise, rencontrer tout sous sa main, ne pas *compter* dans le présent, et *escompter* l'avenir, lui semble si naturel; supposer que ses dépenses ou ses fantaisies pourraient être un jour entravées ou limitées soit par ses parents soit par les circonstances, lui apparaît comme tellement inadmissible..., qu'il ne sait pas le moindre gré à sa famille des sacrifices qu'elle s'est imposés, non plus que des attentions multiples dont on l'entoure.

⁎

Vous croyez que ce fils va être l'auxiliaire du père et son collaborateur?

Détrompez-vous.

Il se contente de consommer, de dépenser; et il se sent toutes les qualités requises pour remplir ce rôle avec ampleur et distinction.

Après tout! que demande-t-il aux parents?

Pas grand'chose: qu'ils n'oublient point de solder régulièrement et intégralement ses factures; qu'ils restent dans l'ombre, et fassent ponctuellement leur modeste service en silence...: à ce prix, ils éviteront des remontrances mortifiantes et des scènes scandaleuses.

⁎

Pourquoi donc cet effacement? Pourquoi cette abdication des parents?

Au fond, la situation *vraie* est bien la suivante :

D'abord, (quoi de plus fréquent!), les parents ayant eu à cœur de constituer leur fils dans un rang *supérieur* à celui qu'ils tiennent, hésitent un peu à agir en maîtres, car, dans l'ordre hiérarchique, ils occupent un échelon inférieur.

En outre ils sont convaincus, à n'en pas douter, que ce fils ne tient que très médiocrement à eux.

S'il reste sous leur toit, c'est qu'il y trouve la table, le couvert, puis une pension pour ses plaisirs...., jadis menus.

Ils ont conscience, les pauvres gens! que la nécessité seule, et non le cœur, le ramène au logis ; ils reconnaissent qu'ils se sont privés en pure perte pour cet ingrat !

Ce n'est pas un fils, mais une manière de pensionnaire qu'ils hébergent.

En quelque sorte, ils lui sont étrangers; et cependant il est né de leur sang!

***

Ils restent là, le soir, échangeant près de leur foyer morne une causerie intime et solitaire, s'avouant enfin qu'ils sont pour jamais désarmés et sans influence quelconque : point d'autorité...! ils n'ont pas su s'imposer dès le bas âge; point d'affection vraie...! car ils se la sont aliénée par de vaines et tardives récriminations.

Il ne reste rien!

***

Vous pourriez entendre le dialogue suivant, alternant avec ces longs silences, dans lesquels on refoule de douloureux sentiments et des larmes amères :

— « A quoi penses-tu?... »

— « *Tu le devines bien!* répondra la mère avec « une émotion à peine contenue. *Je t'avoue que je me* « *demande ce que nous ferons de ce malheureux* « *enfant! Pour moi, je ne le comprends pas.... ;* « *je vois qu'il nous fuit, qu'il nous échappe complè-* « *tement.; tu dois t'en apercevoir aussi.* »

Et alors, dans cette conviction, trop fondée, hélas ! de leur impuissance, les parents ne savent plus qu'imaginer pour retenir leur fils près d'eux, et pour rendre la maison aussi agréable, aussi attrayante que possible. Ils se figurent, dans une dernière illusion, que leur sévère enjouement et leur gaieté de commande peuvent faire concurrence utile aux jouissances, à la fois grossières et raffinées, de ce muscadin blasé !

De là ces prévenances excessives, ces soins sans nombre, ces avances pleines d'humilité, ces obséquiosités lassantes, ces délicatesses infinies, que le brutal n'apercevra même pas, ou qui provoqueront finalement une explosion d'impatience dans ce mot cruel : « *Laissez-moi donc tranquille!!* »

C'est le monde renversé ! la condescendance vient des parents que l'on prendrait pour les obligés de leur fils ! Ils vivent chez eux comme des *invités...*

***

Vous la connaissez bien aussi, cette mère inexpérimentée et faible, mais bonne et respectable après tout, qui veille silencieuse, durant de longues heures, pendant que son fils court les théâtres, les mauvais lieux peut-être, *grâce* à la pension généreuse qu'on lui sert, pour lui fournir les moyens de « s'amuser. »

Sans doute, elle ne se méprend plus sur le genre de vie qu'il mène! mais elle ne voit vraiment pas ce qu'elle pourrait y faire désormais...

La pensée pleine du souvenir de l'absent, le regard errant dans le vague, l'oreille tendue, tressaillant au moindre bruit, anxieuse, l'âme hantée de craintes poignantes et de pressentiments affreux, elle passera une partie de la nuit à attendre le cher vagabond.

Certes, elle aurait bien envie, cette pauvre mère méconnue, de profiter du retour de l'enfant pour l'embrasser, pour reborder son lit, éteindre la lumière... comme autrefois! Elle serait heureuse d'apprendre de lui qu'il a passé une soirée agréable, et qu'il s'est bien distrait avec ses camarades; mais elle aurait l'air de l'épier, de le surveiller; elle provoquerait ses défiances, ses duretés même...

Comprend-on, en effet, des parents ayant l'audace de chercher à deviner ce que fait leur fils !

Elle se contentera donc d'aller, sans bruit, attiser le feu qui baisse, remonter la lampe qui fume ou régler le gaz des couloirs; elle s'assurera que le verre d'eau est garni, la boule chaude à sa place, le rideau développé....; puis, rentrant doucement dans sa propre chambre, elle s'assoupira bientôt tristement sur la broderie qu'elle a entreprise comme passe-temps, ou sur le feuilleton de son journal quotidien.

Enfin, se réveillant en sursaut au bruit sec de la serrure, elle ira observer, par la porte entre-bâillée, le fils qui se glisse furtivement dans sa chambre, avec l'allure d'un détenu qui réintègre sa cellule.

Il ne l'a pas vue... Elle ne lui a rien dit... N'importe ! elle est contente de le savoir rentré. Au moins, pense-t-elle, il ne lui est point arrivé d'accident !

Et calme, sinon joyeuse, elle regagnera le lit conjugal.

**

Et le père ?... Il dort d'un lourd sommeil.

Demain, il lui faut être sur pied de bonne heure pour les affaires, car « l'enfant coûte cher » depuis quelque temps.

Si, malgré toutes ses précautions, sa digne compagne le réveille quelque peu, il se contentera de demander : « La porte d'entrée est-elle bien fermée? », puis se rendormira en toute quiétude.

Là se borne sa vigilance.

Il ne voit point son devoir plus loin...

Qu'on le laisse en paix, et qu'on ne le dévalise pas pendant qu'il repose : le reste lui est égal !

Ah ! si les pères s'occupaient autant de la conduite de leur fils, que du cours de la Bourse !

**

Un jour, le jeune homme voudra recevoir des amis à la table de famille. C'est un peu gênant, mais plus économique que de les convier au café à la mode.

Alors, si les parents sont *bien élevés*, ils ne manqueront pas de rester à l'écart et de manger dans leur chambre, en cachette, pour ne pas gêner l'amphitryon : les reliefs de la veille leur suffiront bien.

... Et cette vie étrange, absurde, durera plusieurs années ainsi !

D'un côté, l'enfant s'isolant ; de l'autre, les parents *faisant semblant* de ne rien voir, de ne rien comprendre, de ne rien supposer même, tant ils redoutent d'affligeantes révélations et de cruelles certitudes !

**

Eh bien ! demandons-nous pourquoi toutes ces tristesses, pourquoi toutes ces inquiétudes, qui, demain, deviendront des angoisses terribles, peut-être même des chagrins mortels ?

Simplement, parce qu'on n'a pas eu le courage de corriger vertement le petit indiscipliné de trois ans ; parce que, faute d'avoir bridé la martingale dès les premières années, on a laissé ce fils parcourir toute la carrière de l'enfance, les guides flottant sur le cou. C'était lui faciliter de prendre un jour le mors aux dents.

Deux ou trois corrections *sévères*, affirmant franchement le rôle des parents, auraient suffi à les armer pour la vie de cette autorité, sans laquelle les soins de l'éducateur ne sauraient être couronnés de succès.

Sous prétexte d'être bon, on a été faible ; et, pour éviter une lutte ennuyeuse, on a fait le malheur

de l'enfant, tout en se préparant à soi-même de
cuisantes douleurs.

***

Ce n'est pas tout.

Non seulement l'harmonie est détruite entre les
parents et leur fils, mais en outre, l'intimité et le bon
accord *entre les époux,* sont eux-mêmes très compromis.

On se blâme, on s'accuse respectivement : « *Vous*
« *vous étonnez de la conduite de votre fils...* dira
« le père. *En vérité! il ne pouvait guère en être*
« *autrement...! Vous faisiez toutes ses volontés;*
« *vous vous extasiiez sur tout ce qu'il disait; vous*
« *trouviez gentilles toutes ses insolences... C'était*
« *inévitable! Cela devait arriver ainsi...* »

Et la mère de reprendre : «*Je vous admire dans ce*
« *rôle...! Est-ce que vous croyez qu'une femme*
« *peut, à elle seule, conduire des garçons....? C'est*
« *au père d'être sévère et d'imposer la discipline,*
« *non à la mère... Voyons, soyez franc! vous êtes-*
« *vous jamais occupé sérieusement de votre fils? lui*
« *disiez-vous jamais rien...? Ah! vous aimiez mieux*
« *me laisser l'ennui des remontrances, pour con-*
« *server ses bonnes grâces. Et si par hasard vous*
« *menaciez, jamais la menace n'était suivie d'exé-*
« *cution... Au contraire, quand c'était moi qui gron-*
« *dais, loin de me soutenir, vous me donniez tort de-*
« *vant lui; vous m'avez toujours désavouée... Main-*
« *tenant, votre fils est grand; vous l'avez élevé, n'est-*
« *ce pas, comme vous le vouliez?... C'est vous qui en*

4

« *répondez désormais. Cela vous regarde... Moi,*
« *je m'en lave les mains!* »

La vérité est que le père et la mère ont raison tous
deux, quand ils s'adressent ces reproches ; ou plutôt,
ils ont également tort.

Ils n'ont pas élevé leur enfant.

Il s'est élevé...

⁕⁕

Que faire ? dira-t-on, quand les choses en sont
arrivées là...

Nous n'en savons trop rien, répondrons-nous, car
LA FAUTE EST COMMISE.

Y a-t-il des procédés pour reconquérir l'autorité
sur un enfant qui a reçu une mauvaise éducation ?

De plus habiles en trouveront peut-être. Mais
pareille recherche dépasse le cadre de cette étude.

En effet, notre conviction déjà exprimée, est qu'il
y avait possibilité de se rendre maître de l'enfant, en
s'y prenant DÈS LE PREMIER AGE, mais qu'en différant,
on a abandonné probablement pour jamais toute direction utile.

Non ! il ne faut pas laisser grandir l'arbre qu'on a
l'intention de redresser, comme dit la Sagesse des
Nations. Plus tard, cette déviation devient irrémédiable en quelque sorte, car les premières impressions restent indélébiles.

Oh ! ce n'est pas là une phrase banale ! c'est une
vérité absolue, indéniable ; et le propos est si exact,
qu'il est devenu un axiome de sens commun.

⁕⁕

Une particularité des plus importantes, au point de vue *pratique*, est à noter ici.

Presque toujours, les désordres du fils s'aggravent et se prolongent, *à cause de l'argent* que les parents imprudents mettent à la disposition du jeune homme, en devenant ainsi les premiers complices des folies qu'ils déplorent.

Assurément, resserrer, ou plutôt dénouer à peine les cordons de la bourse, n'est, après tout, qu'un *expédient :* cela ne vaut certes point l'influence de la raison, et ne remplace pas avec avantage les conseils de la Morale, ni les suggestions de la Conscience.

Toutefois, à défaut de persuasion et de convictions, cet argument positif... et négatif, a une incontestable valeur, *comme moyen secondaire.*

Son efficacité n'est point contestable; car, « pour le métier de viveur, » il faut de l'argent.

***

Un camarade riche, ou du moins maître d'un important pécule, est recherché, courtisé, flatté par une meute de parasites qui le guettent, le suivent, l'enlacent, ne lui laissent aucune liberté, disposent de sa personne, organisent en son nom escapades et parties fines, ne l'abandonnant qu'après avoir obtenu un nouveau rendez-vous, et le « relançant » à domicile, si, las de ces obsessions, il leur fausse un jour compagnie.

Il paye! par suite, on se le dispute.

« *Nous venons le chercher*, » annoncent-ils sans ambages à celui dont ils ont fait « leur chose ».

Et ce jeune homme, si arrogant avec les gens de talent et de valeur, se laissera conduire comme un grand « benêt », sans se permettre de protester.

Il ignore presque où on l'entraîne; il suit en mouton docile et en chien fidèle, et se donne un mal énorme pour s'étourdir.

Au fond, s'amuse-t-il?

Non...! C'est le *rire* sans la *joie*...

Il trouve ses amis déplacés et insolents; car il sait bien qui doit régler la dépense projetée.

Mais il n'osera rien objecter.

Sa timidité est telle qu'il ricanera quand même, faisant mine de trouver la plaisanterie divertissante et ingénieuse...

Le malmène-t-on un peu rudement? le presse-t-on par trop d'obéir?... Il sentira poindre en lui un sentiment d'amour-propre en révolte.

Néanmoins, il ira où on le mènera...

Il a peur d'être ridicule, en n'étant pas aussi absurde que ses « copains » : *Pudet eum non esse impudentem.*

⁂

Le plus souvent, ces vils obséquieux finissent à la longue par absorber leur ami, et par rendre leur société nécessaire. Et, comme leur bourse est aussi vide d'argent que leur cœur plein de perversité, ils payent leur écot à leur façon, c'est-à-dire, en cynisme et en impudence.

Amuseurs à gages, véritables pîtres salariés, c'est

leur manière, à eux, de reconnaître les générosités du camarade qui les a traités, d'abord par curiosité, et qui continuera à les traiter longtemps encore par habitude...

Dans ce monde-là, on ne cause pas : on « blague » — on ne rit pas : on « chahute »; — on ne s'amuse pas : on « rigole »....

Maintes fois, vous les avez vus, ces inséparables, se traînant nonchalamment bras dessus, bras dessous, dans les grandes voies du quartier Latin, sur « le Boul'Mich', » comme ils disent dans leur langage délicat ; le chapeau de côté, la démarche molle et chancelante, le monocle à l'œil, la chevalière au doigt ; à la main, un jonc qu'ils font tournoyer avec suffisance et maladresse ; tantôt « festonnant en monôme » sur le trottoir, comme des gens avinés ; tantôt silencieux et mornes, ou poussant sans le moindre motif des cris niais, des coassements rauques, des miaulements bêtes, fredonnant avec fantaisie des refrains grivois, ou improvisant d'un air savant quelque vocalise ou trille, avec des prétentions d'artiste.... Tout cela, *pour faire croire* qu'ils « s'amusent », alors qu'au fond du cœur il y a le vide, l'ennui, le dégoût, et... un remords vague !

Ah ! il faudrait une grande énergie pour s'échapper de l'impasse dans laquelle le pauvre garçon se trouve enserré. Il aurait à subir de terribles assauts pour se dégager virilement de cette ornière.

Seul, un homme de valeur pourrait sortir de cette domesticité honteuse.

Mais lui, humble esclave d'un respect humain détestable, il n'en a point la force...

Quoi ! du jour au lendemain, il changerait ce régime de dissipation et de désœuvrement ?

Quels cruels sarcasmes, quels quolibets sanglants ne devrait-il pas affronter pour dénoncer cette humiliante résolution !

Sa médiocrité ne lui permet pas de telles audaces.

Il restera donc le prisonnier de ses amis.

Semblable à ces *prévenus* en extraction, que les policiers font sortir du Dépôt pour aider à une enquête, il paraît être libre, mais ses mouvements sont surveillés, ses paroles enregistrées, ses démarches épiées.

... Eh bien ! qui donc nourrit cette bande de chenapans occupée à corrompre le fils ?

Le père !!!

**

Soit ! diront quelques-uns : mieux vaut après tout subvenir aux exigences, mêmes excessives, de l'enfant, que de lui laisser faire des *dettes.*

A cela on peut répondre qu'en pareil cas, étant donnés les goûts du jeune homme, les libéralités du père seront *toujours* jugées très insuffisantes.

Si, vraiment, ce fils est de caractère à hypothéquer l'avenir et à faire argent, dès maintenant, de l'honneur et du crédit de sa famille, il saura bien, quand même, ajouter à la *source* paternelle qui lui est ouverte, la *ressource* d'un emprunt usuraire.

D'ailleurs, pourquoi à vingt ans a-t-il besoin d'une sorte de petite fortune personnelle ?

Parce qu'à quinze ans, avant peut-être, il a pris l'habitude pernicieuse de dépenses inutiles et RELATIVEMENT folles.

Alors le pécule était modique; mais pourtant, il dépassait de beaucoup le nécessaire.

Aujourd'hui, que les besoins et par conséquent les dépenses ont centuplé, il faut une pension considérable, pour que l'enfant jouisse proportionnellement des mêmes aises, et de la même indépendance pécuniaire.

Un billet de cinq cents francs, aux mains d'un jeune viveur de vingt ans, ne représente qu'un « louis » offert à un adolescent.

.... Comment les parents n'ont-ils pas entrevu la progression logique de ces charges ruineuses !

**

Le procédé d'exploitation a beau être invariable, il réussit néanmoins.

D'abord, papetiers et libraires, sont les complices inconscients d'un nombre incalculable de petites filouteries, qui apprennent à l'enfant le gaspillage, puis la ruse et le mensonge, ce qui est autrement grave !

Que d'argent remis pour « les cahiers de classe, les plumes ou les livres », et employé abusivement, en friandises malsaines ou en feuilletons plus malsains encore ! Journaux grivois, livres dangereux, dessins audacieux, visites aux ignobles baraques foraines.... : tout cela est prélevé sur les deniers, prétendus scolaires.

Et, tandis que de nos jours, tout est coté à un prix excessif, il existe un produit, qu'on peut se procurer pour rien en quelque sorte : le poison moral.

On ne saurait s'imaginer, combien un jeune homme peut acheter d'idées déshonnêtes, pour quelques menues pièces blanches... !

La corruption a été mise à l'usage de toutes les bourses, et le vice à la portée de chacun.

Plus tard, le libraire et le papetier ont été remplacés dans cette comédie, par le « classique » tailleur impayé, ou par des droits d' « inscriptions » imaginaires : les sommes ont décuplé, mais le système n'a point changé.

***

Un étudiant de quinzième année avisait un jour son père, qu'il lui fallait d'urgence telle somme, pour consignation d'examen. — « Depuis trop long- « temps, lui fut-il répondu, tu m'as, comme l'on dit « dans ton monde, tiré tant de carottes, qu'on en « pourrait repiquer tout notre champ ; la seule « chose que je puisse t'offrir, c'est de payer ton retour « en troisième classe, à condition que tu fuies Paris « pour jamais. »

Le fils insiste, et, trouvant son père inflexible, finit par déclarer dans une lettre dramatique, que, s'il en était ainsi, avant deux jours, il irait de désespoir se jeter à la Seine.

— « Mon ami, » lui écrivit froidement le vieillard, « je n'osais t'en prier.... »

L'anecdote n'est peut-être pas vraie ; elle est du moins vraisemblable.

***

L'enfant du pauvre, l'apprenti, gagnant de l'argent dès sa jeunesse, dispose de très bonne heure de sommes personnelles qu'il peut utiliser à sa guise, parce qu'il a sur ce gain un droit certain, légitime.

Au contraire, dans le monde de la bourgeoisie, sans les maladroites largesses de la famille, le fils n'aurait pas matériellement le moyen de payer ses fredaines.

Or, dans la plupart des cas, c'est par vanité et par ostentation que le père ouvre sa bourse.

Il aide ainsi l'enfant à se gâter ; mais du moins, aux yeux des camarades de ce dernier, on n'a pas l'air de « ladres » ou de gens sans fortune.

L'amour-propre, passe avant l'amour paternel.

***

Si le langage est le reflet de l'âme et le miroir de l'esprit, celui de notre jeune homme doit laisser à désirer.

Oh ! la logique peut se tenir pour satisfaite !

Le sien est déplorable...

Beaumarchais fait dire à Figaro, que les Anglais emploient sans doute quelques autres mots pour exprimer leurs pensées, mais, qu'en réalité, *Goddam !* est le fond même de la langue.

Eh bien ! nous pourrions répéter à notre tour, que si le jeune homme que nous analysons, et qui s'essayait à l'argot il y a peu d'années, écrit d'une manière assez correcte, il ne parle pour ainsi dire plus du tout français, dans l'intimité. Il lui faudra des années pour corriger, imparfaitement encore, le vice de son langage, et l'affreux vocabulaire dont il use avec une complaisance prétentieuse.

***

Nous ne saurions mieux faire que de reproduire, sans y rien changer, la narration d'un grand lycéen, racontant à un ami ses aventures, un jour qu'il avait échangé sa tunique, contre son premier habit de garçon d'honneur :

« Figure-toi *ma vieille!* que j'étais en *tuyau de poële* et en *sifflet*, (jadis on disait : queue de morue).
— Comme il pleuvait, j'envoie le *larbin* me chercher un *sapin.* — Il *roule sa bosse* pendant une heure sans en trouver : c'était *bassinant!* — J'expédie le *pipelet*, qui enfin *décroche* une voiture, et je me *fourre* dedans. — Le cocher qui, *ma parole!* avait *son plumet*, refuse de me conduire, en disant que c'était *au diable*..... Alors, je comprends qu'il veut qu'on lui *graisse la patte*, et je lui promets trois *balles* pour la course, afin qu'il *décanille* sans *barguigner*. — Je me dis : je suis *carotté!* Mais que veux-tu ! d'après ma *toquante*, je n'avais plus que dix minutes à moi... — Voilà qu'à l'angle du boulevard, il me *lâche d'un cran*, pour aller chez le *mastroquet* du coin, boire l'argent qu'il m'avait *chipé...* — Pas moyen de le faire *détaler*, c'était *rassinant!* — Je fais encore pendant cinq minutes le *pied de grue.* — Enfin, je me dis : il n'y a pas *mèche!* il faut *tirer des flûtes.* Je n'avais qu'un méchant petit *pépin* pour m'abriter; tu devines si

j'ai été *douché!* — Je *détalais*, je me *décarcassais*, *fallait voir!*... En arrivant, j'étais dans un état *impossible!....* »

Vous me permettrez, lecteur, de ne pas vous retenir davantage dans la compagnie de ce jeune humaniste; nous l'avons suivi assez longtemps, n'est-il pas vrai, pour être fixé sur la saveur et le charme de sa conversation. — Passons.

***

On raconte que certains chevaliers, un peu trop « chauvins » à leur manière, jugeaient qu'on insultait la Patrie, quand on dénaturait à plaisir *« les beaux vocables de nostre parler....»*

La langue française, disait l'un d'eux, est comme une «damoiselle de bonne maison, de haulte lignée, augustement apparentée, qu'il n'est pas permis à un noble chevalier de laisser traiter en fille d'auberge. »

L'idée est exagérée; mais n'est-elle pas belle e touchante!

Et volontiers nous dirions aussi, que notre langue est une grande, vieille et noble dame, à l'égard de laquelle on doit éprouver des sentiments de courtoisie et de respect chevaleresques.

Ne nous y trompons pas! La trivialité du langage, amène insensiblement la vulgarité de l'esprit, et l'abaissement des caractères.

Nous avons, par exemple, au bout de la plume le nom de tel avocat général, comparant en Cour d'Assises un journaliste : « à une mégère forte en g..., « qui sort le soir avec un faux nez, pour fourrager « dans les détritus ».

Notez que le journaliste était poursuivi pour injures et outrages !

Voilà où l'on en arrive.

CHAPITRE CINQUIÈME

L'ENFANT MAL ÉLEVÉ : A L'AGE D'HOMME

Incapable et dépensier; paresseux et ambitieux; libertin et sans cœur : tel est l'enfant mal élevé, devenu homme.

Les parents sont plus étrangers que jamais à sa vie : ils ne savent vraiment plus ce qu'il fait.

Le fils que nous étudions a l'air de préparer sa carrière en silence. Et le mystère dont il s'entoure, semble ménager des surprises à la famille, toujours de la dernière crédulité en pareil cas !

C'est une manière pratique de s'accorder quelques années de congé...

***

Les apparentes confidences, ou à vrai dire, les mots calculés et les allusions étudiées qui échappent au jeune homme, relativement à ses intentions laborieuses, suffisent à convaincre les parents que la pension servie doit être maintenue, et même *relevée*, comme on dit aux Finances, afin de permettre à « l'enfant » de réaliser ses projets mirifiques.

Craint-il, ou prévoit-il de la part du père une question curieuse...?

Il prendra les devants, en homme avisé qu'il est.

D'un ton discret et fort sage, (ainsi qu'il convient pour une chose sérieuse), pendant le repas, il demandera à son père un petit renseignement, une simple indication : « Ne connaissiez-vous pas, dans « le temps, un certain M. X... au Ministère de...? « Savez-vous au juste où habite M. Z..., directeur de « la Compagnie ***? »

Et sans plus d'efforts d'imagination, il gagnera des mois de sursis.

**

A en croire les parents, la résolution escomptée est imminente : « *Eh bien! l'avez-vous entendu?* « s'exclamera la mère. *Quand je vous le disais...!* « *Pour moi, j'ai toujours pensé que l'enfant avait* « SON *idée. Que voulez-vous! c'est un garçon qui a* « SON *amour-propre, et qui ne veut rien dire tant* « *qu'il n'est pas certain du succès. Moi, je le com-* « *prends fort bien : à sa place, je ferais de même.* »

Et ces mots : son idée.., son amour-propre..., sont exprimés avec un accent spécial, et détaillés avec des inflexions toutes particulières.

Que de choses dans ces nuances de la voix ! Confiance, vanité, illusion, ambition...: tout y est !

Ah ! « son idée », je la connais bien ! et depuis le premier jour de liberté goûtée, elle n'a point varié : il est résolu fermement à ne *rien faire.*

Voilà la surprise qu'il réserve !

En cela, il est inébranlable; et jamais conviction ne fut plus sincère, plus profonde, ni plus religieusement respectée.

***

Quant au père, il attend toujours....

Il est bien convaincu que son fils « va se créer une position,» fût-ce par orgueil; et qu'au moins les grosses sommes dépensées, ne seront qu'un bon placement.

...L'enfant ne va pas chez un ingénieur, chez un magistrat ou chez un grand industriel, sans que les bons parents, dont l'aveuglement est phénoménal, ne se disent avec joie : « *Il se ménage des relations;* « *il s'assure des protections : oh! il sait se faire* « *bien venir, il est charmant! Il choisira ; il fera* « *ce qu'il voudra....* »

***

Le malheur ! c'est qu'il *ne veut jamais...*

Et comment ce garçon qui, au début de la vie, a joui de toutes les satisfactions, de tout le bien-être imaginable, de toutes les libertés permises..., et même des autres, consentirait-il à échanger cette agréable sinécure contre un emploi régulier, une fonction fixe dans un bureau, ou dans une étude !

Troquer, à vingt ans, l'indépendance du rentier contre les servitudes du labeur quotidien, n'a vraiment pour lui rien qui tente.

Il accepterait bien un poste rapportant beaucoup, et n'exigeant aucun travail...

Hélas! pareilles places ne sont jamais disponibles...

***

D'ailleurs, quelle position lui offre-t-on?

...Qu'un tout jeune homme consente à entrer dans une administration, comme surnuméraire, comme auxiliaire *honorable*, et non *honoré*... : il n'a pas lieu d'en être mortifié. Mais, arrivé à un certain âge, il voudra une condition *en rapport*, et... qui *rapporte*.

Et les parents eux-mêmes, dans la crainte de coter leur fils au-dessous de la valeur qu'ils lui attribuent, non seulement ne contrediront point ce sentiment, mais s'empresseront de dire avec leur fils : « *Autant ne rien faire du tout.* »

Pour une fois, ils seront d'accord en famille.

***

« Il choisira! » telle est la glorieuse et folle affirmation de nombre de parents, grisés de vanité, quand leur fils vient de passer à grand'peine un examen, qui rend simplement *possible* une carrière enviée.

Est-il besoin de dire que ce fils, a toujours subi les épreuves avec « félicitations de ses juges » !! Il l'a raconté à sa famille; et on le colporte après lui, et d'après lui.

Ah! les examinateurs ignoreront toujours combien ils ont interrogé de sujets hors ligne!

« Oui, il choisira! » répète-t-on devant le jeune

homme qui se le tient pour dit, et trouve qu'il serait par trop naïf de se gêner, ou de s'inquiéter en rien.

***

Eh bien! en parlant ainsi, on *se* trompe, et on *le* trompe.

La vérité est, qu'il lui faudrait beaucoup de persévérance et de résolution pour espérer un établissement convenable; la vérité est, qu'en dépit d'efforts constants, le succès demeure encore aléatoire, car le candidat le mieux doué et le plus énergique, a contre lui deux adversaires redoutables : la concurrence légitime, et la faveur du népotisme.

Ainsi! le voilà autorisé, de par sa propre famille, à rester dans un désœuvrement funeste, en attendant que la Fortune et la Chance viennent lui sourire!... Cette attitude des parents est inspirée par l'orgueil seul, et non par l'intérêt véritable du fils, à qui l'on devrait rappeler, au contraire ce proverbe si vrai :

Qui ne fait rien, n'est pas loin de mal faire.

L'avenir prouvera la justesse formelle de cette prédiction.

***

A dix ans, *on le menait* aux féeries; plus tard, naturellement, il s'est amusé dans les petits théâtres, les brasseries..., et ailleurs.

Il commence à être las de ces distractions banales, repu de ces plaisirs monotones...

Il veut du nouveau.

Son rêve, maintenant, est d'avoir ses entrées dans les « coulisses. »

Beaucoup de ses amis y ont pénétré ; et lui, reste encore au rang des profanes... Quelle humiliation !

Que faire ?

Il va tâcher de «relancer» quelque haut fonctionnaire, d'entrer en relation avec le médecin de service, de cultiver les artistes ou les journalistes qu'il a rencontrés dans les salons.

Qu'il soit admis au « foyer », et il sort du vulgaire, à n'en pas douter.

Il n'y causera pas sensation probablement ; mais après, ses anecdotes d'homme à bonnes fortunes, prendront du moins un certain caractère de vraisemblance.

***

Un soir, grâce à une protection longtemps recherchée, il voit s'entr'ouvrir la porte de ses rêves...

Désormais, à l'en croire, il comptera parmi ses « bons amis » le premier ténor, parce qu'il l'aura coudoyé lors de son entrée en scène ; et il se sentira autorisé à raconter tout bas, en confidence, les particularités biographiques de la *diva*, lues dans le journal-programme pendant l'entr'acte.

Pourquoi ?

Parce que, lui trouvant l'air gauche et niais, elle lui a ri au nez en passant, ou lui a décoché un trait mordant, un mot caustique.

Cela ne l'empêchera pas, demain, de poser en triomphateur, en homme heureux devant ses amis, et de leur dire avec autant de suffisance que de prétention :

« A propos ! connais-tu Éva...? »

— « Et toi ? »

— « Moi ? beaucoup ! Encore hier je l'ai vue dans les coulisses. »

— « Et que t'a-t-elle dit? »

— « Oh ! deux mots seulement. »

Elle lui a parlé; c'est exact. Elle lui a dit deux mots, rien de plus vrai.

Mais lesquels...?

Il oublie d'ajouter qu'elle l'a traité de « petit nigaud » ou de « grand serin », parce qu'il lui barrait le passage, ou qu'il lui débitait de sottes fadaises et des compliments ressassés.

Qu'importe ! *Elle* lui a parlé...

***

Donc, le lendemain d'un si beau soir, il s'empressera d'aller faire une petite tournée de visites, pour servir à ses amis l'anecdote qui doit l'illustrer à leurs yeux.

Les naïfs s'y laisseront prendre, et le célébreront comme un garçon « lancé et calé ».

Le plus souvent, le fils bourgeois que nous mettons en scène, ne sera pas assez riche pour faire figure dans ce milieu cupide; et bientôt, il devra céder la place aux vieux barbons protecteurs.

Que va-t-il devenir ?

On le devine.

Il descendra de plusieurs degrés l'échelle des
plaisirs, dont le pied pose dans la fange.

. . . .

. . . .

Nous ne précisons pas davantage ; le lecteur nous
dispensera de compléter ce chapitre.

Nous n'en serons pas moins compris.

CHAPITRE SIXIÈME

SCÈNE POIGNANTE AU FOYER

Ici, se place une scène de famille, aussi vaine que dramatique, variante de ce thème inévitable : « Malheureux enfant ! tu veux donc me faire mourir de chagrin ! »

Avec cet argument suprême tenu en réserve, et sur lequel elle fait fond, la mère ne se sent pas encore désarmée.

Pendant des jours, des semaines peut-être, elle guettera l'occasion favorable qui lui permettra de prendre son fils par les sentiments.

D'autorité, on ne parle plus ! D'ailleurs, en aucun temps l'enfant n'a connu la discipline.

Reste donc la sentimentalité : on va en essayer.

Coûte que coûte, on doit se montrer.

***

Le moment propice, longtemps attendu, se présente : la mère le saisit résolûment cette fois.

Il le faut.

D'abord, elle cherchera à toucher son fils en parlant à son cœur qui sommeille ; elle lui dira des choses tendres dans un langage ému... ; elle évoquera les souvenirs les plus doux de son enfance ; et, rappelant les dates ou les événements qui ont dû faire impression sur lui, elle ajoutera avec une câlinerie : « *Tu étais bien gentil, dans ce temps-là !* »

Puis, comme autrefois, elle cherchera à prendre le « grand dadais » sur ses genoux.... Mais il voit vite où l'on en veut venir, et se tient sur la défensive.

D'un mouvement contourné, avec un geste impatient, il parviendra à se dégager de cette étreinte maternelle qui l'humilie et... l'inquiète.

C'est que bientôt le langage doit changer de note.

Il le devine : il en est sûr.

Le souvenir des folies de l'enfant et de ses déréglements, amènera certainement sur les lèvres de la mère des paroles graves, sévères, froides et pénétrantes comme l'acier...

A ce moment, si indifférent, si blasé soit-il, il éprouvera un trouble étrange, mélange de repentir et de gêne, de révolte et d'émotion mal définie !

Hélas! ce trouble fugitif, loin d'améliorer la situation, n'aura pour résultat que de rendre le foyer *tout à fait intolérable.*

La seule présence des parents, va devenir pour le jeune homme un reproche sanglant, qu'il entendra même à travers leur silence !

***

Cependant, que veut cette mère...? Réprimander? Récriminer? Non pas ! mais plutôt obtenir une

bonne promesse... Le moindre espoir d'un changement de vie la rendrait si heureuse !

Elle l'interroge à nouveau ; le presse encore de
questions.

Vains efforts !

Elle n'obtient pas un mot de réponse ; et, ainsi
que la bouche, le cœur est muet...

La défaite est complète, irrémédiable ! On a brûlé
la dernière cartouche.

Il ne reste plus une illusion...

... Alors ! cette mère sent l'indignation bouillon-
ner dans tout son être. Elle, qui a cédé à tous les
caprices de l'enfant, qui l'a menacé sans jamais le
punir, qui ne l'a contrarié en rien quand il était
jeune ; elle, qui lui donnait l'argent qui a servi à
le gâter, et reprochait même au père sa parcimonie ; cette mère en un mot « *qui a tout fait
pour son fils,* » se révolte enfin à la pensée de tant
d'indifférence et d'ingratitude.

La douleur, la déception, le découragement l'exal-
tant jusqu'au désespoir, jusqu'à une sorte de haine
faite d'amour et de dépit, vous entendrez la formule
prévue qui clôt invariablement cette entreprise infruc-
tueuse :

« *Malheureux enfant, tu veux donc faire mourir ta mère !* »

... Dans les mélodrames, une phrase semblable
produit un effet merveilleux et une soudaine transformation, quand les auteurs ont besoin d'un épisode sentimental, pour alterner avec une scène
palpitante d'horreur. Pétrissant les cœurs à volonté,

ils font tomber à genoux et noyer dans les larmes,
les coupables repentants.....

Mais, *dans la vie réelle*, les choses ne se passent
point ainsi. Hélas ! la tentative est aussi inutile que
déchirante : la situation n'en devient que plus tendue
et plus désespérée.

Désormais, l'inimitié remplacera la froideur.

Le sentiment filial est mort... !

...Tels sont les fruits amers de l'éducation MOLLE,
et TARDIVE.

CHAPITRE SEPTIÈME

« IL FAUT QUE JEUNESSE... »

Le père, qui sait être aussi dénué d'autorité que la mère, et qui dispose en moins de la corde sentimentale, juge inutile d'intervenir.

Il n'a plus, à cette heure, qu'un vrai souci, qu'une seule crainte : « Mon fils nous cache-t il des *dettes*, qu'il faudra payer pour l'honneur du nom ? »

Cependant, il lui reste une petite lueur d'espoir.

« Le salut ne pourrait-il pas venir de la satiété
« des plaisirs...? L'enfant a tant *vécu*, qu'il doit
« commencer à être lassé, repu, dégoûté. Et puis!
« comme dit J.-J. Rousseau, pour faire des sages, il
« faut d'abord faire des polissons [1]... »

Eh bien! n'est-il pas mûr pour la sagesse, lui?

Ses mœurs sont déplorables; sa jeunesse est flétrie; il méprise le foyer qui l'a abrité, le sang dont il est né ; il est incapable, dépensier, souillé, complet, enfin ! Allons! à l'œuvre, habiles gens, qui estimez que le meilleur moyen d'avoir une tige droite,

[1]. Rousseau ose même ajouter cette réflexion : « On commençait par apprendre aux Spartiates à dérober leur dîner : étaient-ils pour cela grossiers étant grands ? » — Doit-on s'étonner, dès lors, qu'il ait pris lui-même, pendant sa jeunesse, l'habitude « de voler » ? *Confessions*, pp. 12, 21, 45, 46, 48, 50.....

consiste à la greffer de travers! Allons! montrez
votre science d'éducateurs!

L'épreuve n'est pas sans intérêt, j'imagine!

Le POLISSON, vous l'avez.

Faites-nous voir maintenant le SAGE!

Nous attendons.

***

Nous attendrons assez, je suppose, pour avoir le
loisir de rappeler, avec Voltaire, que l'auteur de la
thèse précitée n'a su réaliser que la moitié de son
programme : il est resté vicieux.

Voilà qui infirme quelque peu, ce semble, l'autorité
du conseil.

Le mode d'éducation préconisé par Rousseau
donnera-t-il des sages?

Nous en doutons fort.

Des polissons...?

Tenez-le pour certain!

***

L'infortuné père, bientôt désabusé, se plaint et
s'indigne d'être l'auteur d'un fils qui fait son malheur, et menace de devenir sa honte.

Ce qui nous étonne, c'est son étonnement!

Sans doute, il n'a pas placé sous les yeux de son
fils la page audacieuse de Rousseau. Pourtant, il lui
faudrait avouer, si on l'interrogeait, qu'il en tolère
la doctrine, quant aux mœurs du moins; et que le
seul tort de Jean-Jacques, est d'avoir exprimé crû-

ment, ce que « le monde », et lui, admettent à mots
couverts.

Or, peu importe la différence des formules, du
moment qu'elles suggèrent les mêmes écarts et les
mêmes compromissions?

***

N'exagérons rien. Voyons les choses sans préjugé,
sans parti pris; mais aussi sans sacrifier *lâchement*
la morale à un respect humain misérable.

...Ce père, n'est-ce pas, partage l'opinion accom-
modante du monde : « Il faut que jeunesse se
passe; » il accepte en principe cette doctrine facile.

Eh bien! des parents qui ont ces idées, qui les
expriment ou seulement les laissent soupçonner,
sont à peu près sûrs d'avoir des fils mal élevés. Ils
recueilleront ce qu'ils ont semé.

En effet, si leur fils n'est pas « rangé », du moins
est-il logique dans sa conduite; et c'est lui qu'on
est presque tenté de plaindre, d'avoir été si mal
dirigé.

Car enfin! puisqu'il est juste de féliciter les parents
de la bonne éducation donnée à leurs enfants; il est
non moins équitable de reconnaître, que des principes faux, doivent produire de mauvais résultats.

***

Et savez-vous l'argument réputé péremptoire,
derrière lequel s'abritent nombre de pères qui se
croient fort judicieux?

L'accord des volontés dans la défaillance, l'acquiescement respectif...

Étrange justification en vérité !

Est-ce que la complicité n'est point également un accord ?

Une faute partagée n'en reste-t-elle pas moins une faute ?

Et si le consentement suffisait à autoriser le mal, il devrait donc légitimer de même les plus coupables entreprises contre l'honneur des époux ! légitimer aussi les attentats les plus odieux contre les chastetés familiales !

Qu'en grammaire, deux négations valent une affirmation : c'est très juste. Mais, en morale, deux manquements ne sauraient équivaloir à une chose permise. Osons le dire [1].

***

Avec des théories semblables, le père est logique, lui aussi, alors qu'il donne généreusement de l'argent à son fils pour que, semble-t-il, la crise dure moins longtemps, et ruine au plus vite cette jeunesse si courte, même quand elle est longue !

Qu'il soit content ! le succès est complet : la *jeunesse* de ce malheureux enfant *est bien passée !*

Regardez-le, plutôt.... !

Épuisé, blêmi, étiolé, décrépit avant l'âge, coursier fourbu avant d'entrer dans la carrière, vieil-

---

1. Dans l'ordre social aussi bien qu'au regard de la famille, on pourrait tirer de curieuses déductions de la constatation de cette loi de nature : la presque complète égalité numérique entre les garçons et les filles.

lard à vingt-cinq ans, tel est le plus souvent ce fils qui s'est « amusé ».

Ah! saura-t-on jamais combien de jeunes gens auraient eu à cœur de sauvegarder leur intégrité morale, s'ils ne s'étaient sentis *comme autorisés d'avance* dans leurs erreurs, par l'imprudente et coupable condescendance de parents, qui, méconnaissant l'austérité et la grandeur de leur mission, tentent cette entreprise... délicate : faire un honnête homme, sans lui demander d'honnêtes mœurs.

⁂

Mais j'entends l'objection : « Quoi! des parents se
« montreraient assez oublieux de leurs devoirs
« pour encourager l'inconduite de leur fils ? Ce se-
« rait pure folie! l'hypothèse est invraisemblable.
« D'ailleurs, ne peut-on pas s'amuser avec conve-
« nance ? N'est-il pas des récréations saines, légi-
« times, utiles même ? »

Rien de plus vrai : toutefois, on joue là sur les mots, et l'on fuit la discussion par une simple équivoque qu'il faut signaler sans tarder.

Certes ! ce n'est ni à la chasse, ni à l'escrime, ni aux beaux-arts, ni aux voyages, qu'on fait la moindre allusion, quand on parle du jeune homme qui « s'amuse un peu »; lisez : qui « jette la gourme du cœur ».

Levons l'étiquette pour constater ce qu'elle couvre; et parlons sérieusement.

La question en vaut la peine.

Ayons le courage de regarder en face une situation, que de fort honnêtes gens *évitent de définir jamais*, DANS LA CRAINTE DE VOIR CLAIR...

On aurait honte en effet, et la concience parlerait un langage sévère, si, dissipant le nuage, « défonçant » le mot pour voir l'idée, on s'avouait à soi-même ce que, par calcul autant que par pudeur, on FEINT de ne point comprendre.

Bannissons donc une pruderie qui n'est pas de mise ici, et analysons ce que contient ce verbe simple, aimable, naïf et... perfide : *s'amuser.*

Or, s'amuser, au sens spécial, mais très déterminé qui nous occupe, c'est nécessairement être l'auteur ou le complice d'une de ces graves offenses à la Morale :

La Séduction;

L'Adultère;

La Pr........; ou pis encore !

. . . .

Qu'on se récrie... Soit!

Mais l'affirmation n'en est-elle pas moins vraie dans toute sa rigueur?

(Nous ne parlons ici qu'à ceux, *dont l'esprit est assez élevé, assez sincère et assez large, pour ne point nier une vérité, si importune, soit-elle.*)

N'en doutons pas ! Élever ses enfants, les laisser grandir sous l'empire de cet axiome aussi dangereux que populaire, à savoir : « qu'il faut que jeunesse se passe, » c'est très positivement admettre, *au moins*, l'une des éventualités de la proposition précédente [1].

_____

1. Les pères comprendront ce que voile ce mot: au moins...

Qui dira le nombre de marchés infâmes, de drames terribles, (suicides, vengeances, infanticides, commis par des mères désespérées et trahies), drames abjects ou sanglants, que cache maintes fois l'expression que nous décomposons ici.

... Et quand la malheureuse victime, abandonnée par son complice, conspuée par la société, épuisée par la souffrance, pourchassée par la justice, viendra, la honte au front, dans nos prétoires d'Assises, rendre compte de ses actes devant douze Messieurs, (qui assistent aux débats comme à une représentation théâtrale,) le premier témoin *à charge* que vous verrez apparaître à la barre, ce sera, dans bien des cas, un jeune fils de famille, qui a trouvé « amusant » et commode, ce rôle criminel et lâche de Don Juan irresponsable !

Et pourquoi se gênerait-il...? Est-ce que la loi ne l'amnistie pas..? Est-ce que la société ne l'excuse pas..? Il n'a pas soustrait une montre, somme toute : il n'a volé que l'honneur...! Et en quittant l'audience, vous le surprendrez lançant une œillade de Lovelace vainqueur, au public féminin pressé sur les bancs.

Après cela, comptons donc sur le Monde et sur la Législation pour moraliser nos fils !

Certaines lois, dit Mme de Staël, sont bien l'œuvre exclusive du sexe fort, préoccupé de ses faiblesses probables.

*

Observons la conduite du jeune homme ; et nous verrons que, lui non plus, ne se méprend pas sur la portée, ni sur la signification de ce triste adage.

Nous savons des gens qui se contentent de l'honnêteté selon le Code, et qui seraient « désolés d'avoir de petits saints pour fils ».

Mais qu'ils se rassurent! car il est vraisemblable qu'au lieu de « petits saints » ils auront, selon leur propre expression, de « méchants diables » transformant le logis paternel « en un véritable enfer! »

D'ailleurs, ces pages sont publiées pour les parents, qui persistent à trouver que les bonnes mœurs et la dignité de la vie, ne sont pas des « facteurs » négligeables.

L'honnêteté, n'est pas seulement la probité.

Horace a bien établi cette distinction entre la justice réclamée par la Conscience, et celle admise par la Société qui, elle, ne peut demander que d'éviter le gibet :

« *Non pasces in cruce corvos.* »

Il y a de grands coupables qui n'ont jamais eu maille à partir avec les gendarmes ; et l'honnête homme moral, diffère singulièrement de l'honnête homme légal. Que de turpitudes, de hontes et de crimes, échappent à l'action des juges!

***

En résumé :

Détourner une épouse de ses devoirs ;

Corrompre par la séduction une âme naïve qu'on surprend ;

Ou rechercher les faveurs d'une créature vénale.... qu'on ne surprend plus ; voilà ce qu'on trouve sous le proverbe quand on déchire le voile décent et menteur qui l'enveloppe, et qu'on ne se paye point d'une formule, eût-elle cours habituel et presque forcé dans les salons.

— Pardon... ! ce langage est brutal, très brutal; mais la chose elle-même l'est bien davantage, on en conviendra.

Or, présenter comme fort acceptables des actes blâmables assurément, est mille fois plus grave que de commettre un méfait, en s'avouant en faute : car c'est abolir *la Conscience même* chez le jeune homme.

Permis aux libertins de trouver ces actions légitimes, et de les exalter sous le nom charmant et gracieux de « bonnes fortunes », (l'ad...... compris, évidemment); libre à eux d'y voir pour leur fils l'unique moyen de se « déniaiser », comme ils disent; mais, QU'ILS NE CHERCHENT POINT A APITOYER SUR LEUR SORT, quand ce fils, victime de ces théories complaisantes, les aura mises en pratique en vertu d'une logique implacable.

Quoi! à vingt ans, il se ferait violence pour n'obéir pas aux entraînements qui ne l'attirent que trop déjà, simplement pour avoir le plaisir d'être classé parmi les niais et les sots !

Ne voyez-vous pas, au contraire, que de semblables axiomes lui font de l'inconduite comme *un devoir envers lui-même?*

Ne voyez-vous pas qu'on l'incite au mal, en ayant recours au plus puissant des stimulants : l'amour-propre! à tel point qu'on le verra, ce jeune homme, se livrer au dévergondage, plus encore par

6

vanité que par passion, et même se targuer de vile-
nies et d'abaissements imaginaires... ?

Ah ! c'est ici qu'on peut rappeler en toute vérité
ce mot profond de M. Pailleron : « Quand il dit du
mal de lui..., il se vante ! »

Et en pareil cas, le fils serait le vrai, le grand
coupable?

Non pas ! qu'on remonte plus haut...

Et si l'enfant, s'abaissant peu à peu jusqu'au vice,
devient enfin le châtiment de ce père dont il devrait
être l'honneur, ne sera-ce pas justice, après tout ?

Enfin, en dévoilant les laideurs morales que cachent ces formules, qu'il est d'usage d'admettre avec
bonhomie et de répéter avec docilité, on fait œuvre
d'équité à l'égard de ceux-là que le viveur prend en
pitié, et poursuit de sarcasmes grossiers, parce
qu'ils ont écouté les conseils de la raison et la voix
de la conscience, plutôt que les sollicitations de l'instinct.

Peut-être alors les trouvera-t-on moins ridicules
d'avoir su se respecter......, et respecter.

*

Ah ! je sais bien que les tentations sont nombreuses, terribles parfois pour plusieurs ! que la passion est aussi forte que notre nature est faible, et
que les plus sages avis courent grand risque d'être
souvent méconnus...

Raison de plus, pour qu'on ne provoque point les
erreurs de son fils, *en les acceptant en principe*
d'un cœur léger !

Quel effort veut-on que tente le jeune homme pour résister aux assauts qu'on lui a laissé entrevoir comme irrésistibles, inéluctables : *il faut* que jeunesse...

A quoi bon combattre, si la défaite est au bout,...?

Les parents semblent si bien s'attendre à une vie désordonnée de la part de l'héritier de leur nom, qu'en vérité ce dernier ne saurait se faire grand scrupule de s'y livrer. « *C'est admis !* pense-t-il : « il paraît que c'est dans le programme... » Dès son enfance, il entend dire qu'il est voué fatalement à une défaillance prochaine.

Et, à quel moment germe cette conviction chez l'enfant?

Le jour où il s'aperçoit que ses parents n'essayent même pas de le sauvegarder.

**

Alléguera-t-on que la morale, plus sévère que la société, demande une vertu impossible, et que « tous les jeunes gens se ressemblent »?

Ce serait avouer n'avoir jamais pénétré dans certains foyers, où l'on préfère les satisfactions de l'honneur à des plaisirs décevants, quelquefois dégradants, et où l'on apprend à trouver le bonheur dans la dignité de la vie : ce qui n'interdit certes point ni les rires sonores, ni les ébats joyeux, ni les charmants épanouissements d'une gaieté sans remords.

Oui ! tous ceux, qui, élevés dans les regrettables doctrines que nous signalons, *vont au devant* d'entraînements aussi *prévus* que *certains*, doivent se ressembler ; c'est incontestable !

A force de boire, on perd la raison ; de même, à force d'enivrer les sens, on rend la passion fatale.

Elle n'est pas fatale, elle le devient...

Aussi, la responsabilité *vraie*, réside-t-elle dans les actes qui préparent *sûrement* les affolements de ces deux ivresses.

Eh quoi ! un jeune homme se grise l'esprit et le cœur de lectures passionnées et de romans obscènes... ; il passe le jour en compagnie d'amis tarés ; le soir, dans d'infimes brasseries, il s'attable en face d'impudentes Phrynés de bas étage, à qui il conte des douceurs, le naïf ! pendant qu'elles lui servent des amers sophistiqués ou des liqueurs capiteuses... et l'on est surpris que la tête lui tourne sous l'empire d'un vertige *alors* irrésistible... !

Comme si une atmosphère *vicieuse* n'empoisonnait pas aussi bien qu'un air *vicié* !

..... Autant s'étonner que le feu brûle, et que la boue salisse !

Mais s'il y en a beaucoup ainsi, n'est-ce pas précisément parce que nombre de parents *ont renoncé trop tôt à rien faire* ; ou que, par négligence, ils ont pris leur parti de ce « désagrément », sans chercher à prémunir l'enfant contre la fièvre des passions ?

Or, retrancher de l'éducation la morale, c'est la transformer en « dressage ».

CHAPITRE HUITIÈME

L'ENFANT MAL ÉLEVÉ : « FAIT UNE FIN »

Le jeune homme marche vers sa grande majorité; et les parents, qui n'ont su faire de leur enfant ni un vrai fils, ni un médiocre employé, vont, quittant une illusion pour en prendre une autre, découvrir qu'il y a en lui l'étoffe d'un bon époux, d'un père prudent et sage.

A leurs yeux, le seul moyen de tirer ce fils de l'ornière où il s'enlize, c'est de l'établir dans un foyer *sien*, qui remplacera celui de la famille, depuis longtemps converti en auberge vulgaire.

***

Une fois cette idée en tête, la mère va subir les transformations les plus curieuses...

Elle oubliera qu'elle a donné le jour à un ingrat, cause de bien des larmes ! elle *se persuadera* qu'il a toujours été un sujet exemplaire, un modèle de bonne conduite, et qu'en tout cas, les autres ont encore été pires que lui.....

Elle se le redira tant, qu'elle finira par le croire vraiment !

Elle prônera les goûts rangés de son fils, parce

qu'il vient manger à l'heure des repas, et rentre généralement se coucher chaque soir, ou plutôt chaque
nuit.

Elle ne rencontrera pas une amie dans le
monde, sans faire l'éloge du jeune homme, de ses
nobles sentiments et de sa délicatesse...

Et il lui arrivera souvent de laisser échapper cette
réflexion, tantôt voulue, tantôt inconsciente : « *Ah !
la femme qu'il choisira aura de la chance !* »

Le fait est qu'il doit en être ainsi...: il a été si
bon fils ! Cela n'empêchera pas la pauvre femme de
répéter à tout venant, qu'il a un « *cœur d'or* », et
« *un culte pour sa mère* ».

C'est le fils qui serait étonné, s'il savait les dithy-
rambes qu'il inspire, et les enthousiasmes dont il est
l'objet !

A leur tour, les bienveillantes visiteuses qui ne
connaissent pas le jeune homme, (car il fuyait l'entourage de la famille durant « la vie de polichinelle »
qu'il menait), répéteront, sur la foi de l'amie qui se
ment à elle-même : « *Mme *** est bien heureuse d'avoir
« un fils comme cela ! On dit qu'il est parfait, que
« c'est une perle...! »*

Nous sommes en pleine comédie ! comédie d'autant
plus piquante, que les personnages jouent leur rôle
sans en avoir conscience.

**
* **

Alors se formera autour de la tête de notre héros
une admirable auréole... Il aura toutes les vertus,
toutes les séductions !

Après coup, les parents ingénieux donneront l'explication du rébus de sa vie, le mot de l'énigme, en interprétant favorablement sa conduite passée ; en supposant un sens, une intention réfléchie aux incidents... et aux accidents de sa jeunesse.

Il fuyait sa famille ? — Non pas ! il s'isolait pour mieux travailler... — Il n'était point paresseux : il se ménageait... — L'entêtement, est devenu virilité et résolution ; le dégoût se nomme le calme ; la fausse gravité, née d'une certaine lassitude, s'appelle le sérieux...

Et ainsi de suite !

La vérité, la voici :

On veut le marier ; lisez : s'en débarrasser au plus tôt ; le nouveau foyer devant être un refuge moral, et aussi une manière de maison de santé.

**

Enfin, les voies sont préparées : il n'y a plus qu'à entrer en campagne.

Que recherche-t-on ?

Oh ! rien que de facile à trouver...

On n'est point exigeant, ni difficile, croyez-le !

Tout simplement, on demande une jeune fille : *pure* comme un ange, *douce* comme un agneau, *aimable* comme la vertu, *intelligente*, *distinguée*, *instruite*,... afin de permettre à ce viveur, qui n'est même plus joyeux, de « *faire une fin !!!* »

Il faut toutes ces qualités ; on n'en saurait rien rabattre.

Ajoutez qu'on tient essentiellement à ce qu'elle soit *pieuse*.

Le futur époux lui-même y attache le plus grand prix.

Lui, ne pourrait peut-être pas savoir s'il croit à Dieu ou au diable; mais néanmoins il n'aurait pas la sécurité voulue, la quiétude *dont il entend jouir*, si la fiancée n'offrait, outre sa délicatesse naturelle et la dignité de son éducation, cette suprême garantie des croyances, qui font la femme dévouée, l'épouse austère et pure.....

**

Notez que ces singuliers parents, qui ont laissé entendre à leur fils qu'il était des accommodements avec la morale, (on sait lesquels), et des compromis avec l'honneur, n'accepteraient pas que leur bru se permît un seul mot inconsidéré, un simple regard curieux,

Ils sont farouches sur ce chapitre! d'une pruderie intraitable!

Donc, le joli personnage qui porte leur nom, devra être l'*alpha* et l'*oméga* de la jeune épouse : elle doit tout faire pour lui — ne voir que lui — ne vivre que pour lui...

**

Certes! le mariage a pour les époux des résultats bien différents...

Au point de vue de la femme, c'est un *commencement* ; au regard du mari, UNE FIN !

L'expression est charmante et flatteuse...

Ainsi ! elle va s'éloigner du toit paternel, quitter son nom, se donner un maître que les lois arment jusqu'au despotisme, afin d'avoir l'honneur de devenir la compagne de ce gandin qui daigne abandonner sa vie d'aventures, pour venir offrir à l'âme toute neuve de sa fiancée, un cœur d'occasion et une jeunesse fanée...!

Pauvre jeune fille !

Ah ! si elle soupçonnait *combien on la trompe*, combien on exploite indignement sa candeur naïve et son aveugle confiance !

On dresse des pièges à sa tendresse, on vole son amour, on surprend son consentement, on lui ment de mille manières !

Quand elle comprendra la vérité, quand elle verra clair enfin ; il sera trop tard....

**

Et tout se passe *sans le moindre scrupule*, sans l'ombre d'hésitation.

L'abus de confiance est la règle. N'est-il pas convenu en effet, entre les gens d'âge et d'expérience, que la fiancée ne doit même pas se douter du sort qui l'attend...? N'est-il pas entendu que la condition morale de l'époux lui est rigoureusement cachée ...? N'est-il pas admis par l'usage, que, sur les deux volontés constituant chaque union, *l'une peut être* SURPRISE, *sans vicier le contrat...?*

LUI, a le droit de tout faire ; ELLE, le devoir strict de tout ignorer.

Non! en France, la jeune fille en vérité ne se marie pas,

On la marie.

*<center>*_**</center>

Étrange morale du monde, qui prêche aux hommes « d'être galants chevaliers », et qui les autorise à manquer à la plus simple loyauté!

C'est le couronnement de l'éducation mal commencée : l'œuvre est complète.

... On ne peut pas mieux élever les garçons, prétend-on?

Eh bien! s'il en était ainsi, on en arriverait à se demander au nom de la bonne foi la plus vulgaire : ne pourrait-on pas tromper un peu moins les jeunes filles...?

CHAPITRE NEUVIÈME

L'ÉPOUX : LE PÈRE

Une mauvaise éducation compromet plusieurs générations.
(BRUEYS.)

Voilà le fils mal élevé devenu chef de famille.

Au nouveau foyer qui se fonde, les mauvais effets de l'éducation première se feront encore sentir d'une manière désastreuse.

Étonnantes prétentions et curieux raffinements !

Ce jeune homme, qui exigeait de sa fiancée toutes les vertus, toutes les délicatesses dont il avait fait litière en ce qui le concerne, une fois possesseur de ces trésors qu'il semblait jalousement convoiter, va, par une inconséquence incroyable, ruiner à plaisir son bonheur, et détruire par avance l'heureux exemple et la chaste influence de l'épouse.

⁂

Oui, il va en toute hâte s'ingénier à ternir ces puretés, qu'hier encore, il voulait à tout prix dans sa future compagne.

Tantôt, il mettra entre ses mains des romans offensants pour sa candeur, ou même écœurants... Tantôt il aura l'impudeur de lui raconter dans le détail ses escapades de jeunesse, en les surfaisant au besoin, pour leur donner plus d'intérêt et de piquant.

Ou bien, il rappellera chez lui les anciens compagnons de plaisir, dont il s'est éloigné à regret...

D'autres fois, il mènera sa femme à des pièces grivoises, ou dans des sociétés douteuses, voire même dans les cafés chantants; et, pendant une semaine, fredonnera à ses oreilles le refrain grossier de la chanson du jour, dont la naïve jeune femme ne comprendra pas d'abord les équivoques répugnantes.

En un mot, celui qui devrait être le protecteur, devient, autant qu'il dépend de lui, le corrupteur!

C'est qu'il s'est réservé le plaisir de *déformer lui-même* l'âme de l'épouse dont il a fait choix...

On devine qu'à ce moment la piété que l'on demandait de la fiancée, sera jugée une entrave un peu gênante par l'égoïste qui nous occupe.

Par bonheur, il lui faudrait un certain temps pour accomplir son œuvre, la jeune femme ayant, *elle*, des principes à racines profondes et une éducation digne de ce nom.

Le plus souvent, le mari se sentira envahi par l'indifférence, avant d'avoir mené à fin sa triste entreprise.

La lune de miel se sera vite éclipsée...., et, relativement, ce sera un bien pour l'épouse, qui pourra ressaisir sa conscience, grâce à un isolement qu'elle appellera : délivrance!

⁂

S'il naît des héritiers, de deux choses l'une : ou ils seront élevés comme leur père l'a été lui-même ; ou bien celui-ci voudra mieux faire.

Mais son impéritie sera telle, qu'il tombera dans des erreurs ou des excès inévitables.

Quand et comment, aurait-il appris l'art difficile de l'éducation?... Ce n'est assurément pas dans ses souvenirs qu'il trouvera une direction utile, ni un conseil pratique...

Bon gré mal gré, il tentera un essai et marchera au hasard, alors même qu'il voudrait être un guide fidèle et sûr.

Son fils servira de sujet d'expériences.

***

On le voit : semblable à ces maladies qui contaminent une souche entière, ainsi que le révèlent les phénomènes de l'atavisme, l'éducation mauvaise laisse, elle aussi, des traces profondes pendant plusieurs générations successives.

Le mal s'atténue, mais le germe demeure.

Tel père, tel fils !

...Voilà bien la solidarité de la famille ! fonds commun d'honneur ou de défaillances, de qualités ou de vices, auquel chacun de nous apporte sa quotepart, soit en bien, soit en mal.

***

Il en est d'autres qui renoncent à se créer un foyer : leur vie finit en quelque sorte, au moment où elle devrait rayonner et s'épanouir.

Certains d'entre eux se reconnaîtront, dans le portrait suivant qu'en a fait un poëte [1] :

> Semblable au papillon mutin,
> Enfant, il aima toute chose :
> Un bonbon, sa mère, une rose
> Ranimaient son sourire éteint.
> A cinq ans, âme à peine éclose,
> Il aima ses soldats d'étain ;
> A dix, il aima son grand chien ;
> Plus tard, il n'aima pas grand chose :
> A vingt-cinq ans....., il n'aima *rien*.

Alors, devenus froids sceptiques, ils poursuivront de leurs diatribes aussi violentes qu'injustes « la meilleure partie du genre humain. »

Il faut entendre ces vertueux célibataires parler avec indignation « des perfidies de la femme ! »

De la *femme*...?

Oh ! ils se trompent grossièrement !

Vous donnez, peut-on leur dire, le nom deux fois respectable de femme, à celles-là qui ont perdu le droit de le porter...

Et peut-être, au contraire, si l'on recherchait les raisons intimes de vos satires et de vos outrages, trouverait-on que vous appelez perfidie, la noble résistance d'une vertu héroïque qui n'a point capitulé et que vous devriez célébrer avec admiration, ou au moins honorer en silence...

Combien comptez-vous donc de belles âmes parmi

---

1. En l'état de nos mœurs, un célibataire est, ou une nature d'élite tout exceptionnelle, ou un homme au-dessous de la moyenne. Il n'y a guère de terme intermédiaire.

vous, terribles censeurs qui jetez l'anathème et dé-
versez le mépris du haut de votre insolence ...?

De grâce! faites donc loyalement la comparaison;
et alors, vous jugerez plus grammaticale que judicieuse cette formule étrange:

« Le masculin est plus noble que le féminin. »

LIVRE DEUXIÈME

PETITS PROCÉDÉS D'ÉDUCATION DOMESTIQUE

I. — LES COMPARAISONS.

Dans les portraits qu'on vient de lire, nous nous sommes attaché à montrer les suites ordinaires d'une éducation mauvaise. Il importe maintenant, pour être pratique, d'énumérer en détail les fautes ou les erreurs qui contribuent à amener ce triste résultat.

Entrant immédiatement au cœur même de cette nouvelle étude, nous dirons que rien n'est plus impolitique, que les démonstrations par comparaison :

« *Vois, comme le petit Émile est gentil, lui! comme il est obéissant et poli avec sa bonne !* »

— « Ah! par exemple! il l'a appelée l'autre jour devant moi : vilaine guenon. »

— « *Non, monsieur! vous vous trompez; vous avez mal entendu,* » poursuit la mère dans sa polémique malencontreuse.

— « Tu ne me crois pas? riposte l'enfant. Eh bien!

« la prochaine fois, demande toi-même à son papa
« si je mens... ! »

***

Le lendemain, nouvel incident : « *Ce n'est pas*
« *M. X. qui laisserait à son fils une sarbacane;*
« *c'est trop dangereux!* »

— « Pardon ! mère, la preuve, c'est qu'il vient de
« lui acheter un petit revolver. »

Les parents ont le dessous.

A défaut d'autorité personnelle, ils invoquent avec
timidité l'exemple des autres, comme pour se justifier d'oser avoir une opinion propre.

Or, en viennent là ceux qui n'ont *pas le courage*,
oui, le courage de s'imposer.

II. — LES PROMESSES VAINES.

Si les menaces vaines amoindrissent l'autorité paternelle, les promesses non suivies d'exécution ne
sont pas moins regrettables, en ce sens qu'elles dimi-
nuent l'estime de l'enfant pour ses parents :

« *Si tu manges la soupe, je t'achèterai une jolie*
« *poupée.* »

« *Si tu viens vite, tu auras un beau mouton.* »

« *Si tu écris bien, on te donnera un grand*
« *cheval mécanique...* »

Et l'enfant arrivera à sa majorité sans avoir entrevu les... oreilles de la magnifique récompense
promise.

Le jeune naïf y est pris dix fois, vingt fois, parce qu'il est confiant par nature.

Mais il y a une fin à tout!

L'expérience lui apprendra qu'on le berne, et qu'on exploite sa crédulité.

Un jour, agacé de ce jeu de dupe, il demandera à ses parents de lui « *faire voir* » ce qu'ils annoncent, car il met en doute, non sans motif, la sincérité de leur parole.

Ou bien, il s'écriera dans un instant de dépit : « Voilà un siècle qu'on me promet la même chose ; « c'est de la farce ! »

Rien n'est plus insolent... ni plus exact !

III. — LES TROMPERIES.

Cette hypothèse ne se confond pas avec la précédente.

Ici, on procède de façon à surprendre vraiment la bonne foi.

« *Donne-moi la plume, chéri, je vais te faire de* « *jolis dessins.* »

L'enfant, un mot de remerciement sur les lèvres, s'empresse d'obéir...

« *Maintenant! tu ne l'auras plus,* » lui dit-on d'une voix sèche.

Il en conçoit une rage sourde, et trouve qu'on a mauvaise grâce à lui prêcher la sincérité et la franchise.

Ou encore : « Tu as été gentil, je vais te conduire
« au cirque... »

Et on le mène chez le dentiste !

Nous avons vu le cas, et n'inventons rien.

***

D'autres fois, pour s'éviter des ennuis, on préfère
dire une... contre-vérité.

On annonce à l'enfant un breuvage excellent :
« *Oh! que c'est bon!* » dit-on avec un sourire. Et l'on
feint de se délecter avec une potion à laquelle, bien
entendu, ou n'a garde de goûter, et pour cause!

L'enfant séduit par cette mise en scène engageante, s'approche, et ayant foi en la parole maternelle, saisit la tasse perfide...

Bientôt, il constate qu'on veut lui ingurgiter une
boisson rebutante.

Il la rejette avec rage, s'indigne à la pensée qu'on
appelle délicieux ce liquide écœurant.

Et le voilà défiant pour toujours.

On l'a trompé; il ne l'oubliera pas de sitôt !

***

Supposons que l'enfant ait été surpris assez habilement, pour avaler une gorgée de l'âcre médicament
offert...

Demain, ce soir, tout à l'heure, vous aurez à lutter contre les répugnances du goût, contre la révolte
d'un esprit vindicatif, contre les représailles de l'a-
mour-propre meurtri.

Faire appel à la volonté, est un langage que l'enfant bien élevé comprendra mieux qu'on ne le suppose.

L'expérience le prouve d'une manière décisive.

*_**

Ce qui, à notre sens, constitue la gravité de ces tromperies, c'est le rôle mensonger que l'on est contraint de jouer, pour parvenir à ses fins.

Dans le but de persuader l'enfant hésitant, il a fallu nécessairement prendre une attitude grave; parler d'un ton convaincu, en vue d'inspirer confiance; c'est-à-dire se mentir à soi-même, *en enseignant du même coup l'art de tromper.*

N'est-ce pas se diminuer à plaisir?

N'est-ce pas donner une éducation à rebours ?

IV. — LES MOQUERIES.

Plusieurs trouvent ingénieux de bafouer l'enfant sous prétexte de lui former le caractère.

Un jeune coupable, tout honteux, pleure dans un coin......

Le père va le chercher, lui prend la tête pour la bien placer sous le jour, et, s'adressant à ceux qui l'entourent :

« *Voyez comme il est joli! comme il est beau !*
« *comme il est aimable! N'est-il pas charmant?* »

Ainsi mis sur la sellette, l'enfant s'aigrit, devient

méchant, et amasse dans son cœur une rancune profonde.

Pour avoir des enfants hargneux et vindicatifs, le procédé est infaillible !

Au contraire, que l'enfant voie et *sente*, que c'est avec une grande tristesse et un regret sincère, qu'on se résigne à le contrister par la réprimande, ou à lui infliger une peine, s'il y a lieu; qu'on lui facilite même les moyens de cacher à tous cette peine... et il en sera touché.

On peut fort bien compatir aux chagrins du coupable, et le lui dire tendrement, sans montrer pour cela la moindre mollesse dans la correction obligée.

...Tel est le moyen de concilier ce double rôle, de juge sévère et de père affectueux.

V. — LES HUMILIATIONS.

Il y a des parents qui répètent à toute heure: « *Que tu es sot! que tu es niais! Mon Dieu, que cet* « *enfant est stupide! Est-il assez maladroit et* « *gauche!* »

Accordons que ces appréciations soient l'exacte vérité.... Raison de plus pour qu'elles blessent et mortifient.

Or, pareil langage présente, à n'en pas douter, de très sérieux inconvénients : montrons-le.

***

D'abord, en faisant remarquer les maladresses de l'enfant, on va suggérer *à tout le monde*, amis ou domestiques, l'idée de lui adresser le même reproche; en sorte qu'il n'entendra parler du matin au soir que de ses sottises.

Elles deviendront si proverbiales, si publiées, que l'on éteindra en lui un respect humain utile et légitime.

A quoi bon se gêner !...

Dénoncé à tous comme un sot, se sentant ridicule au regard de chacun, *il n'a plus rien à ménager*.

Sa réputation EST FAITE.

Insensible aux sarcasmes dont on l'a accablé, il en arrivera même à « poser pour l'idiot »; ou, du moins, à exagérer encore sa niaiserie naturelle, au point de la rendre exaspérante.

Ce sera sa coquetterie à lui, et aussi sa petite vengeance...

***

D'autre part, si l'enfant est effectivement nigaud, n'est-ce pas le desservir que de le proclamer tel, en le livrant à la risée impitoyable de son entourage ?

Il lui faudrait faire preuve de génie, pour être, à l'âge d'homme, classé seulement parmi les intelligences moyennes. Pour beaucoup, il restera marqué au coin de l'imbécillité, quoi qu'il fasse.

Le stigmate imprimé demeurera indélébile.

En semblable circonstance, au lieu de parler aux assistants, n'est-il pas mille fois préférable de pren-

dre l'enfant *à part*, et de lui dire au contraire : « Je
« sais que tu n'es pas bête ; au fond, tu n'es point
« sot... Eh bien ! pourquoi te classer parmi les infir-
« mes de l'esprit...? »

Par là, on éveillera son amour-propre ; et l'enfant,
persuadé qu'on le croit heureusement doué, reprendra foi en lui-même. Il s'estimera, et se relèvera à ses
propres yeux.

***

D'ailleurs, l'esprit n'est pas l'intelligence, à beaucoup près, bien que l'on confonde fréquemment ces
deux qualités.

Interrogeant un jour un enfant de huit ans, qui
avait une réputation de sottise exceptionnelle,
j'obtins une curieuse réponse.

Cet enfant apprenait l'histoire de Salomon. Croyant
lui tendre un piège, nous le conviâmes à dire ce qu'il
pensait de la sagesse du roi.

D'un ton des plus niais, il répondit :

« Si le roi Salomon avait demandé à Dieu la sa-
« gesse pour *tous*, il eût été plus sage encore... et
« moins égoïste. »

Jamais nous n'oublierons de quel air stupide fut
donnée cette réponse, dont nous voudrions être
l'auteur.

VI. — LE DRESSAGE.

Dressage, surmenage! voilà les expressions qui
s'offrent à l'esprit, et qu'on trouve au bout de la

plume quand on écrit sur les systèmes contemporains en matière d'éducation.

On le voit, le vocabulaire typique du vétérinaire entre dans le courant de la conversation, et remplace peu à peu le langage supérieur du philosophe et du moraliste.

Cela devait être.

Est-ce que pour le matérialisme, (cette marée montante qui nous a envahis jusqu'au niveau de la pensée même,) le mariage est autre chose qu'un croisement, et l'enfant un produit ? Pardon de ces brutalités !

Donc, le dressage, prenons le mot admis, consiste à donner le pas aux qualités extérieures sur les qualités morales ; à se soucier plus de la forme que du fond ; à cultiver l'esprit, de préférence au cœur.

En pareil cas, on obéit moins aux suggestions de l'amour paternel qu'à celles de la vanité : on se préoccupe d'abord, d'avoir un fils qui *fasse honneur*.

***

La correction dans l'attitude, la courtoisie dans le langage, l'affabilité dans les manières, font partie intégrante de l'éducation.

C'est indiscutable.

On doit y attacher grande importance, parce qu'elles ont la valeur de vertus sociales cotées à très haut prix, et parce que le monde en tient souvent plus compte que du vrai mérite, pour peu que celui-ci revête une certaine forme de rudesse, ou manque tant soit peu d'urbanité.

On ne suppose pas volontiers un fruit délicat et fin, sous une écorce épaisse et grossière.

Toutefois, les bonnes manières, si estimables soient-elles, n'ont, en définitive, qu'une valeur secondaire : ce sont d'aimables apparences.

Rien de plus.

***

L'amour maternel, consiste moins à broder des « entre-deux » ou à soutacher des capotes, qu'à orner de solides et fortes vertus la chère âme dont il est comptable : ce grand œuvre doit être l'objectif incessant et absorbant.

Voici un enfant bien *dressé*, qui tend de lui-même le front aux invités; salue à propos; exprime un mot gracieux à l'occasion; place sous les pieds des visiteuses le tabouret inévitable; reconduit à la porte les amis de la maison; se rappelle agréablement au souvenir des absents....., etc.

On vante à tous les échos cet être charmant: « *Il agit comme un grand monsieur!* » Ou encore : « *On dirait une petite femme!* »

Cela suffit pour conquérir dans le monde le brevet « d'enfant parfaitement élevé. »

Cependant, observez ce jeune personnage dans la famille : il est égoïste, violent, menteur.

Il a toutes les petites qualités de l'âge mûr, mais il en a aussi les grands défauts.

Et si l'on n'y prend garde, quoique *poli...*, il deviendra peut-être *polisson*.

VII. — ILLUSIONS ! ADULATIONS.

Tout ce que dit l'enfant est spirituel ; tout ce qu'il fait, admirable !

Certaines gens ont une manière de décrire les impertinences de leur fils, qui équivaut à une franche approbation. « *Croiriez-vous qu'il a osé dire cela ...!* « *A sa place, moi, j'aurais été honteux !* »

A vrai dire, on n'est pas autrement fâché de cette audace...

***

Nous avons connu des parents, qui, pendant un hiver entier, ont colporté dans les salons l'histoire de leur fils, collégien de treize ans, osant traiter de «mufle» un vieux magistrat, qui avait tenté d'adresser de douces remontrances à « son jeune ami ».

Ils publiaient l'anecdote : donc cela ne leur était pas désagréable !

« Il n'y a guère de gamins de son âge ayant un pareil aplomb! » se disaient-ils, *in petto*.

***

« *Je ne sais où il va chercher tout ce qu'il ra-* « *conte* », répètent d'autres parents avec une joie concentrée....... En réfléchissant bien, on pourrait le deviner.

Ne trouverait-il pas ces choses un peu à... la cuisine, et beaucoup dans la rue?

Puis, du moment que l'enfant n'est pas sot, on le proclame extraordinaire, hors pair! Et, son intelligence se développant avec l'âge, on tombe en admiration devant cet éveil, qui pourtant est commun à tous.

« *Il a une facilité incroyable!* » — C'est entendu.

« *Il ira loin....* » — Oui! plus loin même qu'on ne le suppose.

Alors, grisé par l'ambition, l'ouvrier rêvera de faire de son fils un commis. Et le bourgeois voudra pour héritier un haut fonctionnaire; il se mettra plutôt sur la paille, pour être le père d'un surnuméraire dépensant follement, et ne gagnant rien.

Nous reviendrons d'ailleurs sur cette idée.

VIII. — LA FAMILIARITÉ.

Sous ce titre, nous voulons parler du sans façon avec lequel l'enfant traite ses supérieurs.

A vingt ans, le fils d'un général que nous avons connu, donnait d'habitude à sa mère le surnom de « bichette » ; et dans l'entourage on trouvait cela charmant !

De même, devant tous, la fille d'un professeur appelait par amitié son grand'père ; « vieux camarade, » ou: « Monsieur Léon. »

Il s'agit ici de simple familiarité, et non d'irrévérence calculée.

L'enfant fait des « niches » à ses ascendants comme à ses condisciples; il souligne, sans intention méchante je le veux bien, mais à tort cependant, les *lapsus*, les quiproquos ou les petites bévues commises par ses parents; rappelle volontiers leurs erreurs ou leurs inadvertances; en un mot, rayonne de joie quand il les trouve *en défaut*.

Il y a là plus que de l'espièglerie: une tendance malicieuse qu'on aurait raison de surveiller de près, à peine de la voir dégénérer prochainement en insolence.

N'avez-vous point rencontré tel bambin de dix ans défiant sa mère, ou offrant à son père de *parier* contre lui, si l'on conteste ses dires?

C'est grotesque... et triste!

***

Plusieurs lecteurs penseront que la familiarité est la conséquence inévitable du *tutoiement*, désormais toléré dans nombre de foyers.

Est-ce une cause ou un résultat? Nous n'oserions nous prononcer...

Ne voit-on pas un enfant habitué au tutoiement, employer un *vous*, insolite dans sa bouche, pour donner plus de force à son reproche ou à la parole dûre qu'il profère...?

En fait, tout dépend du monde dans lequel on vit, et spécialement des traditions de famille.

Le « croyant » qui, dans l'ardeur d'une prière fervente, tutoie Dieu lui-même, a-t-il la pensée de lui manquer de respect?

N'est-ce point, par une considération semblable que nos voisins d'outre-Manche disent « vous » en règle générale, excepté quand ils interpellent la divinité ?

Quoi qu'il en soit des usages respectifs, il convient d'attacher plus de prix au sentiment même, qu'à la formule qui semble le traduire.

**

Maintes fois encore, nous avons entendu signaler l'importance de la *liberté testamentaire*, comme sanction de l'autorité paternelle.

La principale remarque que nous ferons est la suivante : cette menace ne saurait en aucune mesure, remplacer l'efficacité de l'éducation *première*.

En effet, à l'âge où les considérations de fortune peuvent modifier en quelque chose la conduite de l'enfant, la mission des parents est à peu près terminée.

Est-ce qu'avant l'adolescence on est seulement en état de se livrer à ces honteux calculs ?

Et nous ajouterons ceci :

Celui qui, en vue d'un intérêt pécuniaire escompté, consentirait à faire ce qu'il a refusé aux volontés d'un père, ou aux conseils maternels, serait un misérable petit personnage, le plus mal élevé de tous.

Pour exhéréder, pour DÉ-TESTER justement l'enfant, on doit admettre qu'il est devenu *détestable* : ce peut être une punition, non, un procédé préventif.

IX. — LES CAMARADES.

« Dis-moi qui tu hantes, et je saurai qui tu es. »

L'influence du milieu et la puissance de l'exemple, agissent sur l'enfant de la manière la plus décisive.

Chose regrettable! les amis de nos fils sont désignés, *moins par le choix, que par les circonstances.*

Par là il faut entendre, que les relations se créent d'après les catégories sociales, d'abord.

Voyez surtout en province :

Les enfants des magistrats frayeront avec ceux des notaires; ceux des hauts fonctionnaires, avec ceux des banquiers...

Quelques nobles attardés, (je dis seulement *quelques*), lèveront leur pont-levis, après que ceux qui sont « nés » auront franchi le seuil du castel...

Le haut commerce et les grands industriels feront bande à part, et ne se confondront même pas avec la bourgeoisie non patentée...

Hélas! nous oublions trop facilement qu'il n'y a qu'un Dieu, — une Loi, — une Patrie!

***

Le fils d'un collègue, fût-il assez mal élevé, est, de droit, l'ami de l'enfant.

On ne le choisit pas : il est indiqué.

Cependant un fruit *gâté*, placé à côté de vingt

fruits intacts, ne deviendra pas sain pour cela : c'est lui qui contaminera tous les autres.

Tel est le danger de l'exclusivisme et de l'esprit de caste, alors qu'il serait si désirable de ne distinguer que deux catégories : les enfants bien élevés, et..... les autres.

**

A plus forte raison, attirerons-nous l'attention sur le choix important des *domestiques* acceptés au foyer.

Leur ascendant est d'autant plus grand, que leur action est continue, et que l'enfant recherche de lui-même cette société subalterne, où il rencontre moins de contrainte, et où sa petite vanité trouve son compte.

S'il est vrai que l'éducation se forme de toutes les paroles qui frappent l'oreille, de toutes les pensées suggérées à l'esprit, de tous les exemples offerts à nos yeux, de tous les actes de la vie enfin, de quelle importance ne doivent pas être pour nous les principes de ceux, dont la présence journalière exercera sur l'enfant une impression ineffaçable, irrémédiable !

X. — DANS LES JUPONS.....

Nous estimons inhabile, le procédé qui consiste à vouloir élever les garçons dans une ignorance... artificielle.

Expliquons-nous.

Certes, le lecteur, en présence de la netteté des affirmations contenues dans ce volume, voudra bien croire que nous ne prônons pas ici une morale relâchée, ni des compromis quelconques avec le devoir.

On nous classera même, à n'en pas douter, parmi les rigoristes.....

Mais la morale consiste bien plutôt à enseigner la lutte contre le mal, qu'à poursuivre le chimérique espoir que l'enfant grandira dans une naïveté idéale, tout en vivant dans l'atmosphère délétère que nous respirons.

Pour cela, il faudrait le supposer *sourd*, *aveugle*, et légèrement *idiot* tout ensemble.

***

Nous partons de ce point incontestable, à savoir que notre fils verra, entendra, comprendra, devinera, trop tôt à notre avis, mille choses regrettables à coup sûr, et même scandaleuses.

Admettons qu'il en sera ainsi, tant que les hommes auront des passions et des vices,....

En voilà pour longtemps !

La question, pour tout esprit *pratique*, est donc de *préparer doucement* l'enfant à ces révélations troublantes, qui, inévitablement, viendront assaillir son esprit, s'imposer à son attention, et stimuler sa curiosité toujours aux aguets.

***

8

A moins d'être doué d'une crédulité singulière, un père, une mère, ne sauraient s'imaginer, qu'en fait, l'enfant IGNORERA TOUT CE QU'ILS LUI TAIRONT!!

Il y a d'excellents parents qui croient à la candeur angélique de l'héritier de leur nom, *parce qu'ils ont fait preuve, eux*, d'une réserve et d'une discrétion aussi louables......, qu'insuffisantes.

Or, un silence systématique a un double désavantage : il provoque le fils à chercher, *en dehors* du foyer, des confidences et des explications bien autrement dangereuses; et, en second lieu, il constitue l'enfant dans un isolement funeste.

**

En effet, livré à lui-même, il rappellera à sa pensée les épisodes qui l'ont frappé, les problèmes auxquels il a cherché fiévreusement à donner une réponse satisfaisante.

Et le silence des parents suffirait pour que l'enfant s'estimât content, et chassât de son souvenir ces interrogations qui hantent son cerveau...? Il ne s'ingénierait point, par tous les moyens, à voir clair autour de lui et en lui-même...?

Rien de plus chimérique !

L'enfant veut savoir ; et il saura... Il est donc mille fois préférable que ce soit PAR NOUS.

Si nous ne l'aidons pas dans son enquête, il consultera subrepticement livres et camarades.

Lesquels...? *Les pires*, cela va de soi !

Un enfant *honnête*, à qui l'on fera promettre de cesser toute lecture qui lui semblerait mauvaise, est mieux gardé que celui dont on se propose d'éloigner tout écrit corrupteur, grâce à une surveillance perpétuelle, matériellement impossible.

**

Au contraire, veut-on rester *l'ami* de son fils ?

Qu'on lève le voile PEU A PEU, avec les précautions infinies que la tendresse paternelle suggérera ; choisissant le moment opportun de ces confidences ; les mesurant suivant les circonstances du jour et selon les dispositions de l'heure présente ; les proportionnant enfin à l'impressionnabilité de l'enfant, et à son caractère.

Ces entretiens intimes, dirigés, répétons-le encore, avec la plus grande prudence et la plus jalouse circonspection, présenteront pour l'enfant un *attrait incomparable*.

Il s'attachera d'autant plus à vous, et recherchera d'autant mieux votre société intéressante, qu'il trouvera dans vos paroles sages et discrètes, mais vraies, *une réponse suffisante* aux questions qui l'obsèdent avec la tenacité d'un cauchemar.

Son trouble cessera ; il croira en vous, et, d'instinct, ira à vous, comme on va à la lumière,...

Là est l'œuvre maîtresse de l'éducateur.

Car si l'on n'y prend garde, l'enfant s'élèvera à sa guise, au lieu d'être élevé à votre gré.

XI. — QUESTIONS ARTIFICIEUSES.

« *Qui aimes-tu le mieux, de ton papa ou de ta maman ?* », demande celui des parents qui se croit l'objet d'une affection privilégiée.

Et l'enfant hésite souvent à répondre, comprenant à merveille l'artifice de la question posée.

On tient bon néanmoins : on le tourmente, on le harcelle jusqu'à ce qu'il « dise quelque chose », traduisez : jusqu'à ce qu'il blesse le père ou la mère par la confidence pénible qu'on exige de lui.

***

A plus forte raison le propos est-il offensant, si l'enfant déclare volontiers l'inégalité de son affection. Quoi ! l'on garderait au petit ingrat la même bienveillance, la même tendresse ! Est-il rien qui puisse aller plus directement au cœur... ?

Puis encore, comment ne ressentir aucune haine contre l'époux qui a capté l'amour filial, on ne sait à quel titre ?

Notez que le préféré sera toujours, on le devine, celui des parents qui gâte l'enfant, celui qui obéit à ses fantaisies et lui cède quand même, celui qui renonce à la correction par le secret désir d'obtenir la plus grosse part des caresses du *baby*.

***

D'autres fois, un étranger met l'enfant à la torture en l'obligeant à déclarer, qui, de son père ou de sa mère, est *le plus sévère.*

En pareil cas, l'enfant avisé gardera résolument le silence, en se disant tout bas : « Si je m'explique à cet égard, je suis sûr de provoquer pour longtemps l'enchère des sévérités à mon endroit. »

Rien de plus judicieux.

N'entendez-vous pas, en effet, cette menace inévitable : « Ah ! tu crois qu'avec moi tu n'as pas besoin « de te gêner, et que tu n'en feras qu'à ta tête ? Eh « bien ! *tu vas voir....!* »

Et il est à craindre qu'on ne dépasse la mesure, pour se donner trop raison.

XII. — LES PARENTS TIMIDES. — LES MONOLOGUES.

Il est des parents, timides par nature, désireux de bien diriger leurs enfants, mais N'OSANT PAS S'IMPOSER.

Les uns par mollesse, d'autres par bonté d'âme, biaisent toujours, dans la crainte de se heurter à un refus, qu'ils se sentent incapables de combattre ouvertement.

Ils se reconnaissent à l'habitude des monologues.

Trop irrésolus pour commander d'une façon claire, ou pour s'adresser *nommément* à l'enfant ; trop timorés pour affirmer leur volonté, ils se mettent à parler tout haut, en donnant à leurs réflexions la forme d'une vraie conférence et les développements d'un cours sur la matière....

A vrai dire, c'est à eux-mêmes qu'ils s'adressent, à défaut de public, cumulant ainsi les fonctions d'orateur et d'auditeur.

***

L'enfant commet je suppose une maladresse... Au lieu de l'interpeller sans détours, on se livre à l'aparté suivant :

« *Oh! que cet enfant est désespérant, en vérité!*
« *On a beau l'avertir, c'est comme si l'on chantait!*
« *Demandez-lui une chose quelconque; vous croyez*
« *qu'il va se déranger en rien....? Il n'y a point de*
« *danger! Il restera là une heure entière sans*
« *broncher... Je vous assure qu'il le fait exprès...!*
« *Il suffit qu'on lui donne un ordre pour qu'il ait*
« *juste l'idée contraire... Il n'y en a pas deux de*
« *son espèce; c'est à faire perdre patience à un*
« *ange!* »

***

Pendant ce temps, le petit insubordonné devinant à merveille qu'on *a peur* de lui parler DIRECTEMENT, se retranche dans un silence et dans une indifférence qui lui donnent une grande force : celle de la passivité à l'encontre des impatiences paternelles. Il y a mieux! Ce sang-froid, qui est dans le cas une sorte de vengeance et une manière de provocation, laisse le beau rôle à l'enfant.

Car si les parents sont verbeux, enfiévrés; lui, est muet et calme.

Il sait, à n'en point douter, que tout ce bruit, toute cette argumentation cesseront quand on sera fatigué, et que, personnellement, il n'a aucune sanction à redouter : *verba et voces......*

* * *

La conséquence de ce calme factice, sera d'abord d'irriter les parents, de les jeter hors d'eux-mêmes, en leur démontrant jusqu'à l'évidence, l'inanité complète de leurs reproches.

Peu à peu leur émotion grandira, s'échauffera à tel point, que, par un renversement singulier des rôles, ce seront les parents bernés qui paraîtront intempérants et rageurs !!

...A ce moment, il n'est pas de riposte de l'enfant, ni d'insolence, qui semble aussi exaspérante que son mutisme.

Non, il ne se défend pas !

Il méprise souverainement ces accusations qu'il *feint* de ne point entendre.

« Va, mon bonhomme ! a l'air de dire cet impas-
« sible enfant à son père courroucé ; crie, sermonne,
« gourmande, fais tapage ! ridiculise-toi à ton aise...!
« Tout cela ne servira qu'à te diminuer davantage
« en prouvant ta faiblesse, et à proclamer d'autant
« mieux mon indépendance... C'est par-dessus ma
« tête que tu vises, et que tu frappes... »

Et les parents outrés, continueront tout haut :

« *Vous croyez que rien* LUI *fait? Oh! il se rit de ce*
« *qu'*ON *peut lui dire! Vous verrez s'*IL *en tient*
« *compte...... Comprend-on ce plaisir de vexer* LES

« GENS *sans motif, rien que pour leur être désagréa-*
« *ble...! Il est donc très amusant d'entendre du*
« *matin au soir crier après soi?* »

Et ce mot prud'hommesque échappera peut-être
à quelqu'un : « Certes! les parents qui n'ont point
d'enfants sont bien heureux! »

***

On remarque l'emploi constant des formules im-
personnelles, caractéristique certaine des âmes
faibles, que le JE et le TOI épouvantent.

Voulant se mettre en jeu le moins possible, ils
remplacent *je* par *on;* et ils évitent de parler à la
seconde personne, comme dit la grammaire, dans la
crainte de susciter un combat singulier.

On, selon l'expression de Voltaire, est un personnage aux larges épaules qui, sans protester, endosse
les responsabilités dont les peureux veulent se décharger.

Bref : *je,* c'est le chef de la famille; *on,* ce sont
les voisins qu'on appelle à son secours...

***

En face de parents semblables, l'enfant se sent
tellement *fort,* qu'il pourra même se montrer généreux à leur égard, et leur demander avec bonhomie
et intérêt, ce qui les fait « se monter ainsi ».

La note de sa voix sera celle d'une sincère condoléance, alors qu'au fond, il se moque d'eux...
décemment.

***

Point de doute !

Le père, qui n'a pas l'énergie de prendre d'une main calme, mais ferme et sûre, les rênes pour conduire; le père, qui se contente de parler « à la cantonade », de formuler des généralités, dans l'espoir de suggérer ses volontés et d'insinuer ses propres sentiments, n'est pas un pilote qui dirige : c'est un voyageur sans boussole qui suit le courant et se laisse emporter à vau l'eau.

Or, tel enfant qui, dans cette circonstance va faire la sourde-oreille, hésiterait souvent à se révolter s'il était mis en cause.

D'ailleurs, dût-il même s'insurger contre l'ordre intimé, ce serait encore un bien relatif.

Pourquoi?

Parce que, ainsi provoqué, le père, par une réaction naturelle des plus probables, ressaisirait virilement son autorité méconnue, et se montrerait d'autant plus tenace, d'autant plus absolu dans sa volonté, qu'il est plus irrésolu par nature.

L'observation prouve l'exactitude de cette thèse.

***

En effet, je ne sache personne de plus « entier » que les gens timides, quand, *par hasard*, ils se résolvent à prendre une décision.

Enchantés d'avoir osé dire un *oui* ou un *non*, ils s'attachent à leur idée jusqu'à l'obstination.

Ah! cela ne leur arrive pas souvent! et ils veulent jouir de leur victoire sur eux-mêmes, le plus longtemps possible.

Dans l'hypothèse des monologues, il n'y a point désobéissance, à proprement parler, puisqu'on n'a rien commandé de positif : on s'est borné à des avis ou à des récriminations, s'adressant *urbi et orbi*.

C'est trop, et.... pas assez.

L'enfant ne s'y méprend point.

XIII. — LES PRÉFÉRENCES. — LE « CHOUCHOU ».

La partialité est une des plus séduisantes tentations, contre lesquelles nous devions nous tenir en garde.

Mille motifs peuvent provoquer ces inégalités de tendresse.

Un enfant ressemble moralement ou physiquement à l'un des parents... On est bien près de lui trouver meilleur visage, ou esprit plus fin qu'aux autres.

Parfois aussi, on est flatté des qualités extérieures d'un de ses bébés : il est charmant, gracieux, affable, élégant; il attire l'attention.... et les compliments.

Pour lui, c'est mauvais; mais l'amour-propre maternel grisé d'un encens très capiteux, recherche l'occasion de mettre en avant celui qui en est l'objet.

Il n'est pas jusqu'au costume qui ne dénonce cette partialité.

***

Semblable affection est légèrement égoïste. On

aime pour soi, et au détriment de toute la petite famille : y compris le *préféré*.

Tandis que ce préféré voit la rigueur fléchir à sa demande et les caresses se multiplier sans qu'il le mérite, les autres enfants conçoivent des sentiments de jalousie inévitable à son égard, et d'inimitié contre leurs parents, qui, on l'avouera, ne se montrent point d'une équité rigoureuse.

Ajoutez que *le chéri*, objet des faveurs et de l'élection, sera généralement *moins bon* que ses frères et sœurs..., parce qu'on le gâte davantage!

Or, au lieu de produire et d'exalter toujours l'enfant vaniteux, il serait opportun, au contraire, de s'occuper de ceux dont les manières ont besoin d'être corrigées ou l'intelligence dégourdie par l'usage du monde, de façon à rétablir un équilibre suffisant.

Sinon, l'on verra au foyer deux sortes de fils, deux tendresses, et deux justices.

***

Rien de moins sage encore, que de mettre en opposition ses propres enfants, dans la pensée de les corriger l'un par l'autre.

« *Vois comme Jacques est plus aimable ! Ce n'est* « *pas lui qui se permettrait de pareilles choses !* « *Aussi on l'aime, lui !* »

Comment ne pas voir que l'on sème ainsi la rancune et la haine...?

L'enfant proposé en exemple, aura-t-il le tact de

n'abuser point de la situation pour mortifier et exaspérer son frère coupable?

C'est peu probable.

***

Regardez autour de vous; et vous verrez que, par un retour équitable, celui qui fut « chouchou » dans la famille, PAYERA CHÈREMENT plus tard la prédilection dont il a été favorisé.

Car cet enfant idolâtré est de ceux que les parents ne s'empressent pas d'établir.... Ce serait s'en séparer! et on l'aime tant, cet être adulé, que l'on manifeste de la défiance, à l'idée seule de sentiments nouveaux venant en concurrence avec l'amour filial, qu'on voudrait exclusif.

On l'aime aussi à tel point cette tendre fille, ce vrai trésor, qu'on repoussera pendant de longues années les propositions des prétendants les plus dignes, jusqu'au moment, où, les années comptant double pour elle, il deviendra manifeste que, sans le vouloir, on l'a sacrifiée.

***

Eh quoi! oserait-on soutenir que le cœur humain est si étroit, qu'il ne puisse contenir simultanément plusieurs sentiments, grands, nobles et généreux!

Quoi! les Croyances, la Patrie, les tendresses maternelles, l'amour conjugal, ne pourraient coexister dans une même âme et s'y mouvoir à l'aise...!

Quelle calomnie!

Le cœur, croyez-le, est semblable à l'aimant, dont

l'énergie et la force augmentent à mesure qu'il se
dépense et se communique davantage...

Plus on lui emprunte, plus il est riche !

C'est là son privilège incomparable, et son merveilleux secret !

XIV. — LES PROPOS IRRÉFLÉCHIS.

Si l'on était persuadé que les parents sont les arti-
sans du moule même, dans lequel prennent forme les
idées de l'enfant, on se mettrait en garde contre la
témérité de certaines propositions que l'on affirme à
la légère, ou simplement en manière de causerie,
sans y attacher d'importance.

Cent fois, on a entendu et répété tel proverbe...,
telle phrase toute faite... On n'y attribue point
d'autre valeur.

Pourtant, les enfants y voient, eux, autant de vérités, autant d'axiomes, dont la formule brève et sai-
sissante s'enfonce dans la mémoire, comme un
jalon indicateur.

Ces premiers jugements serviront de base d'opérations intellectuelles, et aussi de point de repère,
pour les inductions logiques qui régentent l'esprit
humain.

Telle est la genèse des *principes*.

***

Quittons les abstractions, et prenons des exemples :
Un enfant se sauve dans le jardin malgré la dé-

fense maternelle ; il court, butte, tombe et s'égratigne les mains. Il pousse des cris, accourt à la maison, et se plaint avec larmes de sa mésaventure...

Qu'entendra-t-il le plus souvent comme reproche ?

« *C'est bien fait ! c'est le bon Dieu qui t'a puni.* »
Soit...

Nous comprenons à merveille ce que signifie le
propos, et ce qu'on veut lui faire dire.

Mais la question n'est point là : l'important est de
savoir ce que l'enfant en va penser.

✳✳✳

Le lendemain, trompant encore la vigilance, il
s'échappe, et, instruit par l'expérience de la veille,
se garde de toute chute.

Naturellement, il a soin de ne pas raconter sa désobéissance... Personne ne le gronde ; et il apprend
ainsi que l'on peut fort bien commettre des fautes
sans que, sur-le-champ et à point nommé, la justice
du ciel intervienne avec éclat, pour sanctionner les
ordres maternels.

En un mot, il constate que l'impunité est parfaitement possible en ce monde...

Alors, se présentera à son esprit la réflexion suivante, inéluctable dans sa justesse : « ce que mère
m'a dit là n'est pas sérieux ».

De deux choses l'une, en effet, pensera-t-il : ou
Dieu ne punit pas la faute ; ou ce que j'ai fait n'est
point répréhensible...

L'alternative comme la conclusion s'impose... Et
la fugue, réitérée sans nul encombre, aura pour

conséquence d'enhardir l'insubordonné, de lui faire
suspecter la justice d'En-Haut, et le bon jugement de
sa mère.

On va même quelquefois plus loin dans l'imprudence, et l'on formule des règles comme celle-ci :
CHAQUE FOIS *qu'on désobéit, on est puni d'une manière ou de l'autre.* »

Traduction enfantine : chaque fois que je parvien-
drai à ruser de façon à éviter le châtiment, je n'au-
rai rien commis de blâmable...

Belle morale, n'est-il pas vrai !

**

Autre remarque.

Un enfant déguise la vérité...

Le père lui répète qu'un menteur est pire qu'un
voleur, qu'il n'est jamais cru même quand il est sincère, etc.... Puis, il ajoute avec une solennité magis-
trale : « *D'ailleurs, remarque bien que quand on
trompe ses parents, ils finissent toujours par le
savoir.* »

Et il trouve son procédé très habile !

Songez donc, combien ce mot va impressionner
l'enfant qui se dira : « Surveillons-nous bien ! tout
se sait !! » — Par trop naïfs, seraient ceux qui
caresseraient cette illusion.

**

Le résultat sera tout autre, croyez-le :

La veille, je suppose, l'enfant a pris une dragée...
On ne s'en est point aperçu : par suite, aucune observation.

Au regard de l'enfant, et moralement parlant, la chose a une gravité indéniable... : il a soustrait !

Encouragé par une impunité complète, il renouvelle son larcin, l'exagère, le multiplie à tel point, que les parents voient au bout d'une semaine ce qui leur avait échappé jusque-là, c'est-à-dire, le sac vide...

Quelqu'un vole des dragées : voilà qui est constant pour eux.

Mais qui... ?

Le rusé *baby* a fait en sorte de n'être point surpris ; et, de son côté, le père a oublié les principes posés, si bien que ce dernier dira un jour à sa femme, en causant : « Je soupçonne notre domestique d'aimer les friandises plus que de raison. »

Le mot sera entendu, et tout l'échafaudage doctrinal sur la clairvoyance paternelle s'effondrera du même coup ! Le père ne saura donc pas *toujours* la vérité.

Voilà ce qui arrive quand on parle sans réfléchir et qu'on s'engage témérairement.

***

On se compromet plus encore, lorsqu'on est assez léger pour menacer de punitions bizarres ou irréalisables :

« *Si tu n'écris point ta page, tu ne sortiras*
« *plus jamais avec moi....* »

« *Si tu ne marches pas mieux, je te donne au*
« *prochain Monsieur que je rencontrerai....* »

« *Si tu es indiscipliné, je t'embarque sur le pre-*
« *mier navire venu...* »

« *Si tu ne te lèves pas, je te laisse au lit toute*
« *la journée....* »

« *Si tu ne manges pas la soupe, tu n'auras plus*
« *dorénavant que du pain sec...*, etc... »

Le bambin n'en croit PAS UN MOT!

Il se rit en lui-même de la candeur du papa qui
s'imagine avoir découvert un argument péremptoire,
dans une mesure qu'on ne voudrait à aucun prix
mettre à exécution.

On juge donc l'enfant bien peu judicieux, bien
peu intelligent!

Au contraire, la menace d'une correction qu'on
pourrait CERTAINEMENT infliger, aurait toutes chances
de produire effet.

***

Être surpris en faute, fût-ce sur un point de détail,
n'est pas chose indifférente. Le prestige et l'ascendant en sont amoindris, au delà souvent de ce qu'on
imaginerait.

Le fils d'un professeur de Sorbonne nous a raconté la particularité suivante :

Il lui prit un jour fantaisie de rechercher dans Boileau le vers bien connu, que son père attribuait à
Despréaux :

La critique est aisée, et l'art est difficile.

Besogne ingrate! puisque ce précepte ne figure
point dans l'*Art Poétique*, mais bien dans le *Glorieux* de Destouches.

9

Il ne le découvrit pas, et pour cause...

L'erreur fut reconnue; et de ce jour, nous avoua-t-il, il sentit se refroidir quelque peu son admiration filiale.

Puisque nous avons nommé Destouches, restituons-lui aussi en passant cet « alexandrin », que la routine a le tort d'attribuer également à Boileau ou même à La Fontaine :

Chassez le naturel, il revient au galop.

De ce vers, comme du précédent, nous ne dirons qu'une chose : c'est que l'auteur des satires aurait pu l'écrire.... s'il y avait songé.

LIVRE TROISIÈME

L'AUTORITÉ ET LA CORRECTION

CHAPITRE PREMIER

LE SENTIMENT EST-IL PRÉFÉRABLE A L'AUTORITÉ DANS L'ÉDUCATION?

I. — Voilà un problème capital, à l'occasion duquel il a été écrit de gros volumes contradictoires.

C'est qu'il est peu de questions susceptibles de diviser davantage les esprits ; d'autant plus, que l'on a le tort de ne point assez généraliser les idées, et de conclure prématurément, tout en étant d'accord sur ce principe : il faut de toute nécessité une direction à l'enfance.

Mais, *quand* et *comment* doit-elle s'exercer...?

Là est le point délicat.

***

Nous ne saurions mieux faire, pour mettre en lumière cette contradiction, que de présenter les

arguments que les adversaires font valoir à l'appui
de leurs affirmations respectives.

Pour plus de clarté, imaginons donc les deux
plaidoyers suivants :

1er PLAIDOYER. — L'ÉDUCATION PAR LE SENTIMENT EST
PRÉFÉRABLE. — En effet, dit-on, obliger l'enfant à obéir
parce que l'on est le plus fort ; le contraindre à se soumettre à la menace, c'est obtenir un résultat matériel,
soit ! mais sans grande portée, pour qui voit les choses de
près. Il y a là une violence physique imposée, voilà tout ;
ce n'est pas une détermination *voulue*. Il est *vaincu* et non
convaincu.... Trop faible pour résister, il cède en tant que
contraint et forcé : c'est vrai ! il accomplit l'acte commandé
parce qu'il ne peut pas faire autrement ; il a l'air de se soumettre... Toutefois, en même temps peut-être, la révolte
intérieure est complète, et il n'attend pour résister ouvertement, que la force qui lui manque. Le corps marche, mais
l'âme résiste ; le dos plie, mais la volonté contrariée se
raidit, s'exaspère et s'indigne. Enfin, le caractère se con-
centre jusqu'à l'heure prochaine de l'émancipation, c'est-
à-dire de l'explosion ! Rien n'est donc moins moral ni
moins utile, (continue-t-on,) que cette discipline brutale
qui agit sans explication, et qui ne prend nul souci
de faire la lumière... Au contraire ! parlez au cœur et
à la raison ; persuadez que vos ordres sont justes ; démon-
trez qu'ils sont sages en tout point.... ; et, au lieu d'une
machine qui fonctionne sous la pression qui la meut, vous
aurez une *Intelligence* qui comprendra vos ordres par
la réflexion, une *Raison* qui en appréciera la justesse,
une *Volonté* libre qui les exécutera bénévolement. Dans
ce cas, l'obéissance sera un acte moral, bien différent
de la soumission ou de la passivité inspirée par la crainte,
qui ne permet, elle, ni raisonnement, ni choix judicieux...

**

2ᵐᵉ PLAIDOYER. — L'AUTORITÉ VAUT MIEUX QUE LE SENTIMENT. — En effet, assure-t-on dans un second système, attendre que l'enfant soit *assez grand* pour apprécier la justesse de vos ordres et la sagesse de vos conseils, *c'est vouloir commencer à le discipliner, quand ce résultat devrait être pleinement et définitivement obtenu.* En un mot, c'est renoncer à jamais avoir d'autorité sur lui. Car enfin ! révélez-nous par quels savants moyens vous le ferez obéir pendant les premières années de sa jeunesse, les plus difficiles de toutes ! Parlerez-vous raison et morale à l'enfant de 2, 3, 4 ans ? ou bien le laisserez-vous s'élever à sa guise durant ces années *décisives....* ? Lui céderez-vous toujours et quand même, précisément au moment *capital* où la discipline doit s'affirmer au foyer ? — Oui ! si l'on est conséquent avec soi-même, on devra lui permettre d'agir suivant son bon plaisir, puisque, de toute évidence, un *baby* ne peut ni discuter, ni juger les conseils donnés. Quelle aberration ! En vérité, peut-on bien espérer *qu'après avoir pris des habitudes d'indépendance,* en attendant que la raison lui vienne, l'enfant à 6, 8, 10 ans, aura la force et la volonté de violenter sa nature rebelle, de réformer et de refréner ses goûts par pure philosophie, ou uniquement par amour de la vertu ! S'il en était ainsi, ce serait aux parents de demander conseil à ce petit prodige de sagesse...
— De grâce ! quand viendra donc l'instant propice pour *commencer* l'éducation ? Sera-ce à douze ans, à quinze ans ? On se le demande... Et lorsque les questions seront indiscrètes, déplacées ou insolubles, quelle sorte d'explication fournira-t-on ? *Cette fois-là,* au lieu d'argumenter, on s'imposera, en abritant sa timidité derrière une réponse insuffisante ou incongrue ; mais on s'imposera, à peine que l'interrogatoire ne prenne jamais fin et n'embarrasse de plus en plus. On résistera encore, c'est fatal ! quand les prétentions seront irréalisables ou folles. Dès lors, n'aurait-on pas bien fait de commencer par là ?

Donc, conclut-on, *sans l'autorité*, l'éducation première, la plus importante, est matériellement impossible ; et l'influence du raisonnement viendrait TROP TARD pour rectifier les idées faussées de l'enfant, et surtout pour redresser sa conduite déviée.

*_**

II. — Nous venons d'exposer loyalement les théories en présence. Analysons-les.

Le problème est bien le suivant :

De ces deux modes généraux d'éducation, lequel doit-on préférer : la [*Douceur* qui persuade, ou la *Sévérité* qui commande...? le *Sentiment*, ou l'*Autorité*... ?

S'il nous est permis de donner en toute liberté notre avis, nous n'hésiterons pas à dénoncer nos préférences formelles pour ce dernier régime ; et, résumant nos observations réitérées, nous dirons :

Le sentiment réussit quelquefois ; L'AUTORITÉ BIEN PLUS SOUVENT...

...Par le sentiment, on obtient peut-être des enfants câlins, plus caressants que dévoués, — à condition encore, de ne leur demander à peu près que ce qui leur convient.

...Par l'autorité, on fait des fils respectueux, et des hommes de devoir.

*_**

Cette conviction s'appuie sur les considérations suivantes, décisives selon nous.

D'abord, rappelons-le, il importe d'obtenir l'obéissance, BIEN AVANT que l'enfant puisse apprécier les

ordres qu'il reçoit : de là le vice du procédé sentimental.

En second lieu, entreprendre de persuader l'enfant, c'est le placer sur le pied d'*égalité* avec les
parents, ce qui n'est point sans danger ; c'est lui
permettre de discuter, de contredire ou de réfuter ; c'est éventuellement aussi se faire réfuter et
corriger, si la repartie est tardive ou si la présence
d'esprit vient à manquer.

Et cette lutte périlleuse, dût-elle tourner à l'avantage des parents, est encore, par soi, chose inconve-
nante et ridicule.

En réalité, cela est inévitable, l'enfant, pressé dans
ses derniers retranchements, en arrive toujours dans
cette polémique, à donner des raisons absurdes pour
se justifier.

La conséquence, la voici :

Les parents s'irritent de cette argumentation par
trop humiliante ; et, poussés à bout à leur tour,
finissent par invoquer leur autorité et leur expérience,
c'est-à-dire, répétons le mot, par s'imposer, mais tar-
divement !

Souvent même ils perdent leur sang-froid, après
avoir toujours diminué leur dignité.

Ah ! il est bien rare que, dans cette joute insoute-
nable, le père, lassé des réflexions saugrenues de son
jeune adversaire, n'en arrive pas à le traiter de « gros
sot ou de petit imbécile ». Tel est le mot final ordinaire de ces sortes de dialogues déplacés et mala-
droits.

**

Puis, quand le jeune homme aura 16 ans, 18 ans;
quand il sera enivré d'indépendance, assoiffé de
désirs, croit-on, que la sentimentalité molle et vague, ou les considérations rationnelles sur lesquelles
on fait fond, auront raison de passions fougueuses...?
Croit-on qu'il suffira à la mère, comme nous le
disions tout à l'heure, de s'écrier d'une voix mélo-
dramatique : « Malheureux enfant ! tu ne m'aimes
donc plus ! » pour que celui-ci désarme sur-le-champ,
et devienne tout à coup souple, facile et transformé?

**

Lycurgue, voulant donner une leçon au peuple,
prit deux jeunes chiens de race, issus de la même
mère.

L'un, fut élevé avec délicatesse; l'autre, sous une
sévère discipline.

Un jour, le législateur déposa à l'entrée de la
place de Sparte une gamelle alléchante, ĕt, se plaçant plus loin, lança un lièvre qu'il avait entre les
mains. On lâcha les deux chiens : le premier courut
droit à la pâtée; le second, sauta sur le lièvre résolûment. L'un avait perdu ses qualités natives; l'autre les avait conservées et développées.

Ainsi, les friandises, la couchette molle, con-
viennent à la levrette, qui n'est qu'un charmant *toutou :* un rude dressage seul peut former un vrai
terrier ou un bon chien de berger.

**

Poursuivons la comparaison.

Un individu a un fils... et un chien.

Comment se comporte-t-il à l'égard de ce dernier ?
Il cherche à se l'attacher, à lui faire connaître et
aimer la maison ; il ne le laisse point divaguer à sa
fantaisie. Il se préoccupe de le faire obéir en em-
ployant, tantôt la menace, tantôt les caresses, le fouet
ou le morceau de sucre, avec discernement et réserve. Il lui apprend à affronter le danger ; à ne pas
redouter les épines du chemin ni les eaux de la ri-
vière ; à ne point s'effrayer au bruit d'une locomo-
tive ni aux cris des passants ; à subir les taquineries
sans mordre, et le châtiment sans se révolter ; il le
place enfin dans la compagnie de chiens de race, de
chiens choisis, pour lui faire partager leurs bons
instincts.

.... Eh bien ! qu'il prenne au moins le même souci
de son fils !

Sinon, l'enfant deviendra un *grand garçon ;* mais
non point un *homme,* au sens élevé du mot.

***

Ici se présente une objection.

Ne la fuyons pas.

« L'autorité, dit on, produit la discipline : d'ac-
« cord ! Mais allez-vous anéantir dans l'enfant les
« tendresses natives, la grâce, les harmonies qui
« constituent son charmant apanage ? La seule auto-
« rité, sans le secours du sentiment, ne doit-elle pas
« éteindre tout cela dans vos fils, en desséchant
« leur cœur, et en étouffant les délicatesses de l'âme ?
« Les avantages de ce régime, un peu trop militaire,
« compenseront-ils les qualités et les heureuses

« tendances comprimées dans leur germe par un
« rigorisme imprudent? »

Nous répondrons, qu'il est parfaitement possible
d'utiliser la très précieuse et très utile influence du
sentiment, à condition qu'on sache employer SUCCES-
SIVEMENT, ET DANS L'ORDRE VOULU, ces deux grands facteurs de l'éducation :

La discipline *d'abord;*

Et *ensuite,* la persuasion.

***

L'objection précédente, loin d'infirmer la thèse
autoritaire que nous soutenons, nous permettra de
démontrer, que *l'éducation commencée dans la discipline peut,* ET DOIT SE COMPLÉTER *par l'éducation
du cœur;* tandis qu'il n'est pas possible, une fois
l'éducation sentimentale reconnue insuffisante, de
recourir utilement à la sévérité.

C'est ce qui nous reste à établir en quelques mots.

***

Voici ce qui se passe d'ordinaire.

Pendant les premières années, on laisse l'enfant
prendre des habitudes d'indépendance, et suivre sa
volonté. — « Ses exigences, assure-t-on, ne portant
« après tout, que sur des choses insignifiantes ou
« de peu d'importance, on ne se compromet point
« en cédant. Va-t-on provoquer une scène, une
« révolte, bouleverser la maison, se mettre hors de
« soi, en venir aux rigueurs et à la correction,

« plutôt que de condescendre à une fantaisie, qui,
« après tout, n'a rien de bien méchant...? »

Et l'on en conclut, que ce serait irriter à plaisir
l'enfant et l'exaspérer sottement, que de refuser le
bout de papier, le jeton, la futilité enfin qu'il désire.

Ici, nous ferons la distinction suivante :

« Donnons, accordons l'objet sollicité ; soit ! Mais
« NE CÉDONS PAS APRÈS AVOIR REFUSÉ. »

Qu'importe la chose contestée ! Là n'est pas la question, car le jouet est à peine en cause.

Ce qui est d'un intérêt majeur, c'est de savoir si,
en marchandant, en insistant, l'enfant nous fera
revenir sur la résolution prise ; c'est de savoir, si le
OUI et le NON, finissent par devenir synonymes, si
enfin il n'y a pas de danger à nous corriger, et à
nous voir corriger comme inconséquents et légers.

Une quittance, un bordereau, une facture ne sont
que des morceaux de papier... ; un *louis* ressemble
à un simple jeton ; et cependant nous ne les livre-
rons pas si l'enfant les réclame.

Ainsi ! l'on revient sur l'ordre donné, en permettant
de prendre une simple pelote de laine ou une canne
refusées, et l'on résiste quand il s'agit d'un canif ou
d'un fusil... J'entends bien que pour agir ainsi, vous
avez vos raisons, *à vous ;* mais cela n'empêche pas
l'enfant d'avoir ses idées *à lui.*

Est-ce qu'il mesure le danger ?

Or, s'il a obtenu le bâton, GRACE A SON INSISTANCE, il
fera tapage, n'en doutez pas, dans l'espoir de posséder le fusil qu'on ne *veut point* lui livrer.

***

« Il est si jeune ! dit-on encore. Oh ! plus tard, on
« le mettra à la raison. »

Plus tard ! le pourra-t-on ?

C'est bien invraisemblable...

Ce que l'expérience enseigne, au contraire, c'est
que *si l'enfant n'est pas màté dès trois ou quatre
ans, il est presque certain qu'il ne le sera jamais.*

L'obéissance, n'est pas moins une HABITUDE, que
l'insubordination.

***

Bientôt, le petit indiscipliné n'est plus un *baby*.

Il a grandi, c'est-à-dire que son insoumission
est scandaleuse ; son arrogance, intolérable : on
en a honte !

« Il n'est que temps de réagir, » pensent les
parents, après un esclandre ; « il faut désormais le
tenir *serré* ».

Et pour la première fois, on voudra sans transition
prendre le dessus, et parler d'autorité.

C'est peine perdue.

IL EST TROP TARD...

***

Se résout-on néanmoins à user de rigueur, et à
recourir à la correction ?

On rencontrera alors une telle résistance physique,
et une tel entêtement, que les parents eux-mêmes,
effrayés de l'éclat et du bruit qui les menacent,
abandonneront le plus souvent la lutte.

Si par hasard on tient bon quand même, l'enfant

indigné de ce changement subit dans la conduite paternelle, gardera, nourrira au fond du cœur une sourde rancune ; il rongera le frein, et maudira le foyer où on l'a châtié : car il est à l'âge où l'orgueil ressent déjà vivement les blessures de l'humiliation. On le voit : le *régime d'autorité ne peut succéder au mode sentimental originaire.*

***

Consultons la logique, et elle nous apprendra aussi qu'il convient d'employer l'autorité *d'abord,* tant que l'enfant n'est pas assez raisonnable pour comprendre, pas assez sage ni assez fort pour se vaincre soi-même.

Après, on fera appel au cœur, au sentiment, quand l'enfant grandi, sera maître de sa raison et de son intelligence.

On utilisera ainsi avec profit les deux procédés d'éducation, également efficaces, avons-nous dit, si l'on sait les placer dans leur ordre logique : la Sévérité ; puis, la Douceur.

Pour diriger une branche, on commence, n'est-il pas vrai, par user de la force et même du fer... Ensuite, il suffit d'un simple fil, d'un faible jonc pour la maintenir dans la direction voulue...

Il y a complète analogie avec les lois de l'éducation.

***

Nous savons à merveille que de tendres mamans prétendront que la sévérité diminuerait l'affection des enfants....

Nous croyons l'idée inexacte.

C'est l'impatience, l'inégalité dans la répression ; ce sont surtout les gronderies incessantes, qui détachent les enfants.

D'ailleurs *être sévère*, comme nous l'entendons, n'est point ne rien permettre, ne rien passer, et récriminer sur tout, (ce qui serait désastreux). *Bien au contraire!* c'est commander rarement mais formellement, afin d'accorder à l'enfant, sans risque pour lui et sans danger pour l'autorité paternelle, LE MAXIMUM DE LIBERTÉ POSSIBLE.

On laisse volontiers flotter les rênes du coursier que l'on sait pouvoir brider à temps, quand on longera le précipice de la route ; on ne tient pas constamment à l'attache ni sous le fouet, le chien fidèle qui a pris l'habitude d'obéir à la voix de son maître.

L'excès de liberté appelle bientôt la servitude ; seule, la *vraie* Force ose se montrer tolérante...

CHAPITRE DEUXIÈME

LES INCORRIGIBLES

Y A-T-IL DES ENFANTS INCORRIGIBLES ?

Précisons la question, insoluble à notre avis, si on la présente sous cette forme trop vague.

1° Veut-on dire, qu'il y a des enfants qu'il est impossible de discipliner, une fois qu'on leur a LAISSÉ PRENDRE une direction mauvaise...?

Certes, dans ce cas, on a mille fois raison de les juger incorrigibles. C'est à n'en pas douter irrémédiable : *l'enfant est mal élevé.*

On a commencé l'œuvre quand on devait la terminer : voilà tout.

2° Mais veut-on dire qu'il n'y a pas moyen d'avoir raison d'enfants de deux, trois ou quatre ans, et qu'il est tel bambin si terrible que le père ou le maître doit désarmer devant lui...?

Nous ne saurions l'admettre.

***

On insiste.

Il y a, affirme-t-on, des natures rebelles par instinct, des êtres mal nés, sur lesquels on ne peut rien ; en un mot, des enfants réfractaires, qu'on

est en droit de proclamer en toute vérité, incorrigibles.

#*#

Mettons-nous en garde contre de pareilles théories! Car si elles sont exactes, force sera en bonne
logique, de nier la moralité, et même la responsabilité humaine. L'homme sera l'instrument aveugle
d'une nature vicieuse, et la victime de la Fatalité
qui pèse sur lui...

Avec ce système, on en arriverait à remplacer dans
l'organisation sociale, la prison répressive par la
maison de santé, et l'éducateur par le médecin.

Il n'y aurait ni fautes, ni crimes ; mais seulement
des maladies.

Voilà où conduisent ces vieux clichés, ces précep-
tes faciles qui ont cours dans la conversation, mais
qui, pour le philosophe, sont autant de dangereuses
aberrations et d'inquiétants sophismes. D'ailleurs,
décomposons l'objection pour la mieux étudier.

#*#

Que répondrait-on, à cette question : « Peut-on
« courber une branche de chêne et en former un
« cercle régulier ? »

... *Non*, si l'on ne dépense pas l'effort nécessaire; si
l'on veut ployer la tige sans préparation ; si depuis
longtemps elle pousse de travers ; si l'on ne tient point
compte du fil du bois ; si l'on veut terminer l'essai
en une heure...

... *Oui*, si l'on procède peu à peu ; si l'on prend la

tige TRÈS PETITE encore ; si on la place dans le milieu qui doit l'assouplir... Oui ! grâce à ces soins, grâce à ces précautions, on obtiendra presque sûrement un cercle parfait.

« Alors ! c'est un travail énorme que celui de l'é-
« ducation ! C'est un assujettissement continuel, une
« fatigue incessante... ! »

Mais qui donc a dit le contraire ?

Personne que je sache !

L'éducation, ainsi que toute œuvre humaine « vaut ce qu'elle coûte » selon l'admirable langage d'Ozanam.

Rien de plus profond, ni de plus judicieux.

***

Quiconque observe le monde avec attention, et sans parti pris, reconnaît vite qu'il y a deux sortes d'enfants mal élevés.

1° Ceux, que l'on n'a PAS PRIS LA PEINE de surveiller ;

2° Ceux, que l'on n'a PAS su diriger comme il convenait.

Il existe des procédés de dressage pour les chevaux et les chiens, un régime pour le bétail ; l'élevage et ses règles constituent même une espèce de code ; mais chacun croit savoir d'intuition cet art si complexe, qui doit faire d'un enfant, un homme...

On apprend tout ! excepté cette science difficile comme nulle autre, et dont l'importance est incomparable !

***

Donnons une formule à notre thèse pour en faciliter la démonstration :

Les enfants sont mal élevés, quelquefois par la FAUTE, *et presque toujours par le* FAIT *des parents.*

Si nous disons « presque toujours », c'est par pure concession ; car dans notre intime pensée nous voudrions dire : toujours, *au moins par leur fait.*

Voilà qui semblera tout d'abord une exagération, une simple fantaisie !

« Quoi ! peut-on nier l'indiscipline native, le tempérament intraitable chez certaines « natures « ingrates... »

... Nous savons tout ce qu'on peut écrire à ce sujet : néanmoins notre conviction reste entière.

A nous de prouver, que nous ne nous laissons pas séduire par l'attrait du paradoxe, ni par l'amour de l'originalité.

En attendant, qu'on veuille bien ne pas juger le procès avant la plaidoirie, et qu'on nous accorde quelques instants d'attention sans conclure prématurément.

**

Définissons les mots :

I. — On élève mal PAR SA FAUTE :

Quand on ne veut pas s'occuper de l'enfant, cela semblant trop ennuyeux...; quand on le sacrifie au charme des distractions mondaines ou à la fièvre des affaires...; quand on le dissipe à plaisir...; quand on le place à côté de tentations probables...; quand on le produit dans des réunions peu sérieuses ou même dangereuses...

En est-il jamais ainsi...? Car enfin, cette étude

ne s'occupe point des bas-fonds de la société, où le vice est une habitude, et la corruption une sorte de science...

« Que des parents honnêtes, (puisque c'est d'eux « seuls qu'il s'agit) se trompent, fassent fausse « route...; on le comprend! dira-t-on. Mais que, de « gaieté de cœur, ils amoindrissent la vertu de leur « enfant, alors que, légalement et moralement, ils « sont responsables de sa conduite, et doivent être les « premières victimes de la mauvaise direction « donnée...; voilà qui n'est guère admissible! »

Cela est pourtant possible, puisque cela *est*.

Sans doute hélas! dans un monde que vous ignorez, on voit d'odieuses compromissions, des calculs inavouables, de honteux trafics, dont la statistique et les tribunaux criminels dévoilent l'histoire, ou lamentable ou révoltante.

Nous n'en parlons pas.

Cependant, dans un milieu qui fait partie de ce qu'il est convenu d'appeler la « société », ne voit-on pas des pères, ex-beaux, viveurs retraités, galants honoraires, faisant fondre les glaces de l'âge, et réchauffant leur vieillesse au tiède soleil d'un « été de Saint-Martin », ne les voit-on pas, disons-nous, revenir pour un temps à la vie de plaisirs d'autrefois, en y associant dans une certaine mesure un grand fils, qui est ravi, enchanté, de trouver dans son auteur un joyeux compagnon, au lieu d'un censeur importun...

Le père, de son côté, n'est pas fâché de cette protection filiale, qui lui permet de se « rajeunir un peu », en ne se compromettant pas trop.

Et que pourrait dire la mère?

Ce n'est pas un époux frivole qui se distrait : c'est un bon père qui amuse son fils et lui fait connaître le monde... « Ne le dis pas à ta mère, elle *nous* gronderait...! »

Grâce à Dieu! cette physionomie est rare, sans être toutefois introuvable.

*

Ne nous attardons point.

Hâtons-nous d'arriver à la seconde catégorie de parents, honnêtes au sens vulgaire, qui donnent encore par leur *faute* une éducation mauvaise.

Tantôt par cupidité, tantôt par ambition, un père autorise telle société peu correcte, telle intimité imprudente ou déplacée.

« *Dame! le gaillard est bien tourné...!* se dit-il « tout bas, *et s'il devenait la coqueluche de quelque* « *riche héritière, où serait le mal?* »

N'avez-vous pas entendu de ces hommes, braves gens au demeurant, tenant ce langage à leurs fils : « *Eh bien! mauvais sujet! j'en apprends de belles* « *sur ton compte... Il paraît que tu fais des con-* « *quêtes, petit polisson!* »

Qu'y-a-t-il au fond de tout cela? Pourquoi ce tapage? Pourquoi ces phrases sonores?

Parce que le jeune « damoiseau » a eu la complaisance de porter à la promenade l'écharpe de ces demoiselles, ou leur a gracieusement cédé sa place au « cro-« quet »... ce qui est de simple politesse; ou encore, parce que, avant son tour, il a spontanément mis sur son grand nez le bandeau traditionnel des jeux de salon.

Mais l'idée que son fils est un garçon *entreprenant*, flatte l'orgueil du père, qui surfait d'une façon misérable, et grossit d'une manière grotesque les démarches les plus communes, et les incidents les plus vulgaires.

Le propos paternel n'est après tout qu'une plaisanterie, objectera-t-on.

C'est possible, disons même probable; mais le jeune homme, *lui*, y verra un encouragement formel à sortir de la sage réserve où il croyait devoir se renfermer jusque-là.

Et si le fils s'autorisant de ce langage, dépasse un jour les limites du badinage; à qui la faute en réalité... ?

* * *

Montons plus haut.

Voici une très honnête mère, une femme excellente. Sa concierge la voyant sortir tous les dimanches, vers midi trois quarts, avec un petit livre à tranche dorée, la juge une femme pieuse...

Cette mère a une fille sérieuse, modeste, charmante de candeur, simple comme un enfant, pure comme un ange! si pure même, que la mère est toute chagrine, quand elle rencontre dans le monde d'autres jeunes filles, ayant le verbe haut, le regard presque osé, et un petit sans façon d'allures qui les fait *suffisamment* remarquer.

Elle est très mortifiée par la comparaison à laquelle

elle se livre en silence... « Sa fille, hélas! ne sait pas
« se faire valoir, pense-t-elle avec tristesse... Il faut
« se l'avouer! ses amies, qui certes ne la valent pas,
« emportent les suffrages et confisquent à leur profit
« égards et attentions... Non! il ne faut pas se
« jeter à la tête des gens, mais on serait bien
« sotte de laisser toute la place aux autres... Leur en-
« train est un peu tapageur et leur assurance exces-
« sive, si l'on veut ; mais enfin! elles plaisent : c'est
« clair, c'est évident! »

Désormais, cette pauvre mère n'a plus 'qu'un désir :
voir sa fille imiter les amies en qui elle blâmait jadis
un léger manque de distinction.

Le succès est à ce prix.

« *On ne doit pas exagérer les meilleures cho-*
« *ses... Il faut ce qu'il faut... Il y a une mesure en*
« *tout...* » Tels sont les conseils, très humains sans
doute, mais regrettables, dont la jeune fille sera
poursuivie.

Examinons la métamorphose :

Sur le conseil maternel, les coiffures deviennent
moins « calmes » ; les robes plus voyantes ; les modes
plus « enlevées ».

Le jour, on conduit la jeune fille là où il y a *du*
monde : expositions, courses, concerts ; et le soir,
on la mène dans *le* monde.

Jugez de la joie maternelle, la nuit où la jeune
fille n'a pas manqué une seule contredanse!...

Eh bien! on rendrait service à cette mère, en lui
apprenant que les jeunes gens, même les plus incon-
sidérés, sont moins sots qu'on ne se l'imagine d'ordinaire.

Pour eux, comme pour tous, il existe dans les salons deux catégories de jeunes filles, nettement distinctes... : celles à qui on offre le *bras*, et CELLE dont on demande la *main*.

Le valseur s'empresse auprès de beaucoup, et papillonne autour de toutes.

L'épouseur est plus discret : il se réserve, et admire en silence...

**

Tout s'enchaînant, on croira bon de forcer un peu la note...

Pour la première fois, la jeune fille entendra une pièce *risquée*, (Dieu sait ce qu'il peut y avoir sous ce mot !); et l'on visitera des musées aux œuvres mal voilées.

Quant aux lectures, reconnaissons qu'on ne permettra rien de déshonnête; mais on tolérera tel livre qu'on aurait défendu un mois auparavant...

La nuance est perceptible.

Enfin! à force de dévouement et de peines, la pauvre femme en arrivera sans doute à défraîchir légèrement, par sa faute, cette fleur suave, tendre et délicate : l'âme d'une jeune fille..., sa fille !

**

II. — Parlons maintenant de l'autre catégorie d'enfants mal élevés, à savoir : ceux gâtés par LE FAIT des parents.

Confessons vite que quelquefois un père ou une mère, tout en ayant conscience de leur austère devoir d'éducateurs, tout en comprenant leur si haute mission, ne parviendront pas à faire le nécessaire, en dépit de leur ardent désir de se sacrifier à leur enfant.

Supposons un père libre-penseur, et une mère croyante.

Le père néglige toute éducation sérieuse, et tente follement sur son fils l'épreuve du système de Jean-Jacques.

Ici, la mère n'est pas en faute...

Cependant, c'est au moins par le fait du père que l'enfant n'aura pas de direction utile.

On le voit, cette hypothèse même, loin de combattre notre thèse, la confirme de tout point.

**

On demeure interdit, quand on voit avec quelle sérénité des parents sacrifient le cœur de leurs enfants !

Prenant au hasard trois familles dans un même groupe, voici ce que nous trouvons :

— Mʳ *** avoue, qu'au pensionnat ou au collège, son fils se trouve en contact avec plusieurs « véritables « petits voyous ». Il y a bien à quelques lieues de là, à R.., une maison d'éducation parfaite ; mais les jours de sortie, il faudrait aller chercher l'enfant : « Ce « serait par trop gênant... » Et on ne veut point se gêner.

— Inversement, Mʳ A..., qui habite R..., expédie son fils loin de lui, près d'un vieil oncle célibataire qui joue le rôle de correspondant. Là, le jeune homme aura sous la main les romans les plus éhontés ; et, sous les yeux, la société la plus mélangée... On se résigne, car on escompte la succession de ce joyeux drille.

— Mme Y..., mère de deux enfants, a pour voisine une veuve, étrange personne dont le langage est quelquefois « plus que leste », et qui, très souvent descend passer la soirée pour se désennuyer. A en croire la maman, son fils a ressenti la plus fâcheuse influence de cette conversation intempérante. Ce n'est point tout ! cette voisine a elle-même un grand fils indignement élevé, qui vient aussi rendre visite à Mme Y... et à sa jeune fille ; et cette dernière ne voit pas sans plaisir ces assiduités presque quotidiennes. « Mais, ajoute sa mère, pour rien au « monde, je ne voudrais que la chère petite pût « rêver un seul instant une pareille union ! »

Et cependant, elle restera dans cette maison... Songez donc ! changer ses habitudes pour sauvegarder deux enfants ! quitter l'appartement qu'elle occupe depuis vingt ans... !

Ah ! si on la menaçait d'augmenter son loyer, ce serait autre chose !

***

On élève mal *par son fait* :

Quand, malgré de bonnes intentions, malgré la volonté générale de réussir dans l'éducation, on s'y prend mal, ou au rebours de ce qu'il conviendrait.

Dans ces cas divers, l'enfant n'est-il pas encore victime de nos erreurs ?

Voici par exemple une nature tendre, expansive, affectueuse : on lui tient rigueur à l'excès, on l'élève sèchement.

Tel autre enfant est ardent, prime-sautier, plein de ressort et d'énergie. Il conviendrait de le mâter au plus tôt... : on lui laisse la bride sur le cou !

Les parents n'ont pas tenu compte de ces tendances : ils n'ont pas su les combattre.

Ce n'est pas leur *faute :* d'accord ! Toutefois, l'insuccès proviendra de leur *fait.*

Or c'est exactement ce que nous croyons, et prétendons.

***

Une petite fille a des parents vaniteux... La vue d'un enfant d'humble tenue, loin d'éveiller en elle la sympathie et la pitié, lui suggère des sentiments d'orgueil et de sotte fierté. Elle refuse de jouer avec celle dont le vêtement est plus modeste que le sien; mais au lieu de l'éconduire avec douceur, elle dira d'un air pincé et d'une voix brève cette dure parole : « *Merci, Mademoiselle, vous n'êtes pas assez bien mise.* »

Et le propos coupable, ne sera point sévèrement blâmé.

On fermera l'oreille, sans comprendre que cette mauvaise parole est encore plus funeste pour qui la prononce, qu'humiliante pour qui la subit.

Ces pauvres parents, tout en ayant l'intention de bien faire, se contentent de voir les choses de si haut

et de si loin... qu'ils finissent par ne plus rien apercevoir du tout.

Ils oublient, que la vraie éducation se compose de
minuties apparentes, d'incidents quotidiens, de détails
multiples, qui rapprochés les uns des autres, constituent le fond même de l'esprit et du caractère ; ils
oublient en un mot que c'est l'œuvre de tous les instants !

Semblables préoccupations leur paraissent mes-
quines, insignifiantes, exagérées...

Ils croient faire *assez*, en faisant *beaucoup* afin de
bien élever leur enfant; alors que leur devoir impérieux et sacré, est de TOUT FAIRE, pour aider à ce
résultat.

Car ce n'est pas seulement au regard d'un monde
indulgent, mais devant ce juge sévère, la Conscience,
que nous sommes comptables des sentiments incul-
qués à nos enfants.

***

On conduit donc la petite fille dans les bals enfantins, où elle échange sa naïve candeur, contre l'imitation déplacée d'usages de commande et de conventions mondaines.

Elle choisit ses jeunes cavaliers d'une façon exclusive; ce qui enchante les parents.

Voit-on poindre une coquetterie précoce...? Le
succès est complet; et l'on cache mal la joie qu'on
en éprouve.

Et cependant! pourquoi tant se hâter de mûrir
avant l'heure cette âme à peine éclose, et d'égrener

ses illusions enfantines...? Pourquoi y semer les vani-
tés, l'envie, les jalousies, comme si les tristesses et
les déceptions n'arrivaient pas assez tôt dans la
vie...? Pourquoi réduire les années d'une jeunesse,
déjà si fugitive...?

« Les chérubins ont bien le temps
« De connaître notre misère!

« *Pareils jeux sont sans conséquence pour eux,*
« assure-t-on; *ce sont des enfants...* »
Moins qu'on ne le pense !

***

Puis, jeune fille, elle apprendra des proverbes de
société, saynètes qu'on étudie tout l'hiver, pour ne
les point savoir au printemps.

Qu'importe après tout! ne sont-ce pas les répéti-
tions qui présentent le véritable attrait ?

Et pourquoi?

Parce qu'on aura le droit — de par ses parents —
de dire et de redire, en tant que « personnage », ce que
l'on ne pourrait ni n'oserait exprimer, dans les relations ordinaires de la vie.

« *Mais puisque c'est dans le rôle...!* »

... Ah! la plus curieuse comédie est bien celle
qu'on joue à son insu !

Le choix de la pièce, les rôles ou réclamés ou dis-
tribués, tout est un intéressant sujet d'études et de
révélations piquantes pour l'observateur.

Enfin, pour former la débutante, ou plus souvent
encore pour ne point se priver eux-mêmes d'une

distraction qui plaît, les parents la conduiront dans la plupart des théâtres.

D'abord elle rira sans comprendre — heureusement! Ensuite, elle comprendra, sans pouvoir sourire...

Supposons une domestique indiscrète racontant, en manière d'anecdote, l'intrigue qui fait le fond de la pièce à laquelle l'enfant a assisté... On chasserait la coupable avec indignation!

— « *Imaginez-vous cette misérable disant de pareilles choses à ma fille! C'est abominable!* »

***

Tout en la préparant pour la vie élégante et brillante, on n'oublie pas les études classiques.

De nos jours l'*instruction* a pris une extension telle, qu'elle prime et absorbe en quelque sorte l'*éducation*, avec laquelle les esprits superficiels sont tentés de faire confusion fréquente.

Cela est si vrai, que, journellement, pour dire qu'une jeune fille a suivi pendant de longues années des cours supérieurs, on s'exprime ainsi : elle a reçu une « éducation » très complète.

On ne voit pas de différence entre ces deux mots si distincts, comme le sont d'ailleurs les idées qu'ils représentent.

Ah! qu'il est curieux d'entendre la mère disant, à haute voix, avec les inflexions voulues que le lecteur saura imaginer : « *Hier, en sortant de la Sorbonne « avec ma fille... Demain, en allant avec ma fille à « la Sorbonne...* »

Certes! nous sommes loin de méconnaître les dons de l'esprit chez la femme.

Disons même, qu'à notre avis, son intelligence est en général bien plus prompte, bien plus ouverte que celle de l'homme.

Mais, autant un enseignement sage et approprié est favorable et utile à la jeune fille ; autant un fatras de connaissances indigestes remplaçant les qualités naturelles de son esprit, lui donne une suffisance regrettable, et même une nuance de pédanterie fort déplaisante.

On entend alors des conversations où il y a de tout..., excepté du goût et du charme !

Et qu'est-ce qu'une jeune fille sans cela, mon Dieu ! Dans un discours incohérent et avec une volubilité qui surprend, elle vous parlera en une demi-heure : d'Origène et d'oxigène — des Guerres puniques et des Dragonnades —de Caracalla et du phylloxéra — de la Révélation et de la Suggestion...

C'est à demander grâce !

La mère, rouge de joie, écoute avec une complaisance émue, tout en simulant l'indifférence.

Et l'on quitte le salon en se disant : voilà une jeune personne qui serait parfaite, si elle savait moins de choses !

Ce qu'elle a gagné en connaissances vaines, ne compense pas, à beaucoup près, les grâces naturelles de son esprit qu'elle a eu grand peine à déformer, sous le poids d'une science plus massive que solide.

...Une brillante valseuse se plaignait un jour en soirée, d'avoir cherché pendant toute la matinée la

solution d'une équation... Une amie charitable aurait
pu lui faire remarquer : que le nœud de son épaulette
ne tenait plus que d'un fil, et qu'il manquait trois bou-
tons à ses gants...

Mais d'habitude, les jeunes filles ont leurs gants
en état, tandis qu'une équation, est un travail non
vulgaire, qui distingue des profanes...

A notre avis, ici encore on confond deux mots et,
deux idées :

Se faire remarquer, n'est point nécessairement
se distinguer.

Loin de là !

***

III. — Il y a un moyen facile, ce semble, de fournir la preuve des allégations précédentes. C'est de
passer en revue, les types principaux et ordinaires
d'enfants mal élevés, et de constater si, oui ou non,
ils ne sont point tels, au moins PAR LE FAIT de ceux
qui ont mission de les diriger.

Comme on le voit, nous ne nous occupons plus
des parents coupables ; mais seulement de ceux qui,
faute de réflexion ou d'expérience se méprennent,
tout en ayant de bonnes intentions.

***

On citera le jeune *Paul* qui a quatre ou cinq ans :
il est rageur et gourmand ; il bat sa bonne, pince ses
sœurs et menace sa mère...

Oui, il est mal élevé.

Mais ce qu'on ne dit pas, c'est qu'on a ri de ses

premières violences ; c'est qu'on l'a menacé en vain de corrections qui n'arrivaient point ; c'est qu'on aimait mieux céder à ce qu'on appelait alors ses « caprices », que de résister.

On se demande même si jamais il sera possible de ressaisir l'autorité, dont on a négligé de s'armer en temps opportun.

En sorte que c'est par le *fait* des parents, que l'enfant est devenu insupportable.

⁂

Autre exemple : *Jean* a six ou sept ans : il est insolent, boudeur, exigeant. Il vend son obéissance, se faisant payer en jouets ou en pièces blanches les plus légères concessions : à moins qu'il ne résiste ouvertement.

A ses heures de révolte, il traite son père de « vilain papa », etc...

Lui encore, est très mal élevé, n'est-il pas vrai ?

Mais ce qu'on ne raconte pas, c'est que, si le père veut punir, la mère, elle, câline le coupable, et dans son aveuglement, s'oublie quelquefois jusqu'à dire à l'enfant pour le consoler : « *Viens, mon ange, avec « ta petite mère ! ton papa n'aime pas son petit « garçon... Il est trop méchant.* »

Ou bien, si la mère donne un ordre, inflige une punition, le père maladroit lève l'interdit ou blâme tout haut la sévérité maternelle, sans mesurer les torts de l'enfant, souvent même sans savoir de quoi il s'agit...

Heureux ! quand il ne contrecarre pas très positi-

..vement sa femme, en permettant ce qu'elle vient de défendre !

Quoi ! ce n'est point par le *fait* des parents que cet enfant est mal élevé..... ?

***

— *Louis* a environ dix ans. Sa tenue, ses manières, son langage sont détestables : sa famille en rougit. Loin d'être affectueux, il ne cache point l'ennui profond qu'il éprouve au foyer, où il ne trouve rien qui l'intéresse, l'attire ni le retienne.

Certes, il est mal élevé.

Toutefois, si l'on remarque que pendant ses jeunes années, il était presque exclusivement aux mains des domestiques ; et que, si par hasard les parents se montraient, c'était pour gronder et réprimander ; si l'on ajoute qu'un peu plus grand, il a été placé dans un internat où l'on s'est occupé beaucoup de son intelligence, un peu de son corps, et pas du tout de son cœur....., alors, il est probable que l'étonnement cessera.

Étaient-ce les occupations du monde ou les affaires qui absorbaient ?

Peu importe ! Pour l'enfant, le résultat est le même : il est moralement abandonné.

***

— *Pierre* a quinze ans ; il fait le désespoir de ses parents..... Il a été éconduit de divers collèges et institutions ; il a les mollesses affadissantes de la paresse,

11

et en même temps les ardeurs de l'insolence. Il n'est intelligent que s'il s'agit de mal faire... ou de faire mal.

Il appelle son père « le paternel », et rit de sa naïve mère.

Il lit les romans à la mode, demande toujours de l'argent, vend ses dictionnaires, s'ouvre un crédit chez le pâtissier, insulte les domestiques, se moque de tout le monde...

Au dire de son père, c'est non seulement un enfant mal élevé, mais « *un méchant petit animal* ».

Un jour, poussé à bout, on veut réagir : on ne le peut plus.

....Eh bien ! ce Pierre : c'est Louis, c'est Jean, c'est Paul avec quelques années de plus.... De mauvais, il est devenu pire : le germe s'est développé. Et il devait en être ainsi du moment qu'on le « laissait faire ».

Comment ne l'avoir point prévu !

***

IV. — Donc, les enfants sont mal élevés *par le fait* des parents :

Si l'on s'en remet à des mercenaires du soin de l'éducation ; s'il y a contradiction dans les ordres ; si l'on tolère auprès de lui des influences mauvaises ; si l'on ne donne pas l'exemple soi-même, etc...

Cela n'est pas douteux.

Mais de plus, il est divers cas spéciaux, où l'on doit reconnaître, que l'enfant est plutôt victime des circonstance que personnellement coupable. Et ces hypothèses rentrent dans la présente catégorie. Précisons:

— Un fils est le seul survivant de nombreux frères et sœurs... On le soigne à l'excès; on l'entoure d'une sollicitude anxieuse. Il est si constamment choyé et suivi, qu'il finit par prendre en grippe sa famille, et par secouer ce joug fatigant qui lui ôte tout ressort, toute initiative, et toute indépendance légitime.

Ces attentions incessantes, ces soins exagérés, touchants et respectables je n'en disconviens pas, produisent en définitive un résultat énervant.

— Un homme de science, absorbé par le côté philosophique des grandes questions et des graves problèmes qui occupent son esprit, parle de *tout* devant son fils, qui, à peine sorti de l'enfance, a déjà feuilleté en curieux, jusqu'à la dernière page, le livre de la vie! Il a seize ans, dix-huit ans..., et c'est un petit vieillard.

Ici encore, peut-on faire grief à l'enfant de sa précocité inquiétante?

— Une mère reste veuve.... Lui faut-il par les rigueurs s'aliéner le cœur de l'être béni, qui lui rappelle le cher souvenir de celui qu'elle pleure? D'ailleurs, sait-on être sévère quand la douleur vous a meurtri, vous ôtant toute énergie morale et toute force physique : on a trop besoin de paix et de calme... Le malheur veut le silence.

L'enfant va donc grandir, laissé à lui-même presque complètement.

Exploitant la situation, le jeune homme alléguera

la nécessité de telles dépenses, l'avantage de telles camaraderies, l'utilité de telles sorties dans l'intérêt de son avenir..... Et la mère, incapable de se rendre compte par elle-même du bien-fondé de ces affirmations, en passera sans mot dire par toutes les fantaisies imaginées par son fils, en vue de l'indépendance qu'il convoite.

Cependant, même dans ces douloureuses éventualités, l'expérience peut compenser dans une large mesure la complicité néfaste des événements.

Oui, cette digne mère affligée, qui ne veut point se séparer de son fils qu'elle est impuissante à élever, aime son enfant d'un grand amour! Mais telle autre qui, en cette occurrence, confierait à des maîtres sûrs et éprouvés l'éducation qu'elle ne peut donner par elle-même, ferait preuve d'une tendresse plus intelligente et plus éclairée.

Elle aimerait *mieux*.

CHAPITRE TROISIÈME

PARENTS GRONDEURS ET ENFANTS BOUDEURS
PUNIR RAREMENT ET SÉVÈREMENT

Commençons par étudier :

LES MENACES CONTINUELLES

« *Mon ami, ne touche pas au feu, c'est dange-*
« *reux.* »

Cinq minutes se passent...

« *Je t'ai déjà dit de ne pas toucher au feu; si tu*
« *continues, tu iras dans le coin.* »

Après dix minutes... : « *Est-ce que tu n'as pas com-*
« *pris? Je t'ai défendu, à deux reprises, de jouer*
« *avec le feu. La prochaine fois, je te mettrai à la*
« *porte.* »

L'enfant, accoutumé à entendre tout le jour des
menaces vaines, ne fait pas la moindre attention à
cette défense.

Au bout d'un quart d'heure on s'impatiente :
« *Écoute! si tu ne finis pas tout de suite, tu n'auras*
« *pas de dessert.* »

..... Une fois l'orage passé, l'enfant recommence à
désobéir avec le calme le plus parfait.

Depuis vingt minutes, la lutte est engagée... C'est intolérable!

— « *Mon Dieu! quel enfant insupportable! cesse-*
« *ras-tu enfin...? Voilà cent fois que je te dis la*
« *même chose. C'est comme si je parlais à un*
« *mur... Si tu as le malheur de toucher... seule-*
« *ment du bout du doigt aux pincettes, tu ne sorti-*
« *ras pas. C'est exaspérant à la fin!* »

Le bambin, qui sait à merveille en pareil cas ce que parler... ne veut pas dire, ne tisonnera peut-être plus le feu; mais, par instinct d'insubordination plutôt encore que par calcul, se mettra à jouer avec la pincette interdite, en la faisant grincer contre le marbre ou sonner contre les chenêts.

Alors, la scène recommencera sur cause nouvelle, avec tous les développements précédents.

Enfin, on l'avertira gravement « *qu'on va lui ap-*
« *pliquer un bon soufflet* » pour sa ténacité provocante.

..... Au total, une heure de luttes, d'impatiences et de menaces, *pour n'aboutir* A RIEN ABSOLUMENT; car l'enfant ne va ni dans le coin, ni à la porte; à plus forte raison n'est-il point châtié!

Tout cela a été dit en manière d'habitude, sans intention d'exécuter la menace.

***

En échange, on lui fera un SERMON INTERMINABLE sur sa désobéissance, et sur son entêtement.....

Les récriminations, les reproches dureront si long-temps, que le petit coupable s'irritera de ces gron-

deries éternelles ; et de leur côté, les parents useront en pure perte le peu qu'ils ont d'autorité, en
devenant, « assommants et rabâcheurs ». (Ces expressions sont triviales ; mais elles n'ont pas d'équivalent.)

Bientôt, d'autres incidents se produiront et seront
suivis de nouvelles désobéissances, et d'un discours
plus long encore : il n'y aura JAMAIS un instant de
répit pour personne !

Ah ! si l'enfant ne devient pas enragé ou fou, c'est
qu'il *pense à tout autre chose* quand on le sermonne.

..... Et plus tard on s'étonnera qu'il n'aime point
ce foyer d'exaspérante mémoire !

Oui, nous n'exagérons pas : il y a des parents qui
pendant six ou huit ans redisent plusieurs fois par
jour à leur fils qu'ils *vont* le corriger.... Semblable
au *tic-tac* régulier du moulin qui finit par endormir
sans même qu'on en ait conscience, leur voix fait du
bruit, mais se perd dans le vide.

**

Au lieu de menacer de punitions aussi nombreuses que banales ; au lieu d'être un censeur
« à remontoir », un prêcheur perpétuel, mieux vaut
mille fois sévir TRÈS RAREMENT, ET TRÈS SÉVÈREMENT.

L'avantage est double et incontestable.

En effet, en punissant sans faiblesse, *dès le premier mouvement d'insubordination*, on inspirera
une crainte salutaire.

D'autre part cette crainte, efficace par là même
qu'elle est fondée, suggérera la docilité, et dispen

sera pour longtemps de recourir à aucune sanction; en sorte que l'enfant vivra HABITUELLEMENT en paix dans la famille, et il vous en saura gré au delà de ce que vous pouvez croire!

.·.Pas plus que la fleur du lotus, l'amour filial ne s'épanouit dans les ondes agitées.

*

A l'encontre, la répression FRÉQUENTE présente un double danger :

Elle est *molle*, parce que les grands châtiments ne sauraient être trop rapprochés sans de graves inconvénients. Et elle est *répétée*, parce qu'elle est INSUFFISANTE pour intimider.

Voilà pourquoi l'enfant qu'on réprimande à chaque instant, se moque des peines insignifiantes qu'on lui fait entrevoir.

« On n'en mourra pas, se dit-il en lui-même; il n'y « a pas de quoi s'émouvoir... »

Et il ne s'émeut point.

*

Il y a pis encore ! Poussée dans ses derniers retranchements, une mère sort de son caractère, s'excite, s'anime pour se donner du courage, et annonce qu'il va y avoir une exécution dont on se souviendra : « Il y a longtemps qu'elle aurait dû se décider...! « il faut en finir une bonne fois...! »

Et qu'administre-t-elle...? Le fouet...? (nous ne parlons que des *jeunes* enfants.)

Non pas ! Elle se contente d'une chiquenaude ou d'une tape imperceptible, destinée, semble-t-il, à secouer la poussière ou à écarter une mouche importune.

Hélas ! semblable erreur est un réel désastre; car on a prouvé définitivement à l'enfant qu'il n'avait rien à redouter : il va devenir un tyran domestique, et souffrira autant que ses propres victimes.

***

Au contraire, l'enfant châtié justement, fût-ce avec rigueur, en voudra bien moins à ses parents, si, sa faute une fois payée, *on le laisse enfin tranquille !*

L'expérience le prouve.

Disons mieux : quand il a certainement tort, sa conscience le lui dit bien, croyez-le; il s'en rend compte à merveille et ne garde pas rancune, à condition, cela va de soi, qu'on n'ait point sévi d'une manière inconsidérée.

En résumé, rien ne semble plus profitable que la mise en pratique des principes suivants :

1° A la moindre résistance *calculée*, punir avec une vraie sévérité : *là est le grand secret de l'autorité;*

2° Par contre, récompenser, féliciter l'enfant, et lui accorder largement tendresses et caresses, aussitôt qu'il montre la moindre bonne volonté.

Il sera même habile d'exalter cette bonne volonté : notre fils y attachera l'importance que nous y donnerons nous-mêmes.

Enfin, en faisant semblant de le croire doué de telle vertu, qualité ou aptitude, on fera naître en lui l'idée et le désir de la conquérir.

L'OBÉISSANCE MARCHANDÉE

« *Louis ! prends ton manteau.* »

— « Maman, ce n'est pas la peine. »

La mère : « *Regarde comme le temps se couvre ! le vent est d'Ouest, le baromètre baisse : prends-le tout de même* ».

— « Mais maman, je t'assure qu'il ne pleuvra pas. »

— « *Jeudi, en allant chez ton oncle, tu n'avais* « *pas ton manteau : il a plu, et tu as été mouillé* « *jusqu'aux os.* »

— « Oui, mais dimanche tu me l'as fait prendre « et jamais le temps n'a été si beau. »

..... Si la mère est résolue à se faire obéir, elle ajoutera nerveusement : « *Sais-tu que tu me lasses avec* « *tes réflexions. Prends ton manteau : je le veux.* »

Dès lors, à quoi bon le petit cours de météorologie de tout à l'heure, pour aboutir à un ordre final?

Eh bien ! ce « marchandage » dans l'obéissance, est le VICE CAPITAL de l'éducation sentimentale, système où l'on se livre, avec plus ou moins de succès, à une argumentation en règle en vue de convaincre, au lieu de commander.

LES CONCESSIONS

« Maman, donne-moi un abricot. »

— « *Y penses-tu, ma pauvre enfant? tu es folle!* « *Tu viens d'être souffrante ; le médecin t'a formel-*

« lement défendu les fruits : pour sûr, tu n'en au-
« ras pas. »

L'enfant devient grognon.

— « Oh! c'est inutile... Je t'ai dit non, c'est non!
« Tu m'as bien comprise, n'est-ce pas? »

Les cris augmentent, et la note change ; c'est-à-dire
que la mère mollit déjà.

— « Voyons, ma bonne chérie! tu veux donc être
« malade? Je t'assure que rien n'est mauvais comme
« les fruits en été. »

— « Si! c'est bon, na! »

Nouvelle tactique; nouveau changement, voix différente : « Tenez! vous allez voir comme nous avons
« une enfant gentille... Viens, mon amour, viens
« mon trésor sur la petite mère! montre que tu es
« une belle fille! »

— « Laisse-moi tranquille..., » riposte la fillette en
se dégageant brusquement, et en ajoutant à mi-voix:
« tu m'ennuies! »

Si la maman croit bon de ne pas faire la sourde
oreille, elle s'écriera : « Voyez la laide...! Comme
« c'est joli ce que vous venez de dire là! Allez,
« Mademoiselle! je ne vous aime plus...; vous n'êtes
« plus ma petite fille... »

— « Ça m'est bien égal, » balbutiera l'enfant en
révolte.

Et aux cris, succéderont de vrais hurlements.

Alors, d'un ton d'autorité comique en pareille
aventure, la mère, majestueuse, dira d'une voix lente
et solennelle : « Écoute! aujourd'hui par exception
« je veux bien (!!) te donner... une toute petite
« moitié d'abricot; mais je te préviens, qu'il sera

« *inutile d'insister un autre jour. C'est la dernière*
« *fois que je te cède.* »

..... Et voilà des parents qui bientôt feront de na-
vrantes doléances, et diront en joignant les mains :
« Mon Dieu! que cette enfant est mal élevée! »

Rien de plus vrai : mais PAR QUI DONC...?

On ne récolte pas de roses là où l'on n'a planté que
des bryones, comme disent les Orientaux.

Continuons.

— « Je n'en veux pas, » répondra l'enfant qui s'est
butée.

— « *Ah! tu n'en veux pas? Eh bien! tu n'en auras*
pas, » affirmera la mère avec dignité.

Pendant que « l'ange » rage et trépigne, on entendra, je gage, l'aparté suivant : « *Mon Dieu, quelle*
« *créature assommante, c'est à faire damner un*
« *saint!... Tiens! le voilà ton abricot; tiens! en*
« *veux-tu deux, trois...? Mange-les! et si tu es ma-*
« *lade, tant pis! Ce sera bien fait... J'en serai en-*
« *chantée!* »

Savez-vous qui est à plaindre...?

... L'enfant qui a des parents aussi inexpérimentés.
et aussi faibles.

*_**

En un mot, si *non*, dans la bouche du chef de famille, n'est pas définitivement et franchement *un*
refus; si *non*, peut devenir *oui* dans la minute prochaine, l'enfant serait bien naïf de ne point insister et
de ne pas éclater avec violence, POUR HATER L'INSTANT
DE LA SOUMISSION PATERNELLE.

A nous, de ne donner un ordre qu'après mûre réflexion, et en parfaite connaissance de cause.

En vérité, quand on ne sait pas commander, doit-on
s'étonner beaucoup de n'être point obéi ?

L'INÉGALITÉ DANS LA CORRECTION

Maintes fois le châtiment est proportionné, non
point aux torts de notre fils, mais à nos dispositions
personnelles.

Préoccupé d'esprit ou nerveux par tempérament,
on devient intolérant jusqu'à l'impatience, ou sévère
jusqu'à l'injustice.

On tient plus compte de l'ennui qu'on éprouve, que
des intentions du coupable.

Cependant, un enfant qui, de propos délibéré,
prononce une parole insolente, est mille fois plus
répréhensible, que celui qui, par maladresse, brise
un vase précieux.

***

... Il est neuf heures du matin : un aimable *baby*
passe gracieusement ses doigts mignons dans les
cheveux maternels... « *C'est le bijou chéri de sa
mère.* »

Le soir, à pareille heure, il a la même pensée
affectueuse... « *C'est un petit sot*, » dont on saisit
rudement les mains pleines de bonnes caresses.

Pourquoi ?

La mère va en soirée...

Certes, nous ne disons pas : laissez-vous décoiffer ; nous répétons seulement : proportionnons les reproches à la faute, et surtout, soyons logiques dans notre conduite.

LA PRÉCIPITATION

On entend crier.... : on entre, et avant même de savoir de quoi il s'agit, on inflige inopinément à l'enfant une correction quelconque, un soufflet j'imagine.

Puis, tout s'explique...

On apprend que le pauvret s'est piqué avec une aiguille, qu'on avait eu l'imprudence de laisser sur un meuble.

— « *Mais grand nigaud, il fallait le dire !* »

Le bambin pensera sans doute en lui-même, qu'il eût été préférable de savoir d'abord pourquoi on le punissait.

LES AVIS SANS FIN

« *Paul, prends garde de glisser ! Fais attention, tu vas te cogner !... Regarde devant toi !... Avance donc, maladroit !... Ne marche donc pas si vite ! Tiens-toi droit !... Vois où tu mets les pieds ! Suis-moi donc !... etc.., etc.., etc.* »

Comme TOUT est à éviter et à redouter ; comme les

avertissements incessants mettent les maladresses au même niveau que les périls véritables, l'enfant n'aura plus la mesure des choses, et se lassera de toute attention sérieuse.

On lui demande tant de précautions, qu'il renoncera à en prendre aucune...

CHAPITRE QUATRIÈME

« ON NE PEUT PAS TOUJOURS LUTTER »

Ce propos pourrait bien être moins judicieux qu'il ne le paraît de prime abord.

Défions-nous beaucoup de ces proverbes, de ces formules vulgaires, qui semblent une démonstration péremptoire et une réfutation sans réplique, à qui les accepte sans contrôle.

Qu'on reproche à un délinquant d'avoir cédé à un entraînement coupable, d'avoir commis un acte d'improbité, lui, si honnête jusque-là ! il répondra probablement, qu'il a résisté longtemps ; mais que la misère l'ayant étreint, la faim a été mauvaise conseillère...

Et s'il ajoutait qu'on ne peut pas d'ailleurs toujours lutter, ne le blâmerait-on pas ?

Quoi ! n'est-ce pas un devoir de combattre sans cesse la cupidité, la vengeance, la jalousie, l'égoïsme, les tentations de toute sorte ?

Ainsi donc, au sens absolu, l'objection manque de justesse : première observation.

***

En second lieu, nous plaçant au point de vue spécial de cette étude, nous remarquons que SI LES PARENTS LUTTENT, *c'est qu'ils n'ont pas d'autorité,* l'idée de lutte, excluant celle de subordination.

CHAPITRE CINQUIÈME

COMMENT SE CONQUIERT L'AUTORITÉ.

Deux systèmes sont en présence :

On a le choix entre un conflit quotidien, se prolongeant pendant de longues années pour n'obtenir aucun résultat; ou au contraire, quelques rudes combats, très rares, MAIS DÉCISIFS, d'où les parents sortent armés de la plénitude de leur autorité, et franchement maîtres de l'enfant.

Ce point a une importance capitale.

Étudions-le attentivement.

Une guerre d'escarmouches, des engagements de tirailleurs, ne peuvent point obliger l'ennemi à rendre les armes.

Ces luttes de détail affaiblissent d'un côté, sans amener d'autre part la soumission.

Il y a des victoires ; et point de vaincu.....

Par contre, après une grande bataille, la paix s'impose.

De même, les parents qui font preuve de faiblesse durant la première jeunesse de l'enfant, sont assurés de subir dans leur autorité *plusieurs échecs par jour*, et de s'affaiblir peu à peu jusqu'à l'impuissance, L'ENFANT S'ENHARDISSANT, DANS LA MESURE MÊME DES CONCESSIONS QU'IL ARRACHE.

12

Avec semblable procédé, *l'hostilité est à l'état chronique.*

***

Mais bridez l'enfant dès le début ; refrénez-le résolûment DEUX OU TROIS FOIS ; et vous aurez ensuite la grande joie de pouvoir « rendre les guides » sans imprudence. Car sachant que vous avez la force et la volonté de le discipliner, il hésitera devant une révolte *inutile :* l'expérience lui ayant appris qu'il doit avoir le dessous...

La PAIX au foyer, sera donc en ce cas le RÉGIME NORMAL ; et la lutte, l'exception.

Au moins les menaces, quand elles seront nécessaires, auront-elles un sens positif.

Rien de plus vrai : *punir mollement,* redisons-le, *c'est punir continuellement.*

***

Si l'on avait recours à la démonstration graphique, les deux signes suivants représenteraient assez bien l'histoire des premières années de l'enfance :

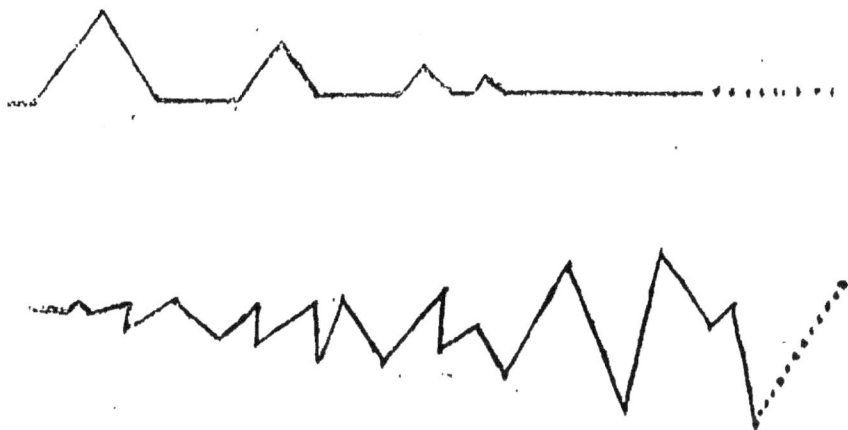

Dans le système d'autorité figuré par le tracé supérieur, après quelques écarts violents, réprimés comme il convient, on arrive à la ligne droite, à l'obéissance régulière...

Dans le régime des concessions que traduit la seconde ligne, l'inégalité du caractère et le nombre des observations, suivent au contraire un *crescendo* de plus en plus désordonné... Pas une surface plane ! pas une heure de calme !

^{*}

Il importe pour engager la grande bataille qui peut être décisive, de choisir une circonstance, où la sagesse de l'ordre intimé est indiscutable, et manifeste.

Puis, l'obéissance doit être exigée JUSQU'AU BOUT.

Si en pareil cas on cède *en quoi que ce soit,* tout est à recommencer !

Tandis que, si la soumission est absolue, entière, il y aura pour l'avenir *un précédent* d'autorité, équivalant à une situation conquise.

En troisième lieu, que la faute une fois expiée, soit vite pardonnée, oubliée; qu'on n'y revienne sous aucun prétexte.

Que tout soit bien fini ; qu'on le dise ; et surtout *qu'on le prouve à l'instant même.*

Après la pluie, le beau temps au plus tôt !

En un mot, que la punition soit courte et sévère, et le pardon *immédiat* et *définitif.*

Les observations nécessaires pendant le premier âge sont si nombreuses, (même en les réduisant beaucoup), que l'on ne saurait trop redouter d'altérer longtemps l'heureux enjouement de la jeunesse.

**

En créant un contraste complet et rapide, entre les chagrins de l'indiscipline et la paix qu'amène l'obéissance, on aide le petit coupable à recouvrer sa précieuse gaieté, avec son cortège de ris et de jeux.

Il va sans dire, qu'avant de sceller cette paix, il faudra laisser passer quelques minutes, pour qu'un calme relatif se produise au moral et au physique chez le coupable.

L'amendement est presque impossible, sous l'empire d'une première émotion.

Un peu d'expérience apprendra le moment opportun.

CHAPITRE SIXIÈME

LE FOUET

Dans les tentatives de rébellion qui se manifestent vers deux ou trois ans, (et de l'issue desquelles dépend l'autorité paternelle), faut-il employer le fouet....? Appelons les choses par leur nom.

Si l'on sait, répondrons-nous, obtenir soumission plénière du *petit* enfant en révolte, sans recourir à la correction manuelle dans ces grandes batailles dont nous parlions, on est en droit de se proclamer l'inventeur d'un système brevetable.

Remarquez que l'hypothèse est celle d'un enfant qui ne *veut pas céder*, et résiste sciemment.

Le faire obéir, est donc une nécessité.

***

Ici, surgit une objection :

« Il refuse de se soumettre ; c'est possible ! mais
« pourquoi le châtier, si on peut l'amener par des
« moyens détournés à ce qu'on désire, en lui prou-
« vant qu'on a raison, ou qu'on lui conseille une
« chose avantageuse ? »

La réponse est bien simple : en pareil cas, *convaincre* n'est pas *vaincre* ; c'est la victoire des désarmés, la force des impuissants.

Oui, il s'est laissé persuader, mais IL N'A PAS OBÉI. Il a fait sa volonté tout en correspondant à votre désir; il a partagé votre manière de voir....., mais non point *cédé !*

On lui a suggéré une résolution; on ne lui a pas intimé un ordre.

Et s'il est réfractaire à l'éloquence, faudra-t-il humblement déposer les armes.....?

La correction manuelle, semble donc en principe inévitable quand l'enfant, insensible à votre dialectique, s'obstine et s'insurge; inévitable surtout, tant qu'il n'a pas assez de raison pour apprécier les « considérants » des arrêts paternels.

Entendons-nous bien toutefois!

Cette nécessité n'existe, à notre avis, *que pour le premier âge, et encore dans de rares circonstances.*

L'important, est que l'enfant apprenne, tout jeune, QU'IL PEUT ÊTRE CHÂTIÉ AVEC RIGUEUR, S'IL RÉSISTE.

Mais la contrainte est inadmissible, on le conçoit, quand il est devenu grand : on n'a plus alors pour ressource que les observations, aussi répétées qu'inutiles, si l'on n'a pas commencé par le mâter.

On se donne un mal infini pour n'aboutir point : c'est à désespérer !

Et l'on désespère en effet...

**

La correction est-elle conciliable avec l'amour paternel et maternel?

Si l'on en croit le livre des Proverbes : celui qui

épargne la verge « n'aime point » son fils : *qui par-cit virgam, odit filium* (XIII, 24).

Educate filios in disciplinâ, lisons-nous encore au chapitre VI, t. II.

Et la Sagesse des Nations reprend à son tour : « Qui aime bien, châtie bien. »

Le mot est remarquable.

Aimer *bien,* c'est aimer comme il convient; aimer, non point ses convenances, mais ce qui est le mieux pour l'enfant, sans en excepter la discipline.

CHAPITRE SIXIÈME (*suite*)

LE·FOUET DANS L'ANTIQUITÉ

De toutes les peines publiques ou privées, aucune ne semble avoir été plus fréquemment prescrite que le fouet.

Chez les *Hébreux*, c'était même en quelque sorte le châtiment de droit commun, que le juge pouvait ordonner avec plus ou moins de sévérité, du moment que la peine édictée n'avait point le caractère capital.

Cette correction n'était pas cependant discrétionnaire.

Le nombre de coups pouvait varier de 1 à 40, pour un premier délit, et s'élever jusqu'à 79 en cas de cumul ou de récidive ; à moins toutefois que l'on ne fît usage du fouet à trois courroies, ce qui permettait de réduire·les coups à 13 et à 26. (V. *Deuter*. XXV, 1-3. — *Selden* II, ch. 13.)

Chez les *Perses*, les plus nobles personnages étaient fustigés.

Artaxerce-Longue-Main eut l'ingénieuse idée de leur permettre de ne l'être plus qu'en effigie.

C'était moins dur...

Chez les *Romains*, ce mode de répression était

appliqué aux militaires, au moyen de bâtons (*fusti-bus*); aux esclaves, au moyen de fouets (*flagellis*) ; pour les citoyens, on usait de verges (*virgis*).

Vers la fin de la République, la loi Porcienne abolit la peine des verges pour ces derniers ; aussi voit-on Cicéron reprocher amèrement à Verrès d'avoir fait fouetter un citoyen. (Cicéron, iii, 29 ; — Tite-Live, x, 9.)

L'essence du bois servant à la bastonnade, était loin d'être chose indifférente. Le centurion ne pouvait employer que le cep de vigne, en tant que simple punition militaire ; au contraire, l'usage du coudrier impliquait la honte et la dégradation.

**

Au *moyen âge*, le fouet conserve ce double caractère de châtiment, légal ou disciplinaire.

En tant que pénalité, il est infligé par le bourreau qui conduit le patient à la suite d'une charrette, et lui administre à chaque carrefour le nombre de coups indiqué par l'arrêt.

Comme correction non infamante, il était donné par le geôlier à l'entrée de la prison « sous la custode », selon le mot du temps.

**

Une Ordonnance de Louis IX en 1268, nous apprend que les *femmes* elles-mêmes étaient soumises à cette peine, par la main d'un exécuteur féminin spécial : « Si elles avaient feist ou deist chose qui fût moult

« horrible et tournant à despit de Dieu, de Nostre-
« Dame et des sainz. » (Art. 5.)

Cette Ordonnance contient contre les blasphéma-
teurs des dispositions si rigoureuses, que le pape
Clément IV, crut devoir engager le roi à user de plus
de modération. (*Trésor des Chartes.*)

Cette particularité est curieuse à noter.

**

Sous François Ier, on voit la fustigation inscrite
dans les règlements de *l'armée.*

Puis l'ordonnance du 1er juillet 1780, crée pour
les déserteurs une espèce particulière de flagellation
à l'aide de baguettes, de bretelles de fusil, ou de
courroies de chevaux, suivant l'arme à laquelle ap-
partenait le coupable.

Dans les *écoles publiques*, le fouet était aussi en
usage : un domestique était chargé de l'exécution :
« *Verberare possunt, modo non excedant castiga-
tionis terminos.* » — Ménochius, 364.

Le surnom d'*orbilianites* fut donné aux régents,
en souvenir du rhéteur Orbilius, sorte de maître-
cinglant, qu'Horace qualifie de *plagosus.*

En 1791, cette pénalité fut généralement interdite ;
cependant, elle subsistait encore en 1848, à bord des
navires de guerre et de commerce.

**

En *Angleterre*, le fouet figure toujours comme
punition militaire et scolaire ; et l'on sait que le

knout est maintes fois prévu par la législation pénale de *Russie*.

Les *cent coups* étant le maximum, on a cru voir dans cette particularité l'origine de l'expression populaire : être aux cent coups...

***

Enfin, divers textes du *Droit Canon* visant les fautes des clercs, proscrivaient également le fouet, mais sans effusion de sang et toujours en secret : *inter privatos parietes*. (*Mém. du clergé*, VIII. 1265. Concile d'Agde, — Saint Augustin à Marcellin — 4º Concile de Braga, — Conciles de Béziers, 1223 ; de Tarragone, 1224...)

***

Aussi bien que d'autres, les fils des Rois de France devaient... s'incliner devant cette humiliation.

On raconte que Louis XIII montra dès son enfance un extrême dégoût pour la lecture.

La Reine-Mère, dans le dessein de vaincre cette aversion, ordonna un jour à M. de Souvré, gouverneur de son fils, de donner le fouet sans hésiter à son royal élève.

Le jeune prince tenta de résister ; puis se ravisant : « Monsieur de Souvré, » lui dit-il en suppliant, « allez- « y doucement, je vous prie . »

***

Une dernière observation.

Nous avons entendu soutenir cette thèse, par d'é-

minents médecins, à savoir : que le fouet, au point
de vue physique, était en certains cas, un dérivatif
fort utile.

C'est surtout quand l'enfant est dans un accès de
colère, remarquent-ils, que cette correction *exceptionnelle*, est opportune et... bien placée. Le sang
se portant vers la tête, la fustigation décongestionne
très efficacement...

Nous n'avons point à prendre parti : toutefois cette
opinion était à signaler en passant.

CHAPITRE SIXIÈME (*suite*).

LA SCHLAGUE A L'ÉCOLE ALLEMANDE

Les Allemands, en philosophes pratiques, se sont dit que le meilleur moyen de préparer les soldats à recevoir la schlague, c'était de commencer à la donner aux jeunes enfants dans les écoles.

Voici à ce sujet quelques détails curieux que nous découpons dans l'Annuaire de l'enseignement primaire en Allemagne [1].

L'autorité scolaire prévoit l'emploi de la « baguette de jonc ».

Tout d'abord, on fixe les hypothèses dans lesquelles le maître a le droit de recourir aux châtiments corporels ; ce sont les cas de mensonge, de désobéissance persistante, d'immoralité, de paresse ou de désertion.

Une fois la correction décidée, on s'arme de la « baguette ». Mais il y a jonc et jonc, comme il y a fagot et fagot ; et l'autorité scolaire craignant que l'instrument choisi par l'instituteur, ne fût d'un diamètre tantôt insuffisant et tantôt excessif, a décidé qu'elle fournirait l'objet elle-même.

Il paraît qu'elle avait de bonnes raisons pour se méfier de la légèreté de main de certains maîtres,

[1]. Voir la Nat. 1888.

car elle a disposé, dans un article, qu'ils ne pourraient se servir pour l'enseignement géographique,
« ni d'une règle ni d'une canne ». •

Elle tient à épargner à l'instituteur la tentation
trop forte d'en faire usage... sur la tête ou sur le
dos des insolents, et des espiègles.

***

Les règlements prescrivent que le jonc officiel
sera conservé, sous clef, chez le directeur de l'école,
qui ne devra le tirer de sa cachette que dans des
circonstances spéciales, et sur requête motivée.

Puis on indique que les seuls endroits « licitement
fustigeables », seront le dos, et le... bas du dos ; hors
de ce domaine, le maître n'a plus aucun droit d'action.

Le nombre des coups est déterminé : trois dans
les cas ordinaires, six dans les cas graves.

Les châtiments corporels ne sont jamais infligés
en présence des élèves, mais à la fin de la classe et
à huis-clos, afin que l'amour-propre de l'enfant soit
ménagé.

On ferme les portes; et il ne reste que deux témoins : le directeur de l'école, et un second maître
tenu d'assister à l'exécution.

CHAPITRE SIXIÈME (suite).

LE FOUET, PUNITION ARISTOCRATIQUE EN ANGLETERRE

La fustigation est le privilège réservé aux proviseurs, directeurs et chefs d'institution en Angleterre.

Les sous-maîtres et surveillants ne partagent point ce droit avec le *head-master*.

Chose curieuse et digne de remarque! Loin d'être réputé un procédé inférieur d'éducation, le fouet est surtout en honneur dans les écoles *aristocratiques*.

Je ne saurais mieux faire que de transcrire littéralement une lettre que nous adresse, à ce sujet, un des professeurs les plus distingués de Londres, Mr. H. R...

« Il n'y a pas, dit-il, de règlement écrit en matière « de correction dans les collèges anglais. C'est le « chef de la maison qui décide s'il y a lieu de punir.

« Dans les écoles primaires, le maître principal a « seul droit de frapper. — Dans les écoles « com- « munales bourgeoises », la correction est passée de « mode. On punit comme en France, ou bien on « expulse de l'établissement. — La fustigation se « maintient surtout dans les grandes écoles aristo- « cratiques.

« Dans ces collèges, les jeunes gens préfèrent la « canne aux pensums, et les verges à l'expulsion qui

« pourrait compromettre leur avenir. Cette discipline
« n'est pas infamante comme elle le serait en France.
« Les élèves la regardent comme la juste peine due à
« leur faute, et l'exécution une fois consommée, on
« se serre la main.

« Il serait ridicule, malséant, lâche, de garder
« rancune au correcteur : tout le monde serait con-
« tre le coupable qui n'accepterait pas la peine de
« bonne grâce. »

Certes, un maître en France, risquerait en pareil
cas de se voir assommer par son jeune auditoire.

⁎

L'auteur des « Odeurs de Paris » admet *a priori*,
(n'est-ce pas *a posteriori* qu'il faudrait dire?), la nécessité absolue du fouet, le plus... frappant de tous
les arguments imaginables.

« La jeunesse anglaise, dit-il, cette pépinière
« d'hommes libres et forts, est fouettée. Il n'y a
« peut-être pas un député, un pair, un évêque qui
« n'ait été fustigé. Pitt, Fox, O'Connell, Gladstone
« ont fait des chevauchées sur le cheval de bois *ad*
« *hoc.* On ne peut nier que, loin d'avoir des tendances
« serviles, l'Angleterre n'ait de fiers hommes, et de
« fiers juges. »

Pour nous, nous estimons que si le fouet est, en
principe, nécessaire vers deux ou trois ans, il est
mauvais à dix ans; *scandaleux* plus tard...

CHAPITRE SEPTIÈME

L'AUTORITÉ DÉLÉGUÉE — LES DOMESTIQUES

Demander à des personnes étrangères, la fermeté et la douceur, l'énergie et la modération, *la mesure* enfin, que nous avons tant de peine, nous, à apporter dans la répression, serait une grave erreur.

Il n'est donc pas acceptable de s'en remettre aux domestiques, et de se les substituer en tout.

Mais, tenant compte des exigences sociales, et de la nécessité où se trouvent les parents, surtout quand la famille est nombreuse, d'avoir recours à l'intervention d'un tiers, on se demande de quelle autorité il importe d'investir ce délégué spécial.

Croire que les « bonnes » ou les gouvernantes préposées à la surveillance des enfants, peuvent *collaborer utilement* à l'œuvre de l'éducation, sans être armées d'aucun droit quelconque, est une illusion.

⁎⁎⁎

L'enfant n'est que trop disposé déjà à résister à ses inférieurs, dont il comprend la position subalterne et le rôle dépendant ; il escompte la tendresse maternelle, encline à pencher de son côté ; il sait enfin que les grandes sévérités ne sont pas à redouter de la part des domestiques, obligés de concilier à son égard une autorité relative, avec le respect que l'on doit au « jeune maître ».

La situation est deux fois délicate, on le voit ; partant, l'obéissance doublement difficile à obtenir.

**

On arrivera à concilier les choses, en armant ces subalternes d'une autorité LIMITÉE, mais EFFECTIVE.

Et par ce dernier mot, nous entendons que la punition infligée à propos, et dans la forme prévue, sera reconnue et ratifiée par les parents, en toute circonstance.

Que ceux-ci se réservent la correction, dans les cas exceptionnels : cela est sage ; mais qu'ils accordent aux domestiques de leur choix une *certaine latitude*, et une *latitude certaine*, pour la répression des manquements ordinaires de l'enfant.

Il y a un précieux avantage à agir ainsi : par là, ils se dispensent très heureusement du rôle de censeurs attitrés.

Oh oui ! ménageons notre autorité ! soyons-en jaloux ! ne la gaspillons pas pour *des vétilles*, alors qu'un tiers peut nous remplacer, en nous laissant le doux privilège de sourire à l'enfant, et le droit de lui faire accueil...

De cette manière, les parents éviteront la lutte entre le petit maître répréhensible et le serviteur méprisé ; ils conjureront les recours incessants à l'autorité du chef de famille pour régler ces contestations infinies, appels de chaque heure, où le subordonné apporte son amour-propre froissé, l'enfant une rancune concentrée, et le père, la gêne de prendre parti un peu à l'aventure.

On ne voit pas d'inconvénient sérieux à autoriser la privation de dessert par exemple, tout en se réservant de surveiller *de très près* la « justice du Justicier délégué », et de « juger ses jugements ».

Encore, ne faudra-t-il jamais désavouer tout haut les ordres de celui qu'on s'est substitué pour partie, à peine de ruiner l'influence de ce dernier d'une façon irrémédiable, et définitive.

**

Ici, nous ne parlons point des parents qui abandonnent leurs enfants aux mains de mercenaires, pour se dispenser de remplir leur devoir d'éducateurs.

... Cette hypothèse aurait sa place dans un volume ayant pour titre : l'art de mal élever les enfants.

Notre livre a un autre but.

CHAPITRE HUITIÈME

L'AUTORITÉ PATERNELLE DEVANT LA LOI

Nous ne ferons point au lecteur l'injure de supposer que la procédure, tendant à faire placer un enfant à la petite Roquette, ou à Saint-Michel, présente pour lui un intérêt pratique.

Cependant quelques pères, parmi ceux qui ont laissé grandir leurs fils dans l'indiscipline, leur rappelleront peut-être, non sans profit, que le législateur a reconnu et sanctionné les droits de cette magistrature qui s'exerce au foyer.

1° L'enfant doit, à tout âge, honneur et respect à ses père et mère ; — 2° il reste sous leur autorité jusqu'à son émancipation ou sa majorité ; — 3° il ne peut, en principe, quitter la maison paternelle (art, 371 à 375) ; — 4° le père est autorisé à envoyer en correction son enfant, pendant une durée variant de 1 mois à 6 mois, selon le cas, du moment que la majorité n'est pas révolue, ou l'émancipation prononcée.

L'ordre de détention est délivré par le Président du tribunal, sans aucune procédure, et sans énonciation de motifs.

Le législateur en a décidé ainsi, précisément pour ne pas imprimer au coupable une flétrissure prématurée ; et aussi pour ne point trop effrayer les parents obligés de recourir à une extrémité pareille. (Art. 375 à 379.)

La *mère*, a aussi le droit d'exercer une requête analogue, conformément à l'article 381 du Code civil.

Enfin, quand l'enfant s'amende, la durée de la peine est abrégée, au gré des parents.

...Si un jeune lecteur curieux ouvre ce volume sans autorisation, nous lui conseillons de bien relire le présent chapitre, afin de ne l'oublier jamais.

CHAPITRE NEUVIÈME

LA NATURE L'EMPORTE-T-ELLE SUR L'ÉDUCATION ?

« Vous semblez, nous dira-t-on, attribuer à l'édu-
« cation un rôle décisif en quelque sorte, en tout
« cas excessif, et vous méconnaissez trop les ten-
« dances innées qui constituent l'individualité. Bref,
« vous surfaites l'efficacité de l'éducation; et la
« preuve, c'est qu'étant donnés deux enfants issus de
« la même famille, et par conséquent élevés d'une
« manière identique, il est très admissible que vous
« vous trouviez en présence de natures, non seule-
« ment dissemblables, mais même complètement
« différentes. Donc, l'innéité est plus forte que l'édu-
« cation. »

Telle est la critique que nous devinons.

On ne nous accusera pas de la réduire, de la diminuer à plaisir, pour la combattre plus à l'aise.

Nous entendons au contraire lui donner tout le
relief possible.

Qu'on nous permette cependant de professer une
autre opinion.

Nous allons tâcher de justifier en peu de mots
notre sentiment.

D'abord, nous reconnaîtrons que l'objection est
si spécieuse, si séduisante, qu'elle apparaît comme

invincible, irréfutable, pour qui ne regarde que le dessus des choses.

Mais un examen plus attentif, révèle bientôt le vice de cette argumentation fallacieuse.

Ayant observé plusieurs exemples analogues à celui qu'on nous oppose, voici les remarques qui nous ont frappé.

Non! il n'est pas exact de dire que les enfants sont élevés nécessairement de la même manière parce qu'ils ont les mêmes parents, et vivent dans le même milieu. Il y a de nombreuses différences dont nous signalerons les principales.

***

I. — Un fils naît dans les premières années du mariage; un autre longtemps après...

L'un est venu dans les jours de prospérité; l'autre, à la suite de désastres financiers ou de violents chagrins domestiques.

Ce même foyer observé à deux époques distinctes, ou sous deux influences inégales, ne se ressemblera pas plus que ceux de familles étrangères.

... Tel enfant est beau, gracieux, tandis que son frère a l'aspect ingrat... L'aîné est spirituel et flatteur; le second, peu éveillé.

Qu'arrive-t-il maintes fois?

Par une petite vanité instinctive, au lieu de se préoccuper surtout de celui qui est moins bien doué, on met son frère au premier rang, on le suit de plus près, on le cultive avec un amour de préférence.

En sorte que, loin de rétablir l'équilibre, on accentue ainsi les différences naturelles; on les aggrave, on les accuse de jour en jour; et tandis que l'*un* se développe et se perfectionne, l'*autre* s'amoindrit et se rétrécit davantage.

Donc, en bien des cas, les frères ne reçoivent pas une éducation identique.

Ah ! nous comprenons que nous avons mauvaise grâce à dire qu'il faut plutôt s'occuper du déshérité, le vêtir d'autant plus correctement qu'il est moins élégant par lui-même.

Cependant, là est la Vérité et le Devoir...

Nous ne méconnaissons pas la spécialité, ni l'originalité des caractères ; mais, nous estimons que l'éducation peut l'emporter sur les tendances naturelles à condition que l'on gouverne l'enfant de très bonne heure.

C'est là toute notre thèse ! Et si nous ne nous abusons, nous en avons fourni la démonstration au chapitre des « incorrigibles. »

***

Ajoutons enfin que les circonstances, même indépendamment de toute faute des parents, créent parfois deux milieux d'éducation, deux régimes bien différents.

Ainsi, arrive-t-il, lorsque les aïeuls s'attachent à l'un de leurs petits-fils d'une manière exclusive; ou quand au contraire, les domestiques prennent en grippe l'un des enfants qu'on leur confie.

Le *chéri* et le *souffre-douleur*, sont de fait, en dehors de la règle commune.

L'*inégalité* d'affection à l'égard des garçons ou des filles, est aussi très fréquente.

...Un père voit dans son fils le continuateur de son nom ou de son œuvre; et l'argent qu'il dépense, est une semence qui rendra au centuple ce qu'elle a coûté : du moins on tâche de le croire...

Les filles sont charmantes, mais il faut les doter, chose lourde! les pourvoir, chose grave!

... Par contre, une mère trouve, avec raison, qu'elles sont autrement faciles à élever.

Une fille, est une société de tous les jours; plus tard, elle sera une amie fidèle, gardant le foyer et l'animant de sa voix et de son rire, en l'absence du chef de famille que les affaires retiennent loin du logis...

**

II.— Quand on compare l'éducation morale donnée selon les sexes, l'inégalité est encore plus frappante.

Comme souvent le père s'occupe peu de la direction de ses fils, la mère envisage l'avenir en ce qui les concerne, avec une tristesse et une frayeur qui ne s'expliquent que trop. D'avance, elle est découragée......

Et elle est excusable! car, si la femme suffit, et se suffit pour élever des filles, l'intervention active et énergique du mari est *nécessaire*, quand il s'agit des garçons.

Or, bien des pères ne demandent à l'héritier de leur nom, que de se mettre en état de passer

les examens, quand viendra l'âge de les subir. Et...
foin du reste !

Pour eux, l'*éducation*, c'est le *diplôme*...!

Et ils se croient admirables de dévouement, s'ils
paient 300 francs de plus que le voisin pour la pension de leur fils...

Ils appellent cela : « se sacrifier ! »

Que le collège qui a reçu un être charmant, au
teint frais et au cœur tendre, rende un « potache »
blème et sceptique, mais diplômé... : nombre de pères
s'en contenteront fort bien !

**

A quoi bon songer au cœur et à l'âme des garçons!
est-ce que cela compte... ! N'y a-t-il pas, d'ailleurs
pour eux une morale relative ?

En fait, le langage que l'on tient dans d'honnêtes
familles, peut se traduire ainsi : « Inévitablement,
« ils tourneront mal ; c'est écrit ! »

Et au fond du cœur, on en prend son parti *avec une*
résignation étonnante !

Oui, il y a dans le monde une certaine manière
dégagée de dire : « Oh...! les garçons...!! » qui est
des plus significatives, et équivaut à ceci : « Pour eux,
« c'est affaire réglée, chose convenue : n'en attendez
« rien de bon ! »

Pourtant, ne sont-ce point eux qui fournissent les
fils, les époux, et les pères... ? (ce qui compte pour
quelque chose dans les familles, n'est-il pas vrai?)

Afin de se décharger d'un labeur difficile, on s'empresse de proclamer le travail impossible.

C'est plus commode...

Jadis, la naissance d'un garçon, ce représentant légal et social des traditions de famille, était une joie, un bonheur.

On estimait sa venue une faveur céleste, une bénédiction précieuse, qu'il convenait de célébrer par des banquets, des hymnes et des fêtes ; on y trouvait l'occasion d'amnisties généreuses et d'aumônes abondantes. Les honneurs, les présents, même les privilèges de la loi, allaient à l'heureux père d'une lignée masculine...

Aujourd'hui, plusieurs se demandent, si *avoir un fils*, n'est point une sorte de malheur !

Étrange logique !

Bientôt, les parents voudront des gendres élevés tout autrement que ne l'a été leur héritier.

Combien de pères s'indignent à la vue de leur fille malheureuse en ménage, et professent simultanément cette doctrine, à savoir : qu'ils perdraient leur temps à vouloir diriger leurs garçons...

Eh bien ! ceux qui font preuve de cette tolérance quelque peu voisine de la complicité, ne doivent pas se plaindre, quand le jeune homme dévie du droit chemin.

**

...Un attelage à deux, comprend un cheval difficile à gouverner, et un autre, doux et maniable. N'est-ce pas le premier surtout qu'il convient de surveiller, et de discipliner ?

Ajoutez, que notre époque se préoccupant de plus

on plus de séparer l'Instruction de l'Éducation, nous le démontrerons tout à l'heure, on constate, qu'en France, les garçons manquent presque complètement de direction morale. On les fait instruire.

Et c'est tout !

CHAPITRE DIXIÈME

PÉNITENCES ET PENSUMS

Il n'y a point d'autorité possible à défaut de sanction. Ce point n'est pas à discuter.

Il importe donc de savoir punir, si l'on veut être obéi.

A l'égard des *jeunes* enfants la correction corporelle n'est pas à dédaigner, car elle est des plus efficaces, à condition avons-nous dit, qu'elle soit *énergique :* et *rare* ces deux mots résumant pour nous tout le système précédemment exposé.

Ce qui revient à dire, qu'un seul déjeuner au pain sec, vaut mieux que vingt privations de dessert ; et qu'une seule fustigation « bien placée », préserve l'enfant de vingt « claques » insuffisantes..., de cent menaces..., et de mille admonestations.

***

Dès lors, on comprendra combien, dans la famille, le piquet, la retenue et les pensums sembl ent regrettables, à cause même de leur dur ée.

D'abord ces pénitences, en privant l'enfant de l'exercice nécessaire à la digestion, et à l'activité générale, ne sont point sans inconvénients pour la santé.

En second lieu, le cabinet noir et le piquet ne ressemblent à une peine, qu'autant qu'ils sont *prolongés* : il faut plusieurs heures de « retenue » pour constituer un châtiment médiocre. Ce n'est qu'en augmentant, en accumulant l'ennui, qu'on obtient l'équivalent d'une pénalité.

S'imagine-t-on alors ce que « rumine » le petit coupable pendant tout ce temps... ! Voilà qui est déplorable à n'en point douter !

Il est constant que l'enfant s'aigrit le caractère, pendant qu'il boude, ou reste morose et sombre.

De là, notre antipathie résolue pour les longs sermons, et notre franche préférence pour les corrections lestes.

*_**

Et les pensums !

Obliger un élève à copier cinq cents lignes, c'est lui gâter la main ; ne rien lui apprendre ; et l'abrutir.

Autant il est bon de faire écrire dix fois, vingt fois, les mots dont l'enfant ignore l'orthographe, afin de les lui graver dans la mémoire ; autant il est détestable de l'obliger à noircir, trois heures durant, un cahier de papier en manière de châtiment.

Ne vaudrait-il pas mieux lui imposer d'écrire une page calligraphique, dût-il la recommencer plusieurs fois s'il la néglige en rien.

Au moins, le travail présenterait quelque utilité.

*_**

Nous savons à merveille que, dans les pensions,

et dans les lycées, les modes vicieux de répression que nous signalons, sont à peu près inévitables, quel que soit l'âge.

Voilà précisément pourquoi, l'internat est un milieu très défavorable à la formation des caractères. L'enfant y vit dans une aigreur continuelle. Faire des niches, imaginer de mauvais tours, est sa seule distraction.

Défalquez de sa vie, les quarts d'heure de réprimandes, les heures de punition et les journées de rancune..., et voyez s'il y a place pour beaucoup de minutes de sérénité et de joie !

Étant donné que les remontrances ennuient sans grand profit, il semble expédient de les remplacer par de petites amendes, pour chaque omission ou faute légère.

Du moins, nombre de parents ont recours avec succès à ce procédé, dès que l'enfant est devenu grand.

LIVRE QUATRIÈME

LA PHYSIONOMIE ET LE CARACTÈRE

CHAPITRE PREMIER

LA PHYSIONOMIE CHEZ L'ENFANT

Le système suranné du célèbre médecin allemand Gall, ne mérite guère mieux qu'un souvenir : nous voulons parler de la phrénologie.

Supposer en effet que les affections et les penchants de l'âme développent certaines parties correspondantes du cerveau, et se traduisent *en bosses* dès le premier âge, sur la boîte osseuse du crâne, était une idée curieuse, intéressante au premier chef.

Mais l'expérience n'a pas confirmé les hypothèses complaisantes de l'inventeur, ni celles de ses disciples.

***

La tête humaine était comparable à une carte géographique, avec ses localisations spéciales, ses « départements » déterminés, comme on disait. « Ama-

14

vité, combattivité, acquisivité, etc... » se reconnaissaient d'après ces auteurs, aux saillies ou protubé-
rances de la tête. En un quart d'heure, toujours
d'après eux, on était à même de connaître, par une
seule inspection, les tendances de chaque enfant.

Ce serait merveilleux !

Seulement, les phrénologistes ne disaient point
pourquoi les affections de l'âme se trouvaient grou-
pées, (sans doute pour la plus grande commodité du
système), précisément aux points extérieurs du cerveau, toute la partie intérieure en étant déshéritée.

Cette remarque des adversaires, était de nature à
mettre en garde contre l'exactitude des observations
consignées.

C'est ce qui est arrivé.

***

Mais si la phrénologie basée sur les « bosses » n'est
pas scientifique, on ne saurait en dire autant de la
physionomie, qui révèle par l'inspection des traits
du visage, les inclinations ordinaires de l'enfant.
« La dépendance mutuelle dans laquelle sont l'âme
« et le corps, dit un auteur, fait que, tout ce qui agit
« sur l'un, réagit sur l'autre. Et c'est surtout sur le
« visage, que s'épanouissent les modifications de la
« pensée. »

***

En effet, c'est sur la *face*, la plus noble partie de
l'être, que s'affirment, se nuancent et se concentrent

les impressions de la vue, de l'odorat, de l'ouïe, et
du goût. Les nerfs nombreux qui s'y ramifient lui
donnent une exquise sensibilité, et les vaisseaux qui
s'y distribuent, une énergie vitale extraordinaire.

La face, est la seule partie de l'être qui soit spiri-
tualisée par la pensée !

**

Est-il vrai, comme on le voit dans certains ouvrages, que les *sourcils* mobiles et réguliers indiquent
l'enfant vif et nerveux ; et que, si ce dernier est d'un
tempérament calme et froid, ils offrent des caractères opposés? Est-il vrai que les *cheveux* blonds
dénotent la sensibilité, et les noirs l'indépendance?
Est-il vrai que le *nez* aquilin marque la puissance de
la volonté? que petit et maigre, il annonce le penchant à la moquerie; gros et charnu, les tendances
lymphatiques...?

Est-il vrai que la *bouche* fasse présumer l'intelligence quand la lèvre inférieure déborde, et la lour-
deur d'esprit dans le cas inverse...?

Est-il exact que le *menton* saillant et pointu accuse
la malice? que retiré en arrière, il soit au contraire
le partage des enfants doux et tranquilles; que le *cou*
épais soit le propre des coléreux, et le cou mince
celui des gens timides...?

Nous ne savons.

Et il serait téméraire, croyons-nous, de formuler
des principes absolus dans cet ordre d'idées.

Mais il y a une fenêtre, grande ouverte sur l'âme

de l'enfant, miroir merveilleux de clarté et de précision, où les parents peuvent voir dans toute son intensité et dans un jour éclatant le *tréfonds* de leur
enfant...

J'ai nommé : les YEUX.

Arrêtons-nous; et analysons-les quelque temps.

CHAPITRE DEUXIÈME

LE REGARD FUYANT

« Le verbe a été donné à l'homme pour déguiser sa pensée, » a écrit un illustre misanthrope. Ce qu'il y a de vrai, c'est qu'on s'en sert fréquemment dans ce but. Point n'est besoin d'insister.

Nos oreilles entendent sans cesse des *paroles* trompeuses : depuis le faux témoignage au prétoire, jusqu'au mensonge poli et doucereux de l'homme du monde, qui, grâce à une longue expérience et à une pratique quotidienne, en arrive à dire, avec la *note* convaincue et la mimique appropriée, mille choses dont il ne croit pas un mot!

On connaît aussi les *gestes* menteurs : embrassements de commande, poignées de main d'indifférents ou de traîtres, applaudissements flatteurs, enthousiasmes intéressés...

Ainsi, la bouche et la main sont parfois menteuses. Mais les yeux, surtout ceux de l'enfant, *ne peuvent tromper* un père qui veut savoir, celui-ci n'eût-il qu'une vulgaire clairvoyance.

***

Le fripon a si bien conscience que son regard

trahit sa pensée et le livre malgré lui, qu'il n'ose le fixer sur son interlocuteur.

Non, il n'ose pas ! l'expression est juste.

Un coupable a commis un crime épouvantable, un forfait inouï... Il ne redoute ni la justice d'En-Haut, ni les sentences des juges ; il est capable de tout ; rien ne l'intimide, semble-t-il....

Et cependant, cet audacieux, ce fanfaron, *n'a pas la force*, n'a pas le courage de subir l'influence troublante d'un œil curieux qui l'observe !

Dans ses regards, qu'il baisse ou déplace à la dérobée, il y a une indécision significative, et comme un aveu qui l'accuse.

Il le sent...: et se méfie.

Nous avons rencontré plusieurs fois des gens honnêtes ayant l'œil faux ; mais il semble impossible de trouver un individu vraiment fourbe, un escroc de profession, acceptant seulement de croiser un regard avec vous.

**

« Osez me répéter cela, *en face* » : tel est bien le défi suprême que l'on porte à qui ment, critique ou insulte.

Que de choses on nous dit en *détournant la tête*, et qu'on ne redirait point en nous regardant !

Chacun le sait.

**

Or, s'il en est ainsi pour l'homme, à plus forte raison est-ce vrai pour l'enfant qui, bon gré mal gré, dévoilera l'intimité de ses impressions, si on l'observe, *les yeux dans les yeux*.

Nous mettons en fait, qu'au début, un *jeune* indiscipliné se détourne pour dire une insolence ; et que, d'autre part, s'il surprend un regard *ferme* à l'instant même où il reçoit un ordre, il est déjà à moitié persuadé. Car si notre bouche parle plus, elle parle souvent moins bien que nos yeux.

Au contraire, il est très rare que l'enfant se gêne quand les parents s'adressent à la « cantonade ». Dans ce cas, la parole ne frappe que le tympan ; tandis qu'elle va aux profondeurs de l'être, quand notre fils lit sur notre visage les formules impératives qu'il comprend, bien avant de savoir épeler les signes du syllabaire.

**

Oui, c'est par le regard fuyant, que l'enfant échappe à la direction de la famille et cache son âme.

Voyez ce qui arrive quand les paupières sont baissées... Toutes les expressions de la physionomie sont voilées, effacées même, et les intentions sont insondables.

Pourquoi ? Parce que l'intelligence concentrée au dedans, aussi bien que les résolutions prises en secret, se communiquent seulement par ces illuminations soudaines et vives du regard.

Un pauvre aveugle, si intelligent soit-il, est comme une maison fermée de tous côtés et qui a l'air inhabitée.

**

Que de nuances infinies dans un regard d'enfant !
Que de choses il raconte, alors que la parole et
l'attitude ne laisseraient rien soupçonner !

Les impressions VRAIES, la sincérité des promesses,
les faux-fuyants, les bons propos, les rancunes...
tout cela se montre à livre ouvert, sur ces deux feuil-
lets cristallins et limpides qui s'appellent : les
yeux !

Tantôt brillants ou menaçants, tantôt enflammés
ou méprisants, tantôt indifférents ou résolus, vindicatifs ou dissimulés, ils photographient l'âme dans
leur objectif minuscule qui réfléchit les pensées, en
des contours francs et radieux...

***

Oui ! regarder, et surtout FAIRE REGARDER L'ENFANT
BIEN EN FACE ; voir jusque dans les derniers replis de
cette petite conscience, c'est à notre avis un des premiers procédés qu'il convienne de mettre en œuvre,
pour être à même de poser judicieusement un dia-
gnostic moral, point de départ de cette hygiène
supérieure qu'on nomme : l'éducation.

LIVRE CINQUIÈME

INFLUENCE DE LA GAIETÉ SUR L'ÉDUCATION

CHAPITRE PREMIER

ANALYSE DU RIRE

> L'enfantillage du caractère correspond
> fréquemment à la gravité de l'esprit.
> (Mme E. DE GIRARDIN.)

Définissons d'abord *le rire*.

Au point de vue physiologique, c'est : « une série
« de petites expirations saccadées, plus ou moins
« bruyantes, dépendant en grande partie des secous-
« ses du diaphragme, et accompagnées de contrac-
« tions involontaires des muscles faciaux. »

Le rire est *spécial à l'homme*.

Cette caractéristique est curieuse à signaler : seul,
l'homme rit, parce qu'il jouit de certaines émotions
dont il a le privilège exclusif...

Les autres êtres grimacent, mais ne rient pas.

***

Il faut ressentir les affections et les impressions morales avec intensité, pour comprendre la musique de cet instrument charmant et unique, *le rire*, dont la gamme implique une suite de combinaisons et de jugements, que l'animal n'est point capable de formuler.

En conséquence, l'homme est doué d'une organisation propre, en ce qui concerne cette manifestation extérieure des gaietés de son âme.

Un muscle de la face, le « zygomatique », a cette fonction déterminée ; et le docteur Duchesne a démontré comment, en touchant ce muscle avec une pointe électrisée, on pouvait produire, sur le visage d'un cadavre, la contraction mécanique du rire.

**

Au point de vue moral, M. Larousse définit le rire : « La réaction de la faculté esthétique de l'or-« dre, blessée par le spectacle des choses. »

C'est plus vrai, qu'intelligible...

Pour nous, nous préférons la définition suivante : le rire est l'expression de la joie.

Voilà qui est moins savant, mais autrement clair !

Croyons-en Pascal : il y a des choses, dont chacun a la notion si nette, qu'on les rend bien moins compréhensibles en les traduisant.

Le rire est dans ce cas.

**

On peut distinguer deux sortes de rires.

Le rire *enfantin*, résultat d'une tendance naturelle, d'une prédisposition au contentement et d'une satisfaction expansive, qu'un rien provoque...

Puis, le rire *des grandes personnes*, explosion accidentelle, produite, non par l'insouciance comme chez l'enfant, mais par une particularité amusante, un trait plaisant, une idée comique, ou un souvenir particulier...

C'est une exception au régime de gravité qui s'impose hélas! à l'âge où l'on se rappelle les tristesses d'hier; où l'on comprend les difficultés de l'heure présente; où l'on ressent enfin la crainte du lendemain, fruits amers de l'expérience!

Et ainsi que l'a dit Voltaire :

Tout change avec le temps! On ne rit pas toujours,
Et l'on devient sérieux au déclin des beaux jours.

Pourquoi le sot rit-il continuellement?

Parce qu'il ne réfléchit pas..., ou parce qu'il ne se souvient plus...

***

Le tempérament, le sexe, la nationalité exercent une influence indéniable sur le rire.

La femme, plus nerveuse, plus impressionnable, plus excitable, y est prédisposée.

Quelle énorme différence n'existe-t-il point encore, entre le flegme britannique et l'exubérance du caractère français!

Le chevalier de Mirabeau, capitaine de vaisseau,

étant à Civita-Vecchia, demanda au pape Lamber-
tini la permission de lui présenter ses gardes-mari-
nes. Ces jeunes gens furent admis à l'audience de
Sa Sainteté; mais après les cérémonies d'étiquette,
il leur prit un rire si fou, que le chevalier tout interdit s'épuisait en excuses auprès du Saint Père. « Allez !
consolez-vous, Monsieur le Chevalier, lui dit Be-
noît XIV; je sais que tout pape que je suis, je n'ai
pas assez de pouvoir pour empêcher un Français de
rire. »

***

Selon M. Alex. Dumas, il y a une catégorie d'individus qui ne savent pas rire : les fripons.

Nos aïeux exprimaient à peu près la même idée
dans cette formule originale : « le ris du méchant
ne dépasse pas le nœud de la gorge. »

La vérité est, qu'à proprement parler, le méchant
ne rit point : il se rit, ou grimace.

***

Les domestiques, ont souvent l'habitude déplorable de provoquer le rire à l'excès chez les jeunes
enfants, en les chatouillant comme amusement, au
cou, aux aisselles, à la plante des pieds...

A ce sujet, nous ne saurions mieux faire que de
raconter le triste épisode suivant, dont nous garantis-
sons l'absolue exactitude:

Un fils naît dans un jeune ménage. La mère ne
peut allaiter le nouveau-né : on le confie à une mer-

cenaire, choisie après la plus scrupuleuse enquête. Le *baby* est splendide de vie et de santé ; à dix mois, il rit si volontiers, que chacun stimule sa belle gaieté.

Un jour, l'enfant est conduit dans la boutique d'un fournisseur voisin. Là, se trouvent plusieurs domestiques, plusieurs ménagères, mères ou commères .. On l'agace, on le taquine, on le secoue ; il passe de mains en mains...

C'est à qui le chatouillera bêtement !

Plus il s'émeut et s'agite, plus on l'excite : « Est-il gai ! est-il aimable ! est-il charmant ! »

Oui ! on l'énerve à tel point, qu'il est pris d'une convulsion violente. La bonne affolée, emporte l'enfant dans son tablier, remonte en toute hâte..., et remet à la mère terrifiée..... un cadavre !

...J'ai recueilli cette navrante histoire de la bouche même des infortunés parents.

Je ne l'oublierai jamais.

La mère, *elle*, aurait compris le danger... Mais, qu'importait à tout ce monde de rencontre que le pauvre petit être fût menacé d'une crise fatale ? Était-il autre chose qu'un jouet entre leurs mains brutales...?

***

Ce rire artificiel, n'a rien de commun avec la gaieté qui « vient du cœur » : cela est si vrai, qu'au moyen âge, le chatouillement employé comme mode de torture, amenait quelquefois la mort : l'histoire nous l'apprend.

Victor Hugo a écrit qu'il y a chez l'homme deux spasmes contagieux : l'hilarité, et les pleurs.

Le rire est à l'hilarité, dit un auteur, ce que les sanglots sont à la douleur : l'expression accusée de sentiments intimes et vifs, heureux ou pénibles.

A force d'emmagasiner dans son organisme des émotions intenses, soit de gaieté, soit de tristesse, la dilatation interne excède en quelque sorte la résistance ; il y a une espèce de suffocation croissante qui finit par *éclater*, en rires ou en sanglots, tout en établissant l'équilibre dans les organes déchargés par cette secousse.

***

Étrange fragilité de notre nature !

La mesure d'émotions que nous pouvons supporter, est renfermée dans un cercle étroit, enserrée dans de strictes limites qu'on ne saurait franchir.

Observons bien ces phénomènes :

Trop *rire* fait pleurer......

Et d'autre part, l'excès des *larmes*, trouble l'intelligence jusqu'au rire de la folie.....

Un *bruit* très intense, finit par n'être plus perceptible et rend sourd ; tandis qu'un profond *silence* succédant au tumulte, produit un bourdonnement imaginaire.....

Enfin, une *lumière* trop éclatante nous aveugle...

Infirmes et débiles que nous sommes !

***

Et il en est de même de toutes choses.

L'homme qui veut tout savoir ; l'homme qui a l'ambition démesurée d'être esprit fort, qui ne sait point se borner et prétend tout juger et expliquer, est bientôt frappé d'anémie intellectuelle : l'excès rompt l'harmonie, et amène les désordres de l'esprit.

Quel avertissement ! et quelle leçon !

***

C'est l'intérêt de l'enfant qui doit motiver l'éveil, ou le réveil de la gaieté ; mais voyez d'ailleurs de quel prix elle est au foyer, et dans les relations sociales !

Dans un salon, entre une personne douée de ce don précieux... A son arrivée, une exclamation de plaisir s'échappe de toutes les bouches, un sourire de satisfaction se répand sur chaque visage, un courant de cordialité passe à travers l'assistance entière : la détente est générale.

Or, s'il en est ainsi d'une influence étrangère, combien plus active et plus touchante sera cette communication d'enjouement, provenant d'êtres qui nous sont chers, et qui inspirent la joie autant qu'ils la ressentent.

Sous l'empire de ce sentiment aimable, l'enfant sera porté à obéir, et les parents, de leur côté, se sentiront enclins à commander gracieusement — ce qui ne veut pas dire mollement.

La maison sera gaie ; et l'on y respirera une atmosphère de bienveillance, de charme, et de paix.

Est-il rien qui repose l'esprit et le cœur comme la présence de personnes heureuses ?

Cela FAIT DU BIEN : le mot est juste.

***

On a dit qu'une hilarité exagérée était capable d'amener des troubles, et même la mort.

Si Polycrate, Chilon, Sophocle, Diagoras, Philippides, furent dans ce cas, ainsi que le rapportent Aulu-Gelle, Valère-Maxime, Tite-Live, Pline et Cicéron, c'est qu'il y avait là un excès maladif.

Au contraire, le rire qui procède de l'âme est bon, moralement et physiquement tout ensemble, surtout chez l'enfant qui peut s'y livrer avec une grande intensité sans danger ; car chez lui, c'est un épanouissement, et non un effort qui ébranle, ni une commotion qui bouleverse.

***

On attribue même au rire certains effets merveilleux...

On connaît l'histoire de ce cardinal qui, suffoqué par un abcès au poumon, touchait à son heure suprême.

Ce prince de l'Église avait un singe qu'il laissait vaquer en liberté dans sa chambre. L'animal ayant saisi la calotte rouge de son maître, vint, ainsi coiffé, s'installer au pied du lit du moribond, qui fut pris d'une telle envie de rire, que l'abcès creva... Et le malade fut sauvé.

CHAPITRE DEUXIÈME

LE RIRE : SON RÔLE DANS L'ÉDUCATION

Modifiant quelque peu un mot connu, nous dirons, *qu'un enfant triste, est un triste enfant !*

En effet, à moins que la souffrance ne l'étreigne, la jeunesse doit aimer à rire.

Les caractères sombres et concentrés ont absolument besoin d'être distraits, la tristesse étant un prodrôme inquiétant qu'il faut surveiller de fort près.

C'est une anomalie qui décèle une maladie, soit physique, soit morale.

***

Un enfant qui ne rit pas, n'est ni ouvert, ni confiant. Forcément il est grognon, impatient et revêche ; en sorte qu'à la moindre contrariété, au moindre reproche, il deviendra boudeur et hargneux.

Et comme les avertissements ou les gronderies — nous l'avons dit déjà, — se chiffrent par centaines dans le courant d'un mois ; comme l'enfant doit être souvent contristé par ses parents ou par ses maîtres dans son propre intérêt, s'il n'a pas un *grand fonds de gaieté de réserve,* il passera

15

une jeunesse morose : ce qui est pour lui la chose la plus néfaste qui se puisse imaginer.

Se représente-t-on un enfant aimable, ne riant jamais... ?

On ne concevrait pas davantage, en dehors de l'expression joyeuse, une figure d'ange reflétant à la fois l'aménité de l'esprit et les puretés de l'âme.

***

Au dire de Mᵐᵉ de Genlis, le rire vaut souvent mieux que les médicaments.

Et en tant que *facteur* dans une bonne éducation, il est VRAIMENT NÉCESSAIRE : rien ne le peut remplacer.

Il dilate le cœur, détend l'esprit, distend l'organisme, prédispose à la souplesse du caractère et à la discipline des organes serviteurs.

La passivité physique au contraire, encourage la passivité morale : « Voyez! il reste là comme un *mur*, comme une *bûche!* » s'écrie-t-on dans un mouvement d'emportement, alors que l'attitude négative du boudeur exaspère encore davantage.

Ces mots font image, et prouvent bien notre thèse.

***

Quand l'enfant, ainsi gourmandé, s'isole et se renferme en lui-même, il se place en face d'une mauvaise compagnie : il ronge le frein, médite des projets

de vengeance, et prépare sournoisement des représailles.

Une *heure* de bouderie lui fait plus de mal, que
ne lui feraient de bien les bons exemples d'une
semaine entière.

CHAPITRE TROISIÈME

COMMENT ON ÉVEILLE LA GAIETÉ CHEZ L'ENFANT

Une objection fort répandue nous barre le passage.
Commençons par y répondre.

« On ne peut pas, dit-on, changer le tempéra-
« ment des enfants; les uns sont gais, les autres
« sont tristes, tout dépend des natures.

Le propos est exact si l'on parle d'individus *déjà*
formés : la réforme étant œuvre ingrate, sinon irréalisable.

Mais ce que nous ne saurions admettre, c'est qu'il
n'y ait pas moyen de modifier très profondément
les caractères, si l'on s'y prend *de bonne heure.*

Là est toujours le vrai secret de l'éducation, et sa
grande efficacité : s'y prendre a temps.....

L'habitude n'est-elle pas une seconde nature?

Et si la continuité des influences modifie l'homme
et le transforme, à plus forte raison cette action est-
elle rapide et profonde quand elle s'exerce sur de
jeunes sujets.

***

Pour stimuler la gaieté, on observera ce qui, de

préférence, est susceptible de faire naître le rire chez l'enfant.

Croire le distraire avec ce qui nous semble particulièrement gai, est une erreur.

Chacun ne juge pas, ne ressent pas de la même manière. L'un se pâme à la vue d'une contorsion ; un autre se déride plutôt grâce à une idée joyeuse....

Recherchons donc, avant tout, quelle est la chose qui excite le rire ; puis, une fois cette remarque faite, engageons l'enfant à renouveler la réflexion, la plaisanterie, l'innocente gaminerie qui engendre son hilarité ; et par mille moyens ingénieux, aidons à cette petite manœuvre.

* * *

Ainsi, au lieu de prétendre l'égayer avec les drôleries de notre invention, *rions de celles de son choix* ; provoquons-les, attachons-y grand intérêt ; feignons, si besoin est, de trouver l'idée charmante et amusante comme nulle autre ! et, à n'en pas douter, l'enfant répétera sa naïve comédie pour faire rire : afin d'y parvenir, il rira lui-même.

C'est infaillible !

Et pour peu qu'on s'y prête en rien, la gaieté transmise, deviendra bientôt gaieté acquise.

* * *

Certaines natures sont si tristes au dedans, si « raides » au dehors, qu'il est très utile de les assouplir d'abord par l'activité musculaire.

Les danses, rondes, sauts, courses, sont la meilleure préparation qu'on puisse recommander, car l'homme est un composé *binaire*, corps et âme, ne l'oublions pas.

Un excellent moyen d'employer cette activité des enfants, consiste à *se faire aider* par eux dans un travail utile..., ou imaginé tel. Rien ne les flatte plus que cette collaboration, qui les rend sérieux et heureux tout ensemble.

Il est bon encore, si un enfant est absorbé, chagrin ou boudeur, de lui poser subitement une question se rattachant à un ordre d'idées qui l'intéresse...

Plus la transition sera brusque, complète; mieux cela vaudra pour ranimer la gaieté endormie.

CHAPITRE QUATRIÈME.

LES CAUSES DU RIRE CHEZ L'ENFANT

Il est beaucoup moins commode de définir la cause du rire, que d'en ressentir les effets. Chez l'enfant, cette cause est généralement physique : c'est la mimique, la mise en scène qui le déride de préférence.

La gaieté lui entre plutôt *par les yeux*.

Pour l'homme au contraire, c'est le contraste, l'idée comique, le disparate dans les sentiments ou dans les situations qui amène le rire.

On ne surprend pas souvent l'enfant riant seul, en *à parte*, c'est-à-dire s'attachant à une *idée*.

Non, la figuration des choses par ce moyen, manquerait pour lui d'énergie et de consistance : sa jeune intelligence est trop superficielle pour cela.

Mais, chez l'homme, la gaieté vraie, est plutôt celle qui naît d'une particularité se ravivant, ou d'une image inopinée se découpant nettement dans le ciel des souvenirs...

A ce tableau, embelli par les décors d'une imagination enchanteresse, l'homme se complaît délicieusement : la vérité lui semblerait moins plaisante que l'imagination ! Il entrevoit un idéal, et lui sourit, en oubliant la réalité.

Le contraste, disions-nous, est le principe générateur du rire ; en sorte que si deux contrastes s'additionnent, se surajoutent, alors, on subit un entraînement irrésistible.

... On rencontre un vieux fat marchant d'un air solennel et prétentieux. Tout à coup ! le pied lui manque, et, sans trop se blesser, il tombe sur le trottoir... On l'avait vu glorieux il y a une seconde ! et le voilà maintenant par terre, dans une attitude aussi grotesque qu'insolite.

Cette opposition entre la vanité du héros et sa mine piteuse, produit le rire.

Témoin de la scène, évèque ou magistrat, enfant ou vieillard, homme enjoué ou grave : on rira.

(S'il s'agissait d'un cheval, chacun s'écrierait avec compassion : « Oh ! la pauvre bête ! »)

⁎

Puis, cette envie de rire, va être elle-même combattue par un autre sentiment succédant à l'impression première : « Je ris ! mais vraiment, pensera-
« t-on, ce pauvre Monsieur a reçu là une violente
« commotion ; il aurait pu même se donner un
« coup mortel... ! C'est stupide de rire parce qu'un
« brave homme a risqué de se casser la jambe,
« ou de s'ouvrir le crâne en faisant une chute !
« Certes, si j'étais à sa place, je serais furieux, et je
« trouverais le monde bien méchant... ! etc... »

Oui, on se dira tout cela ; et, plus on insistera sur ces sages pensées, plus le rire deviendra intense, maladif.

Alors, le contraste entre cette gaieté absurde et l'accident qui la produit, va décupler l'hilarité...

On se battrait de rire ainsi...; et l'on « se « tord ».

***

...Il y a là un spectateur narquois, qui se moque plus que personne de la culbute du passant, « de sa bonne tête, » comme il dit ; quand soudain, il glisse à son tour, juste au moment où il plaisantait les autres, et s'amusait de leur maladresse.

Le rire des assistants augmentera, à raison de cette nouvelle opposition entre les sarcasmes du second Monsieur, et ses mésaventures personnelles. Mais ce serait bien pis encore, si l'incident se passait dans un lieu où la gravité et le recueillement s'imposent...

On le voit, cette série d'épisodes est fondée sur le *contraste*, le père du rire.

***

Le même phénomène se produit chez l'enfant dans des conditions qui semblent différentes, mais qui, philosophiquement parlant, sont identiques.

Au regard de celui-ci, les parents sont des personnages graves, sages, qui évitent de rien faire de maladroit.

Par suite, une bévue paternelle provoquera chez lui, par opposition, une folle gaieté, une joie sans mesure.

Que le papa casse une assiette ; que la maman renverse un verre sur la table... et la petite maisonnée « rugira » de bonheur, sautera, applaudira, dansera, et se pâmera d'aise !

Aussi est-il sage à un père de ne point se donner pour impeccable : il risquerait trop, d'être réfuté et confondu sur l'heure.

***

D'après Aristote et Cicéron c'est la laideur physique qui est risible.

La définition est-elle restée vraie ?

Un orateur de club, dont les phrases prud'hommesques et les périodes à effet, alternent avec des *ouirs* renforcés, est pour l'homme de goût souverainement comique, en dehors de toute idée de laideur. « Messieurs, je ne suis point *z*orateur... ! » restera toujours un mot comique de la meilleure marque.

... Un colonel, gourmande un de ses hommes qui, dans un engagement périlleux, semble désirer rejoindre... les lieux qui l'ont vu naître, ou se dissimuler dans un fossé: « Que fais-tu, misérable ! « Où vas-tu ? » — « Mais, mon colonel! ils me tirent dessus, » répond la jeune recrue à son chef, que le rire désarme...

Où donc est la laideur en tout ceci ?

Je préfère la définition de Pascal : « Le risible, c'est la disproportion ; ou encore celle de Kant : « Une attente déçue. »

En somme, ces idées sont germaines de la théorie des contrastes, précédemment signalée.

***

L'auteur de la *Grande Bohême*, raconte l'histoire d'un riche agent de change qui, étant allé promener son petit garçon, fut fort surpris de le voir lui quitter la main, entrer dans une cour, poser sa casquette par terre, et entonner d'une voix pitoyable et traînante la lugubre romance des *Feuilles Mortes*... Informations prises, l'agent de change ne tarda pas à savoir que, dans le but d'augmenter ses gages l'ancienne nourrice avait trouvé lucratif de louer, pour aller chanter dans les carrefours, le pensionnaire qui lui avait été confié...

Vraisemblance à part, c'est bien au contraste seul des situations, que l'anecdote emprunte sa gaieté ; sans cela, la scène du petit mendiant ferait plutôt monter les larmes.

Eh bien ! puisque le rire résulte des oppositions, découvrons celles qui plaisent à l'enfant..., et nous ferons naître l'enjouement *à notre gré.*

CHAPITRE CINQUIÈME

LA JOIE, D'APRÈS LES TEMPÉRAMENTS

Le tempérament, remarque le docteur Belouino, influe beaucoup sur la joie.

Ainsi, les enfants *sanguins*, doués d'une excessive mobilité d'impressions et prompts à saisir les événements, se livrent volontiers et sans réserve à la joie ; mais ils ne l'éprouvent pas très vivement. Tout est superficiel chez eux.

Les *bilieux*, poursuit l'auteur du traité des Passions, plus défiants que les sanguins, plus scrutateurs et s'excitant en général moins facilement, demandent pour se réjouir des raisons plus puissantes ; ils ont une joie vive et durable.

Les *nerveux*, sont excessifs. Leur joie déborde impétueuse, comme leur douleur. Les motifs, les plus légers, les plus bizarres, les moins fondés, engendrent la gaieté capricieuse des enfants de cette constitution.

Les *lymphatiques* ressentent-ils ce sentiment ? Souvent il est difficile de lire à travers l'épaisse enveloppe de leur cœur ; et s'ils sont satisfaits, il est rare que la félicité intérieure illumine de clartés bien vives leur physionomie impassible.

Ils ont des contentements, mais non précisément de la joie.

. Les *mélancoliques*, éprouvent cette émotion quand ils y sont en quelque sorte forcés : il faut qu'elle prenne pour ainsi dire leur âme d'assaut. Ils semblent faits pour vivre dans la tristesse, comme le hibou dans les ténèbres; et quand ils sont heureux, ils sont toujours un peu mécontents d'eux-mêmes.

La joie est chez eux un phénomène insolite, qui ne se montre qu'à de très rares intervalles.

***

Telles sont les appréciations de ce docteur, qui, au point de vue *médical*, fait ainsi l'apologie du sentiment dont nous parlons :

« La joie entretient la santé de l'enfant, facilite
« la digestion, fortifie le corps et l'empêche de res-
« sentir la fatigue. Quand naît la joie, la nutrition
« se fait mieux, les vaisseaux sont plus remplis ;
« sous l'excitation d'un sang fortement hématosé
« par une respiration puissante, les exhalants fonc-
« tionnent avec aisance, et il est constant que les
« absorptions sont plus riches et plus faciles. Dans
« ces conditions, le sang ne séjourne pas dans les
« grands organes, et les affections qu'on nomme en
« pathologie obstruction et congestion, ont moins
« de prise sur l'organisme. »

Mais la gaieté est surtout la *santé morale* de l'âme enfantine : elle la maintient dans une douce sérénité et dans une quiétude bienfaisante.

Plus un cœur est dilaté par la joie, *plus il y a place pour la bonté et la tendresse.*

***

Un observateur, qui est peut-être un philosophe, a posé des règles qui permettraient, d'après lui, de reconnaître le caractère des enfants par leur *rire.*

Autant de rires que de voyelles :

« Les enfants qui rient en A, sont francs et bruyants.

« Le rire en E, est propre aux mélancoliques.

« L'I, est le rire habituel des personnes naïves, « serviables, timides, irrésolues : d'après l'auteur, « c'est le rire des blondes (?)

« L'O, indique la générosité et la hardiesse.

« Évitez comme la peste, ajoute-t-il, ceux qui rient « en U ; c'est la note des avares et des hypocrites. »

Il y a une part de vérité dans les règles précédentes, curieuses en dépit de leur exagération.

LIVRE SIXIÈME

IDÉES DE L'ENFANT SUR LE BONHEUR

CHAPITRE PREMIER

LA MESURE DU BONHEUR

Les contrariétés auxquelles le corps, l'esprit et le cœur de l'enfant se heurtent dans la vie, semblent à son inexpérience autant d'anomalies inadmissibles et intolérables.

C'est qu'il a le sentiment très profond, très convaincu des avantages du *bien-être*. Il a assez vécu pour l'apprécier; aussi est-il porté à baser ses raisonnements sur ce principe qui lui paraît des plus naturels : « Cela me gêne : donc, cela ne doit pas être. »

Et en jugeant de cette manière, l'enfant suit la logique de l'instinct.

Le père devra donc se hâter de suggérer une conviction tout opposée, à savoir : que la volonté et la liberté de chacun PEUVENT être entravées; et qu'en certains cas, elles DOIVENT l'être nécessairement: la loi du bon plaisir étant une exception, aussi rare que peu durable.

***

En esquissant la silhouette du *baby* de trois ans, nous avons dit que la première notion morale à éveiller chez l'enfant, après l'idée de Dieu, et dès que l'intelligence le permet, c'est un sentiment de joie profonde et de gratitude vraie pour les biens dont il jouit, et dont tant de familles ne sont pas favorisées.

***

Entrons en effet dans la pensée de l'enfant; tâchons de bien nous mettre à sa place et de ressentir, ou du moins de pressentir les émotions qui touchent sa jeune âme.

Or, quelle est *la somme de bonheur*, que la vie peut donner....? Quelle est d'autre part la mesure des contradictions, quel est *le nombre des chagrins* et des obstacles qui viennent à la traverse de nos volontés et de nos vœux ici-bas...?

L'enfant l'ignore !

Il ne peut point le deviner, même approximativement. Il ne sait rien; ou plutôt il ne sait qu'une chose : c'est qu'il n'aime point souffrir.

***

En dehors de cette notion, il n'appréciera les êtres et les événements, *que d'après l'éducation qu'il recevra*.

L'expérience elle-même, ce facteur si utile des progrès humains, ne fera son œuvre que plus tard ; c'est-à-dire quand l'esprit de l'enfant aura été façonné par les impressions premières : celles qui demeurent.

***

Voilà pourquoi nous avons écrit en toute vérité, qu'un enfant comblé des faveurs de la fortune, entouré des tendresses familiales les plus vives, et des soins vigilants de domestiques dévoués, *peut très sincèrement se croire malheureux comme aucun*, si l'on n'obéit point à une petite fantaisie à laquelle il attache un prix infini, surtout par esprit d'opposition.

N'essayez pas de lui offrir en compensation un cadeau dix fois plus cher.

Il ne l'appréciera pas ; il le rejettera même avec indifférence ou colère.

Il a incarné en quelque sorte le bonheur dans la chose convoitée : rien ne saurait la remplacer.

***

La vérité est que l'enfant désire bien plus obtenir la soumission paternelle, que la jouissance effective du bibelot qu'il réclame ; à tel point que si le père cède, l'enfant se tiendra pour satisfait, et dans l'instant, ne songera même plus à ce qui, à l'en croire, devait « tant l'amuser » !

Ici, il se comporte en vrai philosophe. Oui, cet

incident, futile en apparence, a néanmoins une importance considérable, parce qu'il s'agit de savoir qui aura *le dernier mot*, en fin de compte.

Et l'enfant sent, à n'en pas douter, que si on lui refuse un objet quelconque, tout le reste peut lui échapper également...

*
* *

Il n'est donc pas *sot*, comme on le suppose, quand il se montre tenace et obstiné pour des vétilles. Au contraire, il fait preuve en cela d'un sens pratique des plus profonds, et des plus remarquables.

C'est une question de principe qui se débat; et il y attache une importance extrême : le jouet n'est qu'un prétexte.

On voit par ce qui précède, qu'il faut *au plus tôt* inculquer à cette jeune âme un certain nombre de *vérités premières* et générales, qui lui feront comprendre ce qu'il est; — ce qu'il importe qu'il soit; — et ce qu'on attend de lui.

Pratiquement, et au moyen d'exemples faciles et quotidiens, il convient d'apprendre à l'enfant :

— Que la vie est bien plus une épreuve qu'une jouissance... Qu'ici bas, le plus heureux est celui qui souffre le moins, et qu'aucun bonheur n'est sans mélange...

— Que la vertu implique le mérite, et qu'il n'y a pas de mérite sans privation...

— Que le sacrifice est nécessaire, et la lutte inévitable...

— Que les œuvres, dans l'ordre moral, valent ce qu'elles coûtent... Que selon un mot célèbre : on entre dans la vie sans le demander, comme on en sort sans le vouloir...

— Que le succès est rare, et l'ingratitude fréquente...

— Que pratiquer la bienfaisance est un devoir strict, dès que la Providence nous donne un peu plus que le pain nécessaire ; qu'enfin, chacun sans distinction, doit être charitable...

— Que le travail est la grande loi de l'humanité ; et qu'on n'est pas dispensé du labeur, parce que le Ciel a permis que notre journée fût payée d'avance...

— Que le riche doit aider au pauvre, et le pauvre ne point jalouser le riche ; que l'aumône doit être une joie pour celui qui donne, comme elle en est une pour celui qui reçoit...

— Qu'il faut être « indulgent au coupable, mais intolérant à la faute », autrement dit : que la barre de fer des principes doit être entourée de velours divers, qui s'appellent : la bienveillance, la bonté, la charité...

— Que l'agitation n'est pas l'activité, ni la gravité le sérieux ; et que « l'esprit » est seulement la mousse de l'intelligence...

— Qu'il n'est ni sage, ni juste de se croire autorisé à s'accorder toutes les jouissances, *parce qu'on a le moyen de se les payer ;* que ce principe funeste engendre l'Égoïsme qui dessèche le cœur, la Vanité qui gâte l'esprit, et la Mollesse qui affaiblit le corps...

...Sans doute, est-il besoin de le signaler, ce n'est pas en exprimant dans leur formule les axiomes pré-

cédents, que l'on persuadera l'enfant ; c'est plutôt
EN S'EN INSPIRANT SOI-MÊME, pour le diriger en conséquence.

***

Votre *baby* trépigne, se livre au désespoir parce
qu'il est incapable de réaliser ce qu'il souhaite...

Appelez-le, pour lui demander de vous aider à
repousser le mur qui vous gêne et que vous êtes
bien résolu à déplacer ; faites effort avec lui, et
constatez en sa présence qu'il y a des entreprises
matériellement irréalisables, en dépit des cris, de la
rage et des emportements... Cette démonstration, ou
toute autre de ce genre, sera pour lui une leçon
profitable qui l'obligera à réfléchir.

***

Autre exemple.

Il y a urgence à extraire telle dent de l'enfant...

Le mieux serait de faire appel à son énergie, de
lui demander une preuve de virilité, d'invoquer la
nécessité de la douleur, peut-être même le sentiment
supérieur de la souffrance volontaire, toutes idées
qui font des hommes.

Dans un autre système, on promettra à l'enfant
quarante sous de récompense...

Mais qu'arrivera-t-il, s'il est plus lâche que cupide ?

On mettra l'enchère : trois francs, cinq francs...!
On le harcèlera pendant huit jours ; puis, après une

scène de famille, on le conduira par ruse ou par force chez le dentiste.

On lui avait offert un marché ; il était libre de ne point accepter.

Autant valait commencer par le convaincre de cette double nécessité : la résignation, et l'obéissance.

CHAPITRE DEUXIÈME

L'OPTIMISME

Nous avons exprimé plusieurs fois cette pensée : qu'inspirer à l'enfant un heureux optimisme, une louable tendance à voir de préférence les choses sous leur beau côté, était lui rendre un service signalé.

Laissons les ingrats répéter sans cesse que les roses ont des épines ; pour nous, réjouissons-nous plutôt de trouver sur des épines... des roses !

Ceci nous remet en mémoire une aimable anecdote que le lecteur lira avec intérêt : le héros n'est autre que le célèbre aumônier, M. l'abbé Crozes.

Il venait de recevoir sur l'épaule une bouillotte d'eau froide, qu'une femme, en arrosant ses fleurs, avait laissé choir d'un premier étage. « Ah ! vraiment je suis bien heureux ! » s'écria-t-il — « Comment heureux ? » — « Oh oui ! reprit-il vivement, pensez donc ! *j'aurais pu* être coiffé d'une marmite d'eau chaude, tombant d'un sixième ! »

Le mot mérite d'être conservé.

Impossible de pousser plus loin la bienveillance de l'esprit. C'est une leçon à retenir et à méditer : elle renferme plus de philosophie qu'un long traité didactique.

Cette importante notion de la contingence et de la fragilité du bonheur, inculquée à l'enfant, suppose préalablement chez les parents des opinions et des convictions personnelles analogues. Or, un sentiment inné, nous porte tous à priser de moins en moins les faveurs et les bien dont nous jouissons, au point de n'en avoir même plus conscience, au bout d'un certain temps : *assiduitate viluerunt.*

***

Prenons encore un exemple :

Une pauvre mère (je ne dis pas une mère pauvre), racontait devant nous ses chagrins et ses inquiétudes : son cher *baby* est gravement malade, — on le veille jour et nuit, — il y a eu plusieurs consultations des premiers médecins,— on espère le sauver; — mais à condition de le conduire passer l'hiver dans le Midi, de quitter par conséquent son foyer et ses habitudes dans l'intérêt du petit malade : — que de préoccupations et d'angoisses !

Quoi de plus respectable, je le demande, que ce langage ! quoi de mieux justifié que ces plaintes !

Cette digne femme ne voyait que ses tourments qu'elle jugeait sans pareils : le plus grand malheur étant toujours celui qui nous frappe !

Cependant, songeons qu'il est d'autres mères qui n'aiment pas moins leur enfant, et qui n'ont pas l'argent nécessaire pour acheter les médicaments ordonnés...; pour faire le voyage d'où dépend peut-être la vie de leur fils...; pour provoquer ces consultations des maîtres de l'art ; et qui doivent se contenter des soins gratuits d'un jeune débutant inexpérimenté ou téméraire. S'imagine-t-on le déchirement de ces mères se disant : « Ah ! si j'avais un bon médecin ! si j'étais assez riche pour payer tel traitement, telle opération..... ! *il* serait sauvé, j'en suis sûre ! »

Pouvoir faire « le nécessaire », serait pour elles un *bonheur*, en comparaison de la douleur poignante qui les étreint !

Souvent même, ne devront-elles pas abandonner le cher malade aux soins d'une voisine charitable, parce qu'il leur faut se rendre à l'atelier ou à l'usine pour y gagner quelques sous, pendant que le petit être blêmi et presque sans souffle, râle sur des guenilles entassées, et dans un air qui suffoque !

**

Non, rien de plus relatif que le bonheur, et que l'idée qu'on s'en fait...

Qu'on en juge :

— Le fils d'un financier de nos amis, qui n'avait jamais été transporté que dans le « coupé » paternel, s'écriait un jour : « Quelle chance ! nos chevaux sont « malades. Voilà plus d'un an que je demande à « petit père de me conduire en *omnibus* : si tu savais « comme je suis content ! »

— La fille de la duchesse de T... avait reçu pour le jour de l'an une dizaine de poupées, autant de boîtes de chocolat, et une quantité de jeux divers amoncelés dans l'angle de sa chambrette. Aucun ne l'amusait : elle ne trouvait même plus plaisir à les démonter ni à les désarticuler.

« Chérie ! lui dit un jour sa mère, as-tu réfléchi à
ce que je pourrais te donner à mon tour ? » — « Oui,
maman. » — « Tu désires un joli jeu de patience, je
gage : tu n'en as point encore, que je sache ? » — « Oh
ce n'est pas amusant du tout. » — « Une lanterne
magique, peut-être ? » — « Non, pas cela... » dit-elle
en rougissant. » — « Quoi alors ! ma mignonne ? »
— « Eh bien !... » — « Mais parle donc ! » — « Eh
bien... ! je voudrais avoir une patte de lièvre comme
celle qui amuse tant la petite concierge... »

Nous avons connu des pauvres qui disaient avec
reconnaissance : « Mon mari gagne maintenant cinquante sous par jour, nous ne sommes plus malheureux. » Et nous avons entendu aussi des gens opu-
lents qui répétaient avec amertume : « J'ai à peine
« mis 10,000 fr. de côté cette année : c'est déplo-
« rable ! »

⁂

Pères et mères qui voulons former le cœur de nos
fils, pensons à ces choses, comprenons-les bien ! et
nous éprouverons une immense indulgence pour les
indigents, alors même qu'ils nous sembleraient révoltés ou méchants.

Certes, ils ont grand tort de s'aigrir dans leurs
cruelles épreuves.. ; ils ont tort de n'être point des
héros de vertu !

Mais, à *leur place*, que ressentirions-nous ? que
ferions-nous ? que dirions-nous ?

... Telle est l'austère question qu'il faut savoir se
poser avec courage, indépendance et loyauté.

CHAPITRE TROISIÈME

LE BIEN-ÊTRE

Les parents agiront sagement en habituant leurs enfants à un régime, UN PEU AU-DESSOUS du rang social que leur condition ou leur fortune autoriserait à ambitionner.

Cela s'appelle : faire moins de feu qu'on n'a de bois.

Pour l'amour-propre, ce sera un petit sacrifice; soit! mais l'intérêt des enfants nous y convie.

C'est le seul moyen de réagir contre cette espèce d'enchère de vanité et de faste, que CHACUN dans le monde dénonce avec ardeur et blâme sévèrement, tout en ne changeant RIEN à ses habitudes somptueuses.

***

Oui! le luxe est deux fois pernicieux : il entretient l'orgueil, cet ennemi juré de la Charité, et il irrite le pauvre.

Je parle, bien entendu, du luxe excessif, celui de pure gloriole qui apprend le gaspillage, et dissuade de la bienfaisance.

Il provient d'une augmentation imperceptible, mais incessante, dans les dépenses vaines.

Peu à peu, insensiblement, de l'aisance, on passe au bien-être; du bien-être, au luxe; du luxe, à la prodigalité, pour tomber enfin dans l'égoïsme.

Et comme la tendance naturelle est de dépasser et de surpasser les autres, nos enfants auront, tenons-le pour certain, le désir de s'accorder ce que leurs parents ne se permettent pas eux-mêmes.

Si l'on n'y prend garde, ils achèteront l'inutile, selon le mot de Franklin, au risque de manquer ensuite du nécessaire.

Or, c'est la règle inverse qu'il faut suivre, puisque la fortune paternelle se divisant entre les fils, leur condition pécuniaire semble destinée, en principe, à *se réduire* de plus en plus.

Assurément! il convient de tenir compte des convenances, du milieu, et de la position acquise, car ce n'est pas en dépensant beaucoup, mais en dépensant TROP qu'on se ruine. Tel qui a cinq mille livres de rentes et qui en dépense six, est un imprudent; tel autre qui en a cinquante mille, et en économise dix, est un bon administrateur : tout est relatif.

Cependant, si personne ne commence à donner l'exemple de la simplicité et de l'économie, jamais on ne réduira le faste contre lequel on déclame PARTOUT, sans réagir NULLE PART.

***

Ah! persuadons à nos enfants que le vrai mérite, le talent et la vertu sont modestes et savent se pas-

ser des « colifichets de l'orgueil »; persuadons-leur
que si quelques-uns marchandent leur amitié, ou
plutôt la proportionnent à la pompe dont on fait éclat,
il importe de rompre sur-le-champ ces relations
néfastes.

En effet, (et ceci est bien remarquable !) il suffit de
deux ou trois personnes amoureuses du luxe, pour
entraîner tout un groupe de familles dans de folles
dépenses, alors que l'on mesure chichement le pain
à d'affreuses misères.

Voilà de ces amitiés qu'il faut « déchirer » et non
« découdre ».

Oui ! fuyons ces faux amis que l'on peut appeler
à juste titre : la mauvaise compagnie de la bonne
société ; car il faut une résolution peu commune, et
une énergie fortement trempée, pour résister à ces
tentations qui touchent aux fibres les plus sensibles
de l'humanité : le respect humain et la vanité. L'é-
loignement est le seul remède.

**

Un peu partout, on apprend aux enfants que la
société se divise en riches et en pauvres.

Pareille classification exalte les premiers et rend les
seconds jaloux. Tâchons, vis-à-vis de nos enfants,
d'établir *autant que possible* la division suivante,
autrement sage : les honnêtes gens d'un côté,
riches ou pauvres ; et... les autres.

Nous disons « autant que possible » : en effet, il y
a des distances à observer et à conserver ; et la
charité, si large soit-elle, n'a jamais fait un devoir

de méconnaître les bienséances, non plus que la hié-
rarchie sociale.

Mais il n'en est pas moins vrai que, fréquemment, on accepte d'entrer en relation avec des individus qu'on n'estime point ; on les tolère, parce que leur
position est réputée équivalente à celle que nous
occupons nous-mêmes.

Ne rencontre-t-on pas dans les salons des hommes
qui, indigents , eussent été rayés des listes de
secours, comme ne méritant aucun intérêt à raison
de l'irrégularité de leur vie...?

***

En général, dans le monde, on juge les pauvres
d'après les fainéants valides qui exploitent la bienfaisance publique, au lieu de travailler ; ou encore,
d'après les meutes turbulentes et haineuses qui
dressent les barricades dans la rue.

Ce ne sont point là les *vrais* pauvres, c'est-à-dire
ces indigents timides, malades ou découragés, qui,
loin de menacer et de solliciter, se cachent, s'isolent,
et qu'on ignorerait si on n'allait point à eux : il en est
des milliers dans Paris !

Un mendiant n'est pas toujours un malheureux ;
et le plus digne pauvre, est justement celui qui n'ose
mendier.

Ces utiles distinctions prouveront que la charité
elle-même, veut la mesure, le calme et la réflexion,
et non la précipitation et les effarements d'une sentimentalité exaltée ; et en second lieu, qu'il ne faut

rien faire en dehors des conseils des parents.., pas même l'aumône !

Et si nous voulons évoquer des sentiments supérieurs, nous ajouterons que, distribuer des bons de pain, c'est pratiquer *la bienfaisance ;* tandis que se priver d'un jouet ou d'un gâteau pour en consacrer l'argent aux pauvres, c'est exercer *la charité*, la plus excellente et la plus féconde des vertus !

Donner n'est pas *se donner* [1].

Certains se croient quittes envers leur conscience et envers les malheureux, quand ils ont dit avec une fausse émotion : « Moi, je ne peux pas voir ces choses-là ! »

Est-ce pitié? Nullement, mais 'égoïsme pur : ils ont peur d'être touchés, pour surtout d'être généreux...

*** *

Qu'il faudrait de temps à l'enfant pour arriver par l'expérience seule, à se rendre compte quelque peu de la condition humaine !

... Nous rendons visite à une famille excellente, digne entre toutes.

Bientôt, on ouvre la porte du salon... Le domestique entre, et présente cet humble livret de toile noire que les âmes charitables connaissent bien, pour le voir souvent.

Il s'agit cette fois de donner une offrande en faveur des pauvres poitrinaires.

---

1. Dans son beau rapport à l'Académie « sur les prix de vertu », Mⁱ Rousse, avec autant d'esprit que de justesse, appelle la bienfaisance : la charité à distance.

La jeune fille de la maison fait observer à sa mère que, dernièrement, sa charité a été sollicitée par les mêmes quêteuses. Elle a raison d'avertir ; mais pendant que sa mère tâche de découvrir une poche... introuvable, et d'en fouiller les profondeurs pour en extraire une modeste pièce d'or, la jeune fille, insouciante, ajoute cette réflexion: « On ne peut pas « non plus donner toujours à la même œuvre! »

Et la mère se ravisant répond : « Eh bien! dites que j'ai déjà souscrit... »

Et la religieuse est lestement éconduite....

Était-il dur, impitoyable, ce cœur de seize ans?

Non pas! mais on était en train de décider la mère à organiser un bal pour le mois suivant : on lui livrait assaut avec le concours de deux ou trois amies déterminées. Il fallut capituler ; et, dans l'instant d'après la maman promit enfin la fête demandée, tout en déclarant qu'elle était résolue à ne dépenser qu'un billet de mille francs...

✻✻✻

Or, ce qui nous a surtout frappé en cette circonstance, c'est de constater combien les deux décisions, presque simultanées, semblaient également *naturelles* à cette pauvre enfant, qui n'avait pas appris à réfléchir, ni à comprendre.

En vérité! c'était tristesse de voir cette bonne jeune fille ainsi distraite ; oui, distraite! car on devinait bien que le cœur n'y était pour rien.

Charmante *Froufrou!* que pouvait-elle connaître de la vie? Était-ce donc sa faute...?

Discrètement, tout en poursuivant la conversation, nous trouvâmes moyen de lui faire savoir que dans ce touchant hospice, où les âmes semblent à moitié détachées d'un corps chancelant et diaphane, mille francs représentaient le prix des médicaments nécessaires à 30 de ces frêles pensionnaires, dont le souffle haletant et spasmodique expire graduellement la vie, jusqu'à l'heure du grand sommeil!

... Avant même la fin de la phrase, il était facile de deviner que nous avions été compris.

« Ah! si j'avais su! » dit-elle tout bas, avec une noble et sainte émotion mal contenue...

Délicate nature au fond, bonne, aimable, *elle ne savait pas!* le mot est exact.

Bientôt, on le pressent, on apprit que le bal était contremandé....

Ce jour-là, les jeunes poitrinaires ont-elles reçu une belle charité anonyme?

Je n'en sais rien....; mais j'en suis sûr!

CHAPITRE QUATRIÈME

LES PETITS PHARISIENS

Mes chers amis, devons-nous dire à nos enfants, gardez-vous bien de vous croire vertueux parce que, grâce à votre naissance, grâce à votre famille, et à la vigilance dont elle vous entoure, les fautes ou délits vulgaires ne vous attirent pas.

Il n'y a *vertu*, que s'il y a *tentation* et lutte, pour résister aux sollicitations du mal...

Or, est-il donc si héroïque de ne point vouloir dérober un petit pain, quand on sait avoir le soir un gros gâteau succulent...? Est-il donc si admirable d'être laborieux, quand on se livre à un travail choisi et délicat, alors que l'ambition légitime de parvenir, le besoin de se maintenir à un certain rang et de ne pas déchoir de celui où la Providence nous a placés, en font en quelque sorte, une obligation purement sociale...? Enfin, est-il donc si méritoire de ne point commettre de violences, quand le Code pénal et celui des bienséances nous *obligent*, en dehors de toute vertu, à contenir notre impétuosité naturelle et à tempérer la virulence de notre langage?

Nous profitons en cela des fruits de l'éducation reçue.

Les résultats ne sont point notre œuvre : ils sont bien plutôt acquis, que conquis.

S'il en est ainsi, enfants ! comprenez que vous êtes tenus de faire *beaucoup plus*, et BEAUCOUP MIEUX que celui qui, sorti d'une souche vulgaire, devra, pour arriver aux *simples convenances*, faire des efforts aussi énergiques que persévérants, en vue de réformer une première éducation mauvaise...

Ah ! soyons très indulgents aux pauvres, à peine d'être bien injustes à leur égard !

Il n'est pas si merveilleux que nos fils soient mieux surveillés que les leurs, puisque nous avons des serviteurs pour nous y aider...

***

Ce n'est point parce qu'on est favorisé par les circonstances, ou doué par la nature, que l'on est méritant ; mais uniquement parce qu'on S'EST DONNÉ DE LA PEINE pour être meilleur.

Que serait-on, soi, si l'on avait été placé dans le milieu corrompu où ceux que l'on blâme, avec raison, ont été élevés ? Vaudrait-on mieux ?

***

Si donc un bon entourage suffit à préserver, tout naturellement et sans effort, l'enfant bourgeois contre les tentations d'improbité et contre les violences physiques, c'est un bonheur pour lui, une faveur; mais il n'a point lieu de s'en glorifier.

Au contraire, telles fautes, tels manquements, sans portée considérable socialement parlant, ont chez nos enfants une véritable gravité, car ce sont les tentations *propres au monde auquel ils appartiennent.*

***

Développons cette pensée, tout en prévoyant que certains esprits la jugeront excessive.

Le petit pauvre, qui, élevé dans une atmosphère pernicieuse et pressé par la faim commettrait un délit pénal, un larcin, disons le mot, serait peut-être moins coupable en conscience qu'un enfant riche, se montrant plein de morgue et d'insolence à l'égard des malheureux, ou prenant l'habitude de critiquer sans pitié et de ridiculiser sans cesse.

La responsabilité morale n'est-elle pas très positivement proportionnelle à l'intelligence que nous avons de nos devoirs?

Ah! comme il est facile de déclamer contre les erreurs des autres, quand on ne manque de rien : on est si fort alors! Comme il est commode de se décerner glorieusement les palmes du triomphe, alors que l'on n'a pas même combattu!

Certes, on est libre de penser autrement que nous ne le faisons ici.

Mais ces enseignements sont ceux que nous rappelons à nos enfants : c'est la meilleure preuve de l'énergie de nos convictions dans cet ordre d'idées.

Plus on a reçu, plus on a de comptes à rendre.

En laissant ses fils grandir sans jamais leur fournir l'occasion d'entrevoir les foyers indigents, on leur
cache une grande partie de l'humanité, tout en se
privant d'une des influences les plus moralisatrices
qui se puissent rencontrer.

LIVRE SEPTIÈME

PERCEPTIONS, FACULTÉS ET SENTIMENTS DE L'ENFANT. — L'ÉDUCATION AU BERCEAU

CHAPITRE PREMIER

PREMIÈRES PERCEPTIONS ET PREMIERS SENTIMENTS

S'il est vrai que, dès les premiers mois de son existence, l'enfant est capable de ressentir des perceptions diverses et de prendre certaines habitudes, (ce qui n'est point contestable), il y a lieu d'en conclure, que l'éducation commence réellement *au berceau*.

Consultez les mères, et toutes diront que les conditions du sommeil ou de la nourriture, aussi bien que les procédés employés et le choix des heures, contribuent pour beaucoup à constituer le caractère même de l'enfant encore à la mamelle.

Une réglementation appropriée modifie la nature. Nous ne parlons pas, bien entendu, des cas exceptionnels.

***

L'homme est l'esclave de nécessités inéluctables, impérieuses, qui résultent de sa condition même.

L'amour du bien-être développera encore cet instinct précoce. Toutefois la mollesse, le luxe, et une tendresse mal comprise, engagent nombre de parents *à multiplier inutilement les besoins de l'enfant.*

Ils oublient, qu'ici encore, le mieux est l'ennemi du bien.

Est-ce que le fils du laboureur qui ne connaît pas les délicatesses du « confort », est moins vigoureux que le petit citadin ?

Est-ce que le cénobite qui mange à peine de viande, n'a pas une longévité plus grande que celle relevée pour les autres catégories sociales ? Les statistiques sont là...

Hélas ! la bonne chère a tué plus de monde, que l'indigence n'en a laissé mourir !

Sur 8200 Français, agés de 80 à 100 ans au jour de leur décès, 418 seulement vivaient dans l'aisance : la pléthore est encore plus meurtrière que l'inanition.

***

Laissons un célèbre Conventionnel soutenir qu'on ne doit nourrir les enfants que « de fruits et de légumes », tout en reconnaissant que l'exagération contraire, est également excessive de nos jours.

Le pain et la viande qui suffisaient à nos aïeux, ces intrépides guerriers bardés de fer, ont-ils donc perdu désormais toute vertu et toute force ?

Sommes-nous anémiés au point de ne plus pouvoir nous soutenir, sans boire le sang et sans manger la chair crue comme les bêtes féroces ?

On croit fortifier l'enfant, en épuisant dès le début la série de tous les stimulants, de tous les reconfortants, naturels ou préparés, qui conviendraient à une vieillesse décrépite. On repaît de viande vive, on abreuve de vin généreux le jeune enfant; on use son organisme par une combustion surchauffée et ruineuse.

Et, quand l'estomac surmené se refusera à toute fonction, on prescrira le régime lacté à l'adulte ou à l'homme fait, devenu incapable de digérer la nourriture propre à son âge.

N'est-ce pas le monde à l'envers ?

***

Ah ! l'on payera cher souvent les recherches du bien-être !

Viennent les privations résultant, soit de l'insuffisance des ressources, soit d'une vie nouvelle qui s'impose, soit encore de la simple impossibilité matérielle de se procurer, à l'heure voulue, la nourriture de choix *dont on ne peut plus se passer*..; on comprendra alors comment, en augmentant à plaisir les nécessités, on a décuplé du même coup, privations et douleurs !

***

Un père qui aime avec intelligence, apprendra à son fils une sobriété véritable.

Il en est au contraire, qui s'ingénient à créer des

besoins factices, s'imaginant par là prouver leur affection.

Que leur enfant réclame une quantité infinie de choses pour vivre... Et les voilà ravis !

On s'estime bon père comme nul autre parce qu'on fait des dépenses folles pour sa jeune famille.

En réalité, on lui prépare des difficultés exceptionnelles, aussi bien au physique qu'au moral.

Oh ! que l'enfant déposé sur le berceau à son entrée dans le monde, sente un peu la *paille* sous le duvet...

Et plus tard il nous en remerciera.

***

Les premières sensations perçues, donnent vite la notion de la jouissance et celle de la douleur.

Graduellement, cette notion d'abord confuse, se localise, et l'enfant accorde de plus en plus d'attention aux impressions qu'il éprouve à chaque heure.

La vision, les fonctions tactiles ou musculaires, l'audition des bruits et de la parole humaine, apportent leur contingent d'expérience au petit être ignorant.

***

Au bout de peu de mois, les idées d'extériorité s'affirment ; il reconnaît comme distinctes de lui les choses qui l'entourent, et qu'il perçoit.

Son intelligence s'ouvre, et ses impressions se dénoncent par une mimique significative.

Selon les émotions et les sentiments du moment,

selon le ton de la voix ou l'aspect du visage, l'enfant plisse le front, crispe les lèvres, s'approche ou se rejette en arrière, fait la moue, laisse échapper cris joyeux, ou gémissements.

Et alors qu'il ne comprend pas une seule de nos paroles, il devine déjà nos intimes pensées sur notre visage, qu'il observe avec insistance.

Il ressent donc un nombre infini de perceptions, *avant de pouvoir en traduire une seule* autrement que par le rire ou par les pleurs.

Son langage ne se compose que de ces deux notes.

C'est tout son clavier.

Qu'importe! S'il est capable d'attention, il est susceptible déjà d'éducation rudimentaire.

Que de choses sur lesquelles il est possible de faire porter un jugement par l'enfant, rien qu'avec ces qualificatifs si brefs : beau, vilain; bon, mauvais, judicieusement appliqués!

Ainsi commence le discernement.

CHAPITRE DEUXIÈME

L'INSTINCT

Reid définit l'instinct : « une tendance naturelle et aveugle qui nous porte à certaines actions, sans délibération et sans réflexion. »

L'instinct, dit M. Bénard, est non seulement dépourvu d'intelligence, mais incapable de perfectionnement; et ses manifestations les plus remarquables et les plus évidentes apparaissent dans l'enfance, alors que nous ignorons encore tout ce qui est nécessaire à notre conservation.

***

Bien que cette impulsion soit moins développée chez l'homme que chez l'animal, elle préside néanmoins à une multitude d'actes que nous exécutons machinalement au début de la vie, comme à l'âge de raison.

Ainsi, on ne réfléchit point quand on détourne la tête pour éviter un coup, ni quand on étend le bras pour rétablir l'équilibre au moment d'une chute imminente.

De pareils actes ne sont point voulus : leur caractère est la rapidité et l'inconscience ; et ils sont très limités, si on les compare à ceux de la volonté éclairée et guidée par la raison.

***

Cette distinction a été précisée par Delille dans les beaux vers suivants :

Je sais que de *l'instinct* notre raison diffère :
L'une agit librement, l'autre est involontaire ;
L'instinct veut deviner, la raison veut savoir ;
L'un sait mieux pressentir et l'autre mieux prévoir ;
L'une luit par degrés, l'autre soudain s'enflamme !
L'une est l'éclair des sens, l'autre le jour de l'âme :
Enfin quand la raison hésite et flotte encore,
Souvent l'instinct rapide a déjà pris l'essor.

A un point de vue, les mouvements irréfléchis sont providentiels, car l'enfant périrait mille fois, si cette forme de l'activité ne suppléait à son inexpérience.

Les propensions instinctives existant, il appartient à l'éducation de les tempérer, et de les diriger tout ensemble.

CHAPITRE TROISIÈME

LA CURIOSITÉ

Aussitôt que l'enfant a conscience de lui-même et « de la vie de relation », il exerce sa curiosité qui n'est autre chose, dit Fénelon, qu'un penchant de la nature allant au devant de l'Instruction.

Cela est fort exact.

« Pour ma part, dit le docteur Pujol, je considère « la curiosité, non comme un vice, mais comme une « des qualités de l'enfant; j'aime à l'y rencontrer; je « la soutiens, l'encourage et l'utilise. »

***

C'est la nouveauté des objets et des tableaux qui engendre cet attrait invincible. Aussi, désireux de connaître et de se rendre compte, l'enfant tourne-t-il les yeux, tend-il l'oreille, porte-t-il les mains vers ce qui frappe ses sens.

Moralement parlant, il naît les yeux ouverts.

Un peu plus tard, maître de son activité, il élargira et multipliera ses investigations personnelles.

Il voudra apprécier ce qu'il ignore, et contrôler ce qu'on lui aura appris.

Comme une souris alerte et gentille dont on voit partout le petit nez rose, bébé est là, toujours là... Rien ne lui échappe !

Il classe dans sa tête des centaines d'idées peut-être par semaine.

Or ces premiers jugements se graveront dans son esprit et dans son cœur.

Cire malléable qui n'a encore été marquée d'aucune empreinte, cette jeune âme retiendra fidèlement le signe qu'on y apposera.

A ce moment, la surveillance paternelle et maternelle doit être incessante.

CHAPITRE QUATRIÈME

L'IMITATION

Chez les divers êtres d'organisation analogue, il y a une sympathie innée, et comme un besoin d'imitation.

Quoi de plus impérieux que l'influence de ces spasmés particuliers, qui s'appellent le *rire* et le *bâillement !*

Bon gré mal gré on est vaincu.

On obéit à cette force impulsive, qu'on voudrait repousser à tout prix.

Il y a là, une action physique évidente.

Une personne regarde-t-elle avec persistance l'angle d'une salle, la rosace d'un plafond...? Bientôt, vous verrez les voisins diriger leurs regards du même côté, et, finalement, tous auront les yeux fixés vers ce même point.

C'est une innocente plaisanterie, amusante après tout, que les étudiants renouvellent de temps en temps dans les amphithéâtres de nos Facultés.

***

Autre exemple. On se trouve près d'un individu affecté d'un *tic*, d'un mouvement nerveux... Au bout de quelques instants on se surprend à reproduire sa grimace, ou son geste involontaire.

Plusieurs invités sourient-ils par amabilité naturelle, ou par simple bienséance ? L'exemple sera contagieux ; et l'on ne tardera pas à constater un épanouissement relatif, même sur le visage de ceux qui ne sont venus que contraints et forcés par un devoir social.

Voilà pourquoi dans le monde, on recherche pour convives les gens communicatifs et expansifs, qui engagent les autres à partager leur belle humeur.

Ajoutez à cela, le désir qu'a tout enfant de ressembler aux grandes personnes, de marcher de pair avec elles, et vous comprendrez l'énergie puissante des velléités imitatives.

***

M. Egger, dans un traité sur l'intelligence des enfants, note, vers l'âge de *neuf mois*, les faits suivants comme caractérisant l'imitation voulue : 1º action de se montrer et de se cacher tour à tour, en manière de jeu ; 2º action de jeter une balle ; 3º essai de souffler sur une bougie ; 4º essai d'éternuer pour s'amuser ; 5º essai de frapper sur les touches d'un piano...

A cet âge, ajoute l'auteur, rarement l'enfant s'efforcera de redire les sons qu'il entend : l'organe phonétique n'est pas assez formé pour cela.

L'imitation porte presque exclusivement alors sur les choses extérieures.

***

Bientôt, cet aiguillon éveillera en lui divers instincts.

Qu'on ait l'air, je suppose, de manger avec délices
et gloutonnerie... L'enfant sera incité à faire de
même.

Croit-on que, témoin constant du froncement de
sourcil du père, ou de l'irascibilité maternelle, il ne
reproduira pas peu à peu les habitudes de ses auteurs?

La contagion de l'exemple fait des merveilles
ou des ruines ; elle est autrement forte que la
nature !

Ainsi, prenez deux frères, soumettez-les à une éducation différente dans des milieux opposés : vous
aurez deux êtres des plus dissemblables.

***

Même pour copier autrui, l'enfant aime à agir en
liberté, et non à singer servilement.

Néanmoins, son impressionnabilité le guide malgré lui. A force de voir se reproduire tels gestes,
telle expression, il les réédite de lui-même ; la gravité lui inspire le sérieux, comme la gaieté ambiante
engendre chez lui l'enjouement.

Aussi l'exemple est-il de beaucoup le plus éloquent
des prédicateurs.

Car en logicien parfait, l'enfant se posera ce di-
lemme: « Si ce qu'on exige de moi est sage, mon
« père doit s'y soumettre; si ce n'est pas utile,
« pourquoi me l'imposer...? »

CHAPITRE CINQUIÈME

LA CRÉDULITÉ. — L'EXAGÉRATION

L'enfant est tenté d'estimer vraies les imaginations qui lui passent par la tête.

Et comment pourrait-il les vérifier?

A plus forte raison les idées exprimées en sa présence, deviennent-elles pour lui, sur-le-champ, autant de croyances.

Le « verbe » est une affirmation; et l'enfant est un être crédule.

Qu'on juge par là du danger des opinions fausses et des appréciations erronées, émises devant de jeunes auditeurs qui ne savent *pas encore* à quel point la parole humaine est perfide!

**

Que se passe-t-il dans nombre de foyers?

Pendant des années, le *baby* livré à des soins mercenaires n'entend que des choses absurdes, des histoires saisissantes, des anecdotes invraisemblables.

Tantôt on le terrifie, on l'épouvante au récit d'êtres fantastiques : croquemitaines ou loups-garous, qui,

18

la nuit, troublent son sommeil, et le jour exaltent son imagination.

Tantôt, on lui dépeint les merveilleuses aventures de fées et de génies, dont la puissance et le bonheur contrastent avec les ennuis et les chagrins de la vie réelle.

Eh bien ! toutes ces folies ne serviront qu'à bouleverser sa jeune tête, et à lui suggérer des rêves décevants et des illusions menteuses.

Ne faudra-t-il pas tout à l'heure détromper ces âmes crédules et leur avouer qu'on s'est joué de leur candeur?

Alors, l'enfant ressentira avec intensité deux sentiments : la *déception* et la *défiance*.

Tel est le danger de cette partie que l'on engage avec lui.

Quoi de plus difficile, en effet, que de défricher dans la suite une intelligence envahie par de mauvaises racines, et d'en extirper les ronces et les épines : je veux dire les erreurs et les chimères!

Mieux vaudrait cent fois l'ignorance!

***

La même critique s'applique, dans une mesure réduite, à l'*exagération* communément admise dans le langage quotidien.

Pour donner plus de relief et d'intérêt au discours, tout est surfait et centuplé, TOUT EST SUPERLATIF, dans un sens ou dans l'autre.

Rien n'est beau, vrai ou bon; rien n'est laid, faux ou mauvais...

Tout est merveilleux, idéal, ravissant, exquis, adorable ! ou au contraire : horrible, odieux, exécrable, monstrueux !

***

La conversation « moyenne », exprimant d'une manière tempérée les circonstances usuelles de la vie, *n'existe plus* en quelque sorte.

L'emphase semble portée au paroxysme.

Nous vivons, paraît-il, dans l'inénarrable..! l'inouï..! l'épouvantable..! l'impossible !....

***

Or, les mots les plus osés, les plus énergiques et les plus sonores étant utilisés pour décrire de minces épisodes ; les épithètes les plus ronflantes et les plus tapageuses, étant usées par l'emploi immodéré qu'on en fait, on en arrive à ne savoir comment s'exprimer, quand, sortant de la banalité ordinaire, on a lieu de traduire des situations *vraiment* dramatiques ou des sentiments exceptionnels.

J'entrevois le jour où, à l'instar de M⁣ʳ Prudhomme, on dira d'une personne incorrecte : « Sa conduite est « non seulement ignoble, mais même... tout à fait « déplacée. »

***

Ce que nous appelons le superlatif dans le langage, n'est qu'un abus.

Mais il a pour inconvénient fort grave, de ne pas

donner la *mesure* des choses, ni leur *couleur* vraie, ni leur *saveur*.

On efface les nuances : celles de la pensée, comme celles des mots.

On veut « l'étonnant ! l'abracadabrant ! », l'extrême enfin ! Et l'on oublie que le juste milieu est l'asile de la sagesse : *in medio, virtus*.

Ah ! qu'il est *rare* ce privilège que, par antiphrase dirait-on, l'on appelle : *sens commun !*

Le paradoxe est à la veille de perdre toute sa distinction : trop de gens l'ont cultivé...

Cela est si vrai, qu'une idée exprimée avec calme et mesure produit quelquefois, par opposition, un effet considérable.

L'enfant, étranger à ces artifices et à ces conventions, ne jugera donc pas exactement les choses. L'exagération du style lui suggérera une notion déviée, parce qu'il accepte, lui, la signification apparente du vocable, sans en rien rabattre.

Avec ce système, il est condamné pendant plusieurs années à voir « flou ».

***

Ce n'est qu'à force de réflexion et d'étude que, dans la suite, les mots reprendront à ses yeux leur valeur exacte, et qu'il s'apercevra qu'on lui a servi longtemps *des idées à faux poids*, si je puis m'exprimer ainsi.

Oui, il existe des parents qui font un tel usage d'expressions boursoufflées, qu'ils détruisent toute proportion entre les mots et les objets désignés.

Comment l'enfant ne souffrirait-il pas de vivre dans cette atmosphère altérée?

Il n'est point aisé de faire entendre *juste*, quand on dit *faux*.

CHAPITRE SIXIÈME

L'IMAGINATION

Ceci nous amène tout naturellement à parler de l'imaginative.

Dussions-nous contredire plusieurs de nos lecteurs, notre conviction est que, beaucoup sont portés à appeler imagination chez le *baby*, ce qui n'est pour nous qu'une aimable divagation de l'esprit.

Nous nous refusons à y voir une preuve sérieuse d'intelligence ; et l'expérience des maîtres les plus autorisés confirme ce sentiment.

***

Si les enfants dits « inventifs » semblent au-dessus des autres quand ils sont petits, ils ne font pas feu qui dure, et ne sont que « pétillants ». Le mot exprime bien l'idée.

Ou ils tombent au-dessous de la moyenne, à l'époque des études sérieuses ; ou ils s'étiolent, et succombent. La lame use le fourreau.

En effet, l'imagination trop précoce chez l'enfant, ressemble bien plus à un désordre léger, qu'à une qualité.

La *bonne* intelligence, c'est l'intelligence pondérée ; celle qui est uniforme, calme, mesurée, avare
d'elle-même.

Veut-on des preuves?

**

Le fils d'un savant austère et silencieux, aura, au
regard du vulgaire, infiniment moins d'esprit que le
bambin, même un peu nigaud, vivant à côté d'une
mère excentrique ou d'une domestique extrava-
gante.

Car enfin, à y regarder de près, ce qu'on vante
comme imaginative chez l'enfant, est, on peut dire
toujours, une idée folle ou une histoire échevelée.

Au contraire, remarque Montesquieu, Caton durant
son enfance, semblait presque sot, à raison même
de sa gravité trop précoce.

**

Nous avons entendu prôner l'imagination d'un
baby de quatre ans qui, durant un hiver entier, racontait à chacun, qu'étant à la campagne dans un bois,
il avait tué deux lions, qu'il les avait mangés, que
dans la lutte il avait été blessé... Et, à l'appui de
son histoire, il montrait, en manière de trophée, une
peau de chèvre décapitée servant de tapis, et exhi-
bait comme preuve du combat une égratignure à la
jambe.

Il ne savait guère que cette anecdote, et la redisait
avec une conviction amusante, et une mise en scène
appropriée.

Il était persuadé de l'aventure.

Cette fameuse intelligence consistait en un souvenir déformé, emprunté au journal de *Gérard le tueur-de-lions*, dont on lui avait lu un soir les exploits audacieux.

*_**

Point de doute ! l'enfant que l'on a bercé de narrations mirifiques et de contes bleus, aura à sa disposition des matériaux tout prêts pour échafauder son roman.

Il n'a qu'à les grouper, si même il en prend la peine. Ordinairement, il les rajeunit en les confondant.

C'est ce qu'on retrouve presque toujours, quand on remonte aux sources mêmes de ces conceptions, où il entre plus de fièvre que d'esprit.

Des *imaginations*, ne sont point l'*imagination*.

*_**

Ainsi, il n'est pas sans danger pour la rectitude du jugement, de laisser affirmer, même en riant, des histoires *fausses*; et, d'autre part, l'intelligence alerte de la jeunesse, a horreur du terre-à-terre. Comment concilier les choses ?...

Nous connaissons des enfants, qui, d'eux-mêmes, ajoutent à leur récit fantaisiste cet avis tout loyal : « C'est semblant !... » Puis, leur imagination prend son essor...

Cette manière, ou toute autre équivalente, permet d'obtenir une entière sincérité, sans néanmoins brider l'initiative de l'esprit.

CHAPITRE SIXIÈME (*suite*)

LES ROMANS

A part quelques rares exceptions, les romans « de sentiment », (nous ne parlons que de ceux-là), même réputés moraux, ne sont point sans inconvénient pour la jeunesse.

Plaçons en effet dans la vie réelle les situations imaginées par les auteurs; mettons en présence les gens les moins suspects, et force sera de ne point croire à l'innocuité complète de ce genre de lectures.

***

...Un auteur honnête veut écarter de ses œuvres, même l'idée du mal.

Il y est bien résolu.

C'est pour lui une question de conscience.

Aussi, pour atteindre ce but, choisit-il ses personnages en conséquence : IL LES CRÉE A SA FANTAISIE.

Pourquoi se gênerait-il, et qui pourrait l'entraver? Dès que la fiction n'est pas trop invraisemblable, rien ne limite son imagination; rien ne la contredit.

Il donnera donc à ses héros l'âge et le tempérament qu'il lui plaira; élèvera des barrières infranchissa-

bles ; inventera à son gré des empêchements diri-
mants, pour peu qu'il estime... prudent d'endiguer
les enthousiasmes de celle-ci pour celui-là, ou les
sympathies secrètes de ce dernier.

Veut-il, au contraire, marier ce couple aimable ?..
Il assortira à merveille les futurs époux, lèvera tous
les obstacles, aplanira toutes les difficultés, comme
par un pouvoir magique !

Pour tout concilier, on aura recours, faute de mieux
à de vieux expédients « classiques » : on révélera
dans une lettre mystérieuse le secret d'une naissance ignorée... ; on ruinera par un procès l'orphe-
line trop riche...; ou inversement, au moyen d'un legs
inespéré, on constituera au fiancé une fortune prin-
cière !

***

A un mot près, les situations seront rigoureusement inattaquables en morale ; mais d'un mot elles
pourraient devenir incorrectes.

C'est ainsi qu'un auteur relisant son roman ter-
miné, trouvera quelquefois sage de changer le degré
de parenté, ou même de modifier du tout au tout les
âges de chacun. Avec cette simple retouche, l'œuvre
deviendra chaste, angélique même !

Il nous souvient d'avoir lu un livre enfantin, où
figuraient un cousin et ses cousines. Puis, dans une
édition ultérieure, nous les trouvâmes transformés
en frère et sœurs sans pareils : un touchant amour
fraternel, une aménité exemplaire avaient remplacé

une chaude affection... devenue très embarrassante
au dernier chapitre du volume...

Cette substitution facile, avait suffi pour déplacer
le point de vue, d'où l'on voyait se dérouler les divers
épisodes de l'historiette.

***

Faut-il au romancier des héroïsmes, des abnéga-
tions ou des impossibilités, pour maintenir stricte-
ment les choses dans le cadre moral PRÉVU?...

Il les imaginera à l'instant, et fera si bonne mesure, que les plus scrupuleux auront satisfaction plénière. Cela coûte si peu!

Et l'auteur se croira judicieux en disant : « Quoi
de plus innocent et de plus pur que mon livre! »

***

La réponse est facile.

Votre roman, lui dira-t-on, n'a rien de mauvais,
parce que vous avez forgé vos personnages POUR QU'IL
EN FUT AINSI, les ornant de qualités transcendantes
et incomparables.

Mais, supposons le jeune lecteur se trouvant, à peu
près, dans une circonstance analogue à celle qu'il
vient de lire dans le roman...

Rencontrera-t-il la société *idéale* composée *exprès*
pour mener à fin l'œuvre sans encombre?... Sera-t-il
protégé par les mêmes impossilités, sauvegardé par
les mêmes vertus...? en un mot, votre histoire si
édifiante *serait-elle réalisable, honnêtement, dans
la vie pratique?*

Là est la question.

Vous avez décrit ce qui *devrait être.*

A merveille !

Mais, en fait, qu'adviendrait-il, étant donné ce qui est, c'est-à-dire : la ruse, l'ambition, la méchanceté et les passions humaines, contre lesquelles nos chers enfants doivent se tenir en garde.

Il ne s'agit plus là de conventions imaginaires, ni de comparses choisis à plaisir. Si un voisinage est gênant, compromettant, dangereux, *il restera tel.*

Prenons un exemple.

...Votre héroïne ne doit inspirer qu'une noble et tendre affection...: il vous est impossible d'accorder plus à vos petites lectrices.

Que faites-vous ? Vous la supposez poitrinaire, avec un pied dans la tombe...: c'est la vie d'une *âme* que vous écrivez !... Et à la faveur de cette concession opportune et commode, vous restez dans la mesure voulue.

Tout ira bien, fort bien ; ce sera céleste, de la première à la dernière page !

Mais si, par hasard, votre héroïne était de « gaillarde santé », on se demande avec perplexité ce que deviendrait le *vertueux* roman, qui se déroule à souhait sur le papier, grâce à l'absence d'êtres, vivant, sentant et voulant...

Remarquons que l'auteur fera disparaître son personnage, s'il juge que la situation NE PEUT SE PROLONGER sans péril ; il l'embarquera pour le Tonkin, le rendra fou, ou le couchera au tombeau, s'il trouve cela expédient ; il machinera même des *dénouements invraisemblables qui prouvent* que le « cas » ne pourrait, avoir d'issue morale dans la réalité ?

**
*

Oui, transportons l'action dans la vie normale, et nous constaterons peut-être, que ce *bon* roman a fait *du mal*, a causé même des ravages, en dépit des excellentes intentions de l'écrivain.

Or, doit-on vraiment appeler « bonne », une œuvre irréprochable aux yeux du romancier, mais susceptible de troubler des âmes enfantines en excitant leur imagination, au lieu de la calmer et de la tempérer ?

**
*

Étant donné le caractère féminin, les œuvres « de sentiment » attirent et charment particulièrement la jeune fille.

« A quoi bon lire des romans, si, *elle* aussi, ne rêve pas ! si elle ne pleure pas, si elle ne souffre, si elle ne s'afflige elle-même... ; si elle ne ressemble à la fleur qui s'étiole... ; à la tige qui se penche au bord du ruisseau... ; à la branche de saule qui s'incline sur un tombeau, ou à l'oiseau qui s'envole comme un rêve...

« Elle doit se persuader que pour être heureuse tout à fait, il lui manque une lettre à relire mille fois... ; il lui manque de se lever la nuit, pâle et de blanc vêtue, pour rafraîchir son front brûlant à la brise qui gémit comme elle... ; il lui manque d'attendre avec angoisse, d'espérer en désespérant, de prononcer des serments en présence des étoiles amies ou de la lune aux rayons doux et argentés...

« Tout bas, elle se demande si elle n'aura pas à lutter, seule au monde, contre les préjugés de la Société entière, ou contre les haines d'une famille qui ne la comprend pas...

« N'est-elle pas appelée à défendre un exilé, un proscrit, un inconnu, *un être mystérieux et fatal* qu'elle imagine admirable ou redoutable : (elle ne le sait pas au juste, tant il y a de vague dans son esprit et dans son cœur !)

« Et quand la mère qui ne devine rien ; quand le père qui ne voit rien non plus, voudront ramener leur fille des hauteurs où elle divague doucement et avec extase, pour lui montrer les réalités d'une vie, pour elle prosaïque et terne, la jeune fille se réfugiera dans les souvenirs de ses lectures favorites... peut-être même dans un souvenir absorbant ! Le corps seul sera présent. »

⁎⁎*

Ainsi donc notre conclusion est, qu'en principe, les romans ne valent rien pour la jeunesse, à moins que les auteurs ne se servent précisément de cette forme littéraire, *dans le but unique* d'envelopper un bon enseignement sous les attraits d'une agréable fiction.

Mais quoi de plus rare que de les voir réussir dans cette délicate entreprise !

D'ailleurs, il y a un moyen facile pour une mère d'éprouver la valeur morale d'un écrit : c'est de le relire, en se demandant ce qu'elle dirait, si sa fille pensait et agissait *comme l'héroïne...*

CHAPITRE SEPTIÈME

L'ABSTRACTION

De toutes les idées, les abstractions sont celles que l'enfant saisit le plus difficilement.

Il est naturel et logique qu'il en soit ainsi.

L'abstraction, tendance séparative et toute métaphysique, répugne à l'enfant qui a besoin de voir *les choses*, ou du moins de se les figurer, pour les saisir.

Or, au sens philosophique, penser à un objet c'est le nommer.

L'enfant conçoit donc et perçoit les choses concrètes, même très complexes, bien avant d'entrevoir la plus simple idée abstraite.

Pour lui, une *bonne* mère, c'est *sa* maman; un *beau* cheval, c'est *le* cheval de son père; un *vilain* Monsieur, c'est *le* Monsieur qui l'a grondé ou épouvanté...

Quant aux qualifications mêmes, il est incapable de les généraliser.

Qu'on fasse l'expérience, et l'on constatera que ces mots : bonté, beauté, laideur... n'existent pour lui, qu'autant qu'il les incarne dans une personnalité de lui connue.

***

Cette remarque ne contredit en rien le sentiment inné du bien et du mal, dont chacun de nous a la perception certaine, indéniable, dès le premier âge en quelque sorte.

Partout et toujours, l'enfant qui frappe volontairement, *sait*, à n'en point douter, qu'il se venge et qu'il fait souffrir sa victime. Tel est bien son but d'ailleurs.

Examinez son attitude, l'expression de son regard et vous en serez convaincu.

Mais ce sentiment du juste et de l'injuste, n'a rien de commun avec l'abstraction.

Au contraire la Conscience est une « entité vivante et agissante », tandis que les notions de durée, de nombre et d'étendue, dépassent de beaucoup la compréhension enfantine.

Demain, c'est ce qui viendra après son *sommeil*.

Aujourd'hui, c'est ce qui se passera entre son *lever* et son *coucher*...

Ainsi, rattache-t-il ses pensées et ses réflexions à une idée concrète, à un fait défini.

Suivant le naturaliste Houzeau : « L'enfant ne fait « d'abord de distinction qu'entre l'objet simple et la « pluralité. A l'âge de 18 mois seulement, il distin-« gue entre un, deux et plusieurs. En Europe, dit-il, « il faut arriver à l'âge de dix ans pour apprécier « l'idée de centaine. L'enfant peut sans doute répéter « par cœur la série avant ce moment, mais sans dé-« terminer intellectuellement le nombre dans son « abstraction. » (*Des facultés mentales*.)

***

L'auteur précité admet chez les animaux la faculté arithmétique limitée.

« L'observation suivante, dit-il, prouve que les mulets par exemple savent au moins compter jusqu'à cinq. Il y a aux États-Unis dans les villes, nombre de chemins de fer où la traction s'opère par ces animaux. A New-Orléans, le vétérinaire de la ligne, le Dr Louis, fit observer que les mulets de service restaient silencieux pendant les quatre premiers voyages, mais à la fin du cinquième, une fois arrivés à la station, ils hennissaient sachant qu'on devait les dételer. »

**

...Nous regrettons de n'être point à même d'étudier les aptitudes mathémathiques des mulets ; mais respectueusement, nous nous permettons de supposer que les dits mulets en voyant les relais préparés, ont pu comprendre, sans aucun calcul mental, que leur besogne était finie. Ajoutons qu'il est très admissible encore que l'animal ait conscience de la somme d'efforts dépensés pour effectuer cinq voyages, et que la mesure de sa fatigue soit pour lui la mesure du travail à fournir, avant de regagner l'écurie.

Après tout ! nous avons peut-être tort de contredire l'auteur.

Mais confessons que nous ne donnerions pas un maravedis, pour être fixé sur cette grave question.

19

CHAPITRE HUITIÈME

LE JUGEMENT. — ABERRATIONS NATIVES

Apprécier ou comparer, se souvenir ou imaginer, abstraire ou généraliser, c'est *juger*.

Que l'opération provienne d'un enfant ou d'un majeur, le principe est le même.

Un *baby* de quelques mois qui voit sa mère se disposer à sortir, prendre son manteau et son chapeau, porte une série de jugements qui provoquent finalement sa gaieté, à raison de la promenade qu'il espère.

Il y a là une association d'idées variées et un enchaînement de déductions, conduisant vers une conclusion formelle.

***

S'il en est ainsi, on ne perd donc point le temps en s'occupant de l'enfant au berceau.

Choisir un aliment, distinguer les personnes, les fuir ou les rechercher, sourire ou faire la grimace, s'impatienter ou caresser sont pour lui autant de résolutions caractérisées.

A partir de ce moment, on peut venir en aide à

son intelligence et lui infuser peu à peu les premières notions.

Chose remarquable à noter ! L'enfant est très absolu dans ses jugements.

En effet, les éléments de doute ou de comparaison lui échappant, il n'entrevoit guère qu'une seule affirmation possible. Et souvent nous croyons prendre sa logique en défaut, parce que nous ne tenons pas suffisamment compte *du point de départ* de son raisonnement.

Sa conclusion paraît erronée, parce que nous en ignorons les prémisses.

Or, est-il sage de juger une intelligence de trois ans avec les opinions de l'âge mûr?

***

Aussi, quand l'enfant est bien équilibré d'esprit, importe-t-il de se livrer à une enquête attentive et minutieuse si, par hasard, on voit poindre chez lui une velléité étrange, une préoccupation exceptionnelle.

Que de révélations curieuses un esprit avisé pourrait obtenir! que de découvertes intéressantes il ferait dans ces investigations patientes et répétées!

Tel semble résister sans motif; alors qu'il n'est point en révolte, mais seulement paralysé par la présence d'une personne qui l'intimide... Tel autre a l'air de déguiser la vérité, qui se fait simplement l'écho des faussetés qu'il a entendu exprimer, etc...

***

Ajoutez à cela certaines causes d'erreur invincible, auxquelles presque jamais on ne songe, bien qu'elles soient moins rares qu'on ne le suppose.

Citons un exemple en passant :

Nous avons connu un enfant qui, pendant sa jeunesse, a été en butte aux tracasseries incessantes de toute sa famille. On l'accusait d'entêtement, de méchanceté, que sais-je !... parce qu'on était persuadé qu'il se jouait à plaisir de ses parents en désignant les couleurs à contre-sens « rien que pour vexer » affirmait-on, « et par pur esprit de contradiction. »

Il appelait rouge, le tapis du plus beau vert ; blanc, le papier franchement rouge. Et ainsi de suite...

Devenu adulte, l'enfant fut reconnu atteint d'une étrange affection, celle du *Daltonisme*, qui, par suite d'une aberration optique, ne permet pas de percevoir les couleurs sous leur ton véritable.

Dalton, savant anglais du siècle dernier, a le premier signalé cette singularité. Il était frappé, lui, de la « cécité » du rouge.

D'autres, c'est le cas le plus fréquent, ne distinguent ni le vert ni le violet ; tandis que les couleurs qui s'imposent à presque tout le monde sont le jaune et le bleu.

Eh bien ! sur cent enfants, on constate qu'il en est plus de dix, sujets à cette curieuse erreur.

Il y a mieux ! le sens visuel, correct à l'origine, devient parfois daltonien, assure le docteur Favre.

**

Depuis quelque temps, dans les écoles, on s'est livré à des recherches sur ce genre d'infirmité qui peut avoir les conséquences les plus graves.

S'imagine-t-on un mécanicien voyant vert un signal rouge, ou inversement ; et se lançant à toute vitesse sur la voie ferrée au lieu de « stopper » !

Aujourd'hui le danger est prévu, et on le conjure en faisant subir aux candidats des épreuves décisives, consistant à choisir diverses couleurs au milieu d'écheveaux de soie, de tons variés.

***

On peut citer notamment la compagnie de Pensylvanie qui, préoccupée de cette importante question, a fait subir l'examen précédent à 5.000 de ses employés.

C'est aussi pour prévenir de fréquentes confusions de la part de son personnel, que notre Administration des Postes s'est décidée à modifier les timbres, les couleurs étant mal appréciées par plusieurs.

De même, les candidats à l'École navale subissent, au cours de la visite médicale qui précède les examens, une épreuve sur le degré de leur acuité et de leur rectitude visuelle; or, tous les ans, nombre d'élèves sont éliminés comme reconnus incapables de distinguer les « feux de bord ».

Le *Bulletin des Ingénieurs* nous apprend qu'une enquête analogue a été récemment ouverte en Allemagne. Jusqu'à ce jour, l'expérience a constaté un

daltonisme complet chez 1974 employés, soit 9 sur
100.

Cette proportion est en Allemagne de beaucoup
inférieure à celle relevée en d'autres pays, en Suède
par exemple.

... Ainsi, il y a des causes constitutionnelles, qu'il
n'est pas juste d'inscrire au passif de l'enfant, car il
n'en est point comptable : recherchons-les, et étu-
dions-les avec soin.

CHAPITRE NEUVIÈME

LA VOLONTÉ
CARACTÈRES BIZARRES — IDIOSYNCRASIES

Il est constant que c'est *entre deux et quatre ans*, que s'affirme de la manière la plus résolue le caractère de l'enfant; aussi estimons-nous cette époque *décisive* en ce qui concerne l'autorité et la discipline au foyer.

Ce moment, est celui de l'abdication ou de la mainmise paternelle.

C'est en vain que dans la suite on voudrait réagir; on irait alors au-devant de scènes terribles suivies de rancunes profondes.

Sur ce point, nous renvoyons le lecteur au chapitre qui traite de l'autorité, et où la question est l'objet d'une étude spéciale. Nous nous bornerons ici à présenter quelques observations philosophiques complémentaires.

***

La personnalité humaine s'accuse quelquefois par des goûts ou des répulsions, que l'on n'est point toujours maître de dominer, même dans la plénitude de son jugement et de sa volonté.

A plus forte raison en est-il ainsi pour l'enfant.

L'idiosyncrasie, c'est ainsi que la science désigne

certaines dispositions des tempéraments, est un état
plus commun que le mot qui sert à le traduire.

***

On nous a signalé le cas de deux jeunes sœurs,
chez qui la simple vue de la ouate provoquait une
crise nerveuse des plus intenses. Les parents convaincus qu'il y avait là un parti pris, voulurent les
obliger à subir le contact de l'objet de leur étrange
terreur. On dût y renoncer, tant les spasmes deve
naient violents !

En recherchant les causes de cette antipathie,
nous découvrîmes qu'elle provenait de la circonstance
suivante : quelqu'un avait donné à ces petites filles
un théâtre enfantin où, parmi les personnages, figu-
rait un grand diable à perruque d'ouate noire, dont
une domestique maladroite épouvanta les enfants à
maintes reprises, en l'absence de la mère.

Questionnées plus tard, les deux jeunes filles
avouèrent que toutes leurs désobéissances apparentes
résultaient dé leur horreur pour cette chose, assurément peu dangereuse : la ouate. Sans oser rien dire,
et honteuses d'elles-mêmes, elles s'obstinaient à refuser et à fuir le vêtement, le chapeau, le jouet, dans
la composition desquels elles voyaient, ou croyaient
voir, l'objet maudit. De là, les démêlés et les luttes
qu'on devine...

***

Les historiens rapportent beaucoup de faits relatifs
aux innéités bizarres de personnages célèbres. Elles

peuvent aussi bien se rencontrer chez quelques enfants à des degrés divers ; voilà pourquoi nous en
parlons ici :

L'empereur *Héraclius*, homme fort brave, éprou-
vait une frayeur insurmontable en présence de la
mer, à tel point, dit Nicéphore, que l'on fut obligé
d'établir sur le Bosphore un pont de bateaux, garni
de chaque côté de planches et de branchages qui
masquaient complètement l'horizon, pour que l'empereur se décidât à franchir le détroit.

Vladislas, roi de Pologne, ne pouvait regarder
une pomme sans se troubler.

Érasme, à l'odeur du poisson, ressentait un accès
de fièvre.

Scaliger, se crispait à la vue du cresson.

Tycho-Braé, tombait en défaillance à l'aspect
d'un lièvre.

Louis XIV, détestait les chapeaux gris.

Bayle, avait des convulsions au bruit de l'eau
sortant d'un robinet.

On sait encore l'effet produit sur quelques tempéraments, par une lame d'acier coupant un bouchon ;
par le bruit de la lime sur le fer ; par celui de la scie
dans la pierre, ou d'un chenêt sur une plaque de
marbre...

Lamothe le Vayer, s'exaspérait au son d'un instrument quelconque.

Favorili, poète italien, était pris de nausées à
l'odeur de la rose...

Et tant d'autres !

***

Il ne faut cependant pas confondre ces impressions instinctives avec des goûts singuliers, ou étranges.

Ainsi, *Alcée*, *Eschyle*, *Aristophane* écrivaient sous l'influence du vin.

Bacon, *Milton*, *Warburton*, *Alfieri* ne travaillaient qu'au son de la musique.

Hobbes, *Corneille*, *Malebranche* composaient volontiers dans l'obscurité ; tandis que *Mézeray* avait besoin de sa lampe, même le jour !

Gœthe écrivait en marchant ; au contraire, *Descartes* et *Leibnitz* pratiquaient la « méditation horizontale ».

Ces habitudes *acquises* n'ont rien de commun avec les hypothèses précédentes, qui se rattachent intimement à la nature même de l'homme, dans ses écarts et dans ses anomalies.

CHAPITRE DIXIÈME

LA SINCÉRITÉ

La sincérité est-elle une disposition naturelle?

Il est difficile de le savoir au juste.

En effet, à l'âge où l'enfant commence à se révéler par certains signes intelligibles, il a été victime de tant de tromperies, de tant de petits mensonges, qu'il connaît *déjà* la ruse par expérience.

Il l'a apprise à ses dépens.

Et on la lui a enseignée d'ailleurs.

***

Les promesses fausses et les menaces vaines, se chiffrent par un nombre incalculable; à tel point, qu'à deux ans, maint enfant sait, à n'en pas douter, que les paroles diffèrent sensiblement des actes.

Hélas! on se croit forcé de l'abuser quelquefois dans son intérêt.... *Qu'on y prenne bien garde!*

L'enfant à qui l'on a fait prendre de l'émétique en lui assurant que c'est excellent, n'oubliera pas la supercherie et ne la pardonnera pas de longtemps.

On a joué sur un coup de dé; mais on peut avoir

la certitude que la tricherie ne réussira pas lors d'une seconde épreuve : *manet... repostum.*

Et comme, morale à part, le mensonge est utile à l'enfant pour parvenir à ses fins, tout naturellement, il sera porté à dissimuler *à son tour*, pour éviter les gronderies et les punitions qu'il redoute.

Rien de moins logique que de lui prêcher la franchise, en lui donnant l'exemple de la duplicité !

Il ne dira pas tout haut : je fais comme mes parents... mais il le pensera.

**

Cette interpellation fort en usage : *Qui a fait cela ?... Est-ce toi qui t'es permis telle chose ?* est aussi un dangereux encouragement à la dissimulation.

Au lieu de s'informer D'ABORD de ce qui s'est passé; au lieu d'ouvrir une enquête préalable de façon à être exactement renseigné, on se contente, par négligence, de questionner le coupable supposé, en lui apprenant, par l'interrogation même, que l'on est dans le doute ou dans l'ignorance.

En sorte que si l'enfant ment, il a chance de n'être point puni !!

Quelle tentation engageante !

Eh bien ! attendre de lui qu'il se dénonce, qu'il se trahisse, et appelle enfin sur sa tête le châtiment plutôt que de forfaire à la loyauté, c'est demander plus qu'on ne *doit* exiger, et souvent plus qu'il ne *peut* donner : un acte d'héroïsme après tout ! Qu'au moins, en cas d'aveu, on consente à une énorme réduction de la peine méritée, pour récompenser la bonne foi de l'enfant qui confesse honnêtement ses torts. Si en effet on n'établit pas une *très grande différence* dans la répression, l'enfant retiendra que sa candeur a été la cause de son chagrin; et il se promettra de ne plus renouveler une autre fois ses confidences.

**

On a remarqué que la tendance au mensonge est à son maximum vers quatre ou cinq ans.

A cet âge, l'enfant est assez grand pour commettre nombre de petits méfaits qui lui font encourir des réprimandes; et il est encore trop jeune, pour que la conscience parle un clair langage à son âme.

Son objectif est de s'assurer l'impunité.

En résumé : ne le trompons pas, à peine d'être trompés nous-mêmes; et prenons soin de gagner son entière confiance.

Sa franchise en est le prix.

**

Aller « en ami », au devant des questions ou des aveux, c'est faciliter une intimité qui peut être une précieuse sauvegarde : le double rôle de parents qui commandent quelquefois, et d'amis qui conseillent toujours, étant absolument conciliable.

Surtout! qu'on se garde bien de *se moquer* de

l'ingénuité ou des scrupules de l'enfant! à plus forte raison qu'on ne les *publie pas!*

Une seule confidence trahie, peut dissuader pour jamais de tout épanchement.

Les naïfs secrets de ces jeunes âmes ne sont-ils pas respectables entre tous?

CHAPITRE ONZIÈME

LA MÉMOIRE

La faculté que l'on a de se souvenir, c'est-à-dire de conserver et de réveiller ses idées, s'exerce dès les premiers ans.

C'est la source de la science, dit *Quintilien*.

Le fondement de la prévoyance, dit *Sénèque*.

Le trésor des idées, d'après *Cicéron*.

A vrai dire, l'acte réflectif, le *souvenir*, n'atteint son objet qu'en traversant un intermédiaire qui est nous-mêmes. Et comme l'expliquent fort bien Reid et Royer Collard : se rappeler une chose signifie : se rappeler les impressions perçues.

**

La mémoire enfantine, elle est très courte, très fugace.

Dans le second âge seulement, *puerilia*, elle se développe. Il n'est point de meilleur moment pour la cultiver, si l'on ne veut pas s'exposer à la rendre ingrate et paresseuse.

Ceci nous rappelle la charmante comparaison de Locke : « La mémoire est une table d'airain, cou-

« verte de caractères que le temps efface, si l'on
« n'y repasse quelquefois le burin. »

*
* *

Beaucoup, réputés gens d'esprit aux yeux du vulgaire, ne vivent que de souvenirs fidèlement retenus,
et utilisés avec plus ou moins d'à-propos.

La première fois, on est charmé! on s'incline devant une érudition qui étonne, devant une étendue
de savoir qui émerveille...

Bientôt on reconnaît, pour l'avoir déjà entendu
raconter, tel bon mot, telle saillie, tel épisode ; l'admiration est en baisse; on commence à croire que
l'on a surfait son héros.

...Et, peu après, on en est sûr.

Alors on estime, avec M. de Frayssinous, que
« l'Esprit n'est le plus souvent que de la Mémoire ».
Le talent consiste seulement à amener la conversation sur le terrain où l'on a eu soin de réunir d'a-
vance de jolies fleurs et d'agréables ornements, et
de s'en servir avec une parfaite aisance et une
savante ingénuité.

Mais pareille mémoire est moins une qualité, qu'une
petite supercherie.

*
* *

Un jour, Fontenelle écoutant un poète qui lisait des
vers de sa façon, ôtait de temps en temps son chapeau.... — « Que faites-vous donc? » lui dit l'auteur.
— « Je salue au passage de vieilles connaissances, »
répondit finement Fontenelle.

Le poète avait écrit avec des réminiscences : Fontenelle, lui, avait des souvenirs.

***

Faculté acquise, ou don de la nature, la mémoire a besoin d'être exercée pour ne point s'évanouir.

Elle est un auxiliaire précieux dans l'instruction. Le malheur ! c'est que, de nos jours, on la cultive au détriment des autres aptitudes.

On y sacrifie volontiers le jugement, la réflexion, le sens commun, la méditation...

Réciter mot à mot, redire textuellement les phrases des auteurs, *même sans les comprendre*, constitue l'unique travail intellectuel imposé pendant plusieurs années à la jeunesse !

***

Un condisciple qui avait appris l'histoire romaine avant l'histoire grecque, nous avouait être arrivé à l'âge d'homme, sans pouvoir rétablir dans son esprit l'ordre chronologique des faits.

Il connaissait le détail des choses, mais n'avait aucune vue d'ensemble :

Infelix operis summa, quia ponere totum nesciet.

Il savait « *ad unguem* » chacun des épisodes pris isolément ; mais il en confondait de la façon la plus absolue la succession.

***

Les philosophes distinguent dans la mémoire trois

moments ou trois actes : apprendre, — retenir, — se rappeler.

A ces actes, correspondent trois qualités qui sont les conditions d'une mémoire complète : *facilité, tenacité, promptitude.*

Or, si le nombre des mémoires *faciles* l'emporte de beaucoup sur celui des mémoires *fidèles*, c'est parce que le côté mécanique est seul développé en quelque sorte.

Le collégien APPREND VITE, parce qu'il exerce beaucoup cette faculté, mais il RETIENT MAL, parce qu'il apprend trop, et par suite, trop rapidement.

Il n'a le temps de rien digérer !

L'entassement, remplace la sélection.

C'est l'assonance des syllabes qui le guide : il reproduit la mesure, et point l'idée du texte. Voilà pourquoi il a besoin, vous avouera-t-il, non de lire des yeux, mais de s'écouter. Il apprend tout haut pour entendre sa parole et en retenir la musique, qu'il rythme à la manière d'un air de chanson.

**

Aussi, voyez sa précipitation lorsqu'il récite !

Il ne PENSE PAS : sa préoccupation unique est de se rappeler les SONS. Au contraire, si l'idée lui suggérait le mot, au lieu de se hâter, il préférerait prendre son temps pour se recueillir et retrouver le lien logique, le sens, qui groupe les phrases.

Analysez alors la physionomie de ce collégien, doué de la mémoire « cruelle », ainsi qu'on l'a appelée : loin d'avoir l'intelligence en éveil, il semble niais et abêti !

Les lèvres remuent, l'appareil phonétique fonctionne ; quant à l'esprit, il est aux champs...

***

« Oui j'ai copié l'écrit, affirmait un jour un scribe, mais je jure ne l'avoir point lu. »

De même on pourrait dire de maint enfant : il RÉPÈTE BIEN sa leçon ; mais il ne la SAIT POINT.

Sur 10 écoliers, il y en a 5 qui, à trois mois de distance, hésiteront à reconnaître *s'ils ont jamais appris* tel chapitre d'un livre ; il leur faudra, pour être fixés, consulter le volume, c'est-à-dire constater s'ils y ont inscrit la petite croix marginale d'usage.

Est-ce exact... ?

***

Devenus hommes, ils confesseront n'avoir gardé qu'un souvenir du temps de leurs études : celui d'un immense ennui, dévoré pendant de longues et cruelles années scolaires.

« Nous voulons, dit un professeur de la Sorbonne,
« faire ingurgiter par des estomacs incapables de les
« digérer cette lourde potion prétendue scientifique,
« où la pharmacopée officielle a essayé de délayer la
« science à petites doses, mais dont le zèle des maî-
« tres double la mesure. Nous accumulons, *sans
« profit* pour l'esprit ni pour le jugement, ces ingré-
« dients mal assimilés, nous les emmagasinons dans
« des mémoires qui ne sont pas faites pour de pareils
« produits, et qui n'en gardent le plus souvent qu'une
« impression : *l'horreur de l'étude.* »

A la place d'un *étalage* choisi, on a un *déballage* confus.

**

Les notions suggérées par l'expérience, sont déjà nombreuses, chez un enfant âgé de quelques mois. Avant deux ans ordinairement, il a le souvenir précis des choses usuelles à son point de vue : fouet, bonbon, danse, culbute, minet, toutou, dada, joujou, caresses, baisers... Ces souvenirs portent en eux des émotions définies qui provoquent une expression et une mimique conformes.

Mais la mémoire, « ce portefeuille de l'intelligence, cet étui de la science, » comme l'appelle Montaigne, est avant tout un don naturel.

**

Mithridate, haranguait dans leur langue propre les 22 peuples qu'il comptait sous sa domination, et connaissait le nom de la plupart de ses soldats.

César, dictait à quatre secrétaires, tout en écrivant lui-même.

Sénèque, retenait, en les lisant, une série de 2000 mots grecs, sans liaison entre eux, et les répétait exactement dans l'ordre qu'on voulait.

Pascal, peu de temps avant sa mort, n'avait rien oublié de ce qu'il avait appris depuis l'âge de raison. C'est lui qui au sujet de la mémoire, a écrit cette phrase magnifique, « L'humanité m'apparaît comme « un seul homme qui se souvient et qui avance ! »

Citons enfin ce mot admirable de saint Augustin : « Se rappeler, c'est se rencontrer soi-même. »

Un jour, Lamotte-Houdard dit à un jeune poète qui venait de lui lire une de ses tragédies : « Mon- « sieur, votre pièce est fort belle! et j'ose vous « répondre du succès. Une seule chose me fait de « la peine : c'est que vous vous soyez rendu coupa- « ble de plagiat. » — « De plagiat! s'écrie l'auteur « indigné! » — « Sans doute! et pour vous prou- « ver combien je suis sûr de ce que je vous dis, je « vais moi-même vous réciter la 2ᵉ scène de votre « 4ᵉ acte, que je sais encore par cœur. »

Et Lamotte récita cette scène sans y changer un seul mot. L'auteur demeura déconcerté, anéanti...

« — Remettez-vous, Monsieur! lui dit alors « gracieusement Lamotte ; la scène est bien de « vous, mais elle mérite d'être apprise et retenue « par tous les gens de goût .... C'est ce que j'ai « fait en vous l'entendant lire tout à l'heure. »

*_**

Non seulement la mémoire s'altère par le manque d'exercice ou par les ans, (comme cela a été observé chez Newton, Linné et Walter-Scott qui, vieillis, ne reconnaissaient même plus leurs propres œuvres), mais une fatigue excessive ou des lésions, peu- vent chez l'enfant et chez l'homme provoquer des amnésies locales, sortes d'éclipses qui effacent les souvenirs, et vont même jusqu'à les abolir complè- tement. De plus, elle offre de grandes variétés selon les individus. On trouve des enfants retenant plutôt les figures, les couleurs ou les noms ; ceux- ci les sons, les chiffres ou les mots ; ceux-là les idées...

C'est ainsi qu'on distingue la mémoire du peintre, celle du mathématicien, celle de l'historien, celle du philosophe...

*
* *

D'autres enfin, sont plus frappés des particularités et des détails, que des événements importants.

Nous avons connu un jeune homme, qui gardait mémoire du numéro de toutes les voitures rencontrées durant une longue promenade dans Paris, et qui hésitait, quand il s'agissait de citer les noms de ses propres cousins.

M. Richet, dans son étude publiée par la *Revue Philosophique* sur l'Origine et les modalités de la mémoire, raconte qu'un de ses amis lui disait un jour, les larmes aux yeux : « J'ai perdu ma mère à « l'âge de 11 ans ; et je ne puis plus me rappeler ni « ses traits ni ses actes, alors que je me vois distinc- « tement, beaucoup plus petit, mangeant dans telle « ou telle circonstance des œufs à la coque. »

C'est à la vivacité de l'impression qu'est due la profondeur de l'empreinte mnémonique.

CHAPITRE DOUZIÈME

SINGULARITÉS MNÉMOTECHNIQUES

On appelle mnémotechnie, les moyens artificiels employés, surtout par les pédagogues, en vue de suppléer à la mémoire naturelle.

Cet art est tiré de l'association réelle ou factice que l'on établit, entre les idées à retenir, et les signes conventionnels auxquels on prétend les rattacher. Les rapports de temps, de symétrie, de mesure, d'analogie ou d'opposition, ont été plus ou moins utilisés. La bizarrerie même du système adopté, facilite dans une certaine mesure le souvenir.

**

La mnémotechnie était connue des anciens qui en attribuaient l'invention au poète Simonide.

Cicéron (*de Oratore*, II, 86), et Quintilien (XI, 2), parlent de la mémoire locale ou *topique*, qui consistait à rattacher les divisions d'un discours, aux parties principales de la salle où se produisait l'orateur.

Pour un travail important, ces auteurs conseillaient encore d'imaginer, par exemple, une ville comptant dix quartiers, composés chacun de dix maisons, ayant chacune dix chambres, qui pouvaient être 'combinées de dix manières différentes... Une remarque à faire ici, c'est l'emploi du mode décimal.

***

Les sermonnaires du XVII° siècle, en vrais classiques qu'ils étaient, ne négligeaient pas ces artifices.

Seulement, pour en faire usage, il importait que l'on connût, toujours et quand même, la disposition intérieure du local dans lequel on était appelé à prendre la parole.

S'imagine-t-on le désastre, si une modification accidentelle était apportée dans la salle, à l'insu de l'orateur !

***

Un prédicateur dont on nous a narré la curieuse histoire, a éprouvé cette surprise.

Partisan de la *topologie*, il avait attribué à diverses colonnes de l'église les idées principales de son sermon : les abaques, astragales et gorgerins correspondaient aux subdivisions.

Confiant en ce vieux procédé qui ne l'avait jamais trahi, il monte en chaire sans la moindre préoccupation, commence son discours, le poursuit heureusement, arrive enfin à la troisième colonne, je veux dire au troisième point annoncé..., et s'aperçoit alors que l'objet qui devait raviver sa mémoire était masqué par un voile, derrière lequel on historiait ou réparait le chapiteau !

Il faillit perdre contenance... Grâce à l'heure avancée le pauvre abbé put se retirer honorablement.

Il est évident, qu'une colonne sur trois venant à manquer... le discours ne pouvait tenir debout.

**

Les logiciens du xviiᵉ siècle ont adopté, pour indiquer les modalités du syllogisme, des noms de convention tels que : *Barbara, Baluripton, Datici, Baroco...*

Oh! oui, baroco !

Ces termes en eux-mêmes ne présentent aucun sens ; mais ils servent à démontrer les théories syllogistiques, basées sur une simple combinaison mnémotechnique.

Ainsi Barbara signifie : le premier mode direct de la première figure d'un syllogisme, où la majeure BAR, la mineure BA, et la conclusion RA, sont toutes les trois affirmatives et universelles.

Nous ferons grâce de la démonstration...

N'est-ce pas le cas de s'écrier avec Mʳ Jourdain : « Tant de choses dans un seul mot ! »

**

Pareille terminologie raffinée, n'est faite que pour les initiés ; et, comme veulent bien l'avouer les savants de Port-Royal, il serait de mauvais goût de chercher à introduire ces formules dans le langage courant, « en signifiant, par exemple, qu'on va répondre par un argument en *bocardo* ou en *félapton ;* ce qui serait d'un effet très ridicule. »

C'est notre avis ; et sans doute aussi celui du lecteur.

***

En général, l'élève est d'autant moins tenté de penser à la *chose* figurée, que le *signe* se présente plus facilement à l'esprit.

Oui, cette mémoire mécanique *ruine la mémoire intellectuelle ;* et l'enfant se familiarise même avec des rapports et des associations d'idées, que le bon sens répudie.

La raison restant oisive dans toutes ces opérations, le jugement finit par se fausser, en donnant à la pensée un tour singulier ou une forme étrange.

***

Ouvrons quelques traités spéciaux.

S'agit-il d'apprendre le chef-lieu et les sous-préfectures du département de l'Allier ? (Moulins, la Palisse, Montluçon, Gannat.)

On dictera à l'enfant la sotte phrase suivante, que je copie textuellement : « Envoyez vos *alliés* au *moulin* de *la Palisse*, manger du *moulu son*, avec les *canards*.

Prononcez : Gannat !

Gageons que plusieurs élèves, signalés pour leur fidèle mémoire, classeront « manger » parmi les sous-préfectures.... Le mot n'y est-il pas au même rang que les autres ?

Ou encore :

« Un jour que j'éprouvais une soif de lionne
« (l'Yonne), je m'aperçus à quoi l'eau sert (Auxerre).
« En femme de sens (Sens), j'y joignis (Joigny) un
« peu de sucre, et m'écriai : maintenant, tonnerre !
« (Tonnerre), avalons ! (Avallon).

Si le système est bon pour apprendre la géographie
(ce qui est discutable), il ne doit pas donner, j'imagine,
d'admirables résultats en ce qui concerne l'orthographe.

*

Revenons à notre thèse.

Il importe de restreindre beaucoup les procédés
qui développent à l'excès une faculté secondaire, au
grand détriment de l'entendement même.

Le malheur ! c'est que, dans les examens, les enfants qui n'ont que de la mémoire, ont toutes les
chances de réussir ; tandis que le jugement, cette
pierre angulaire de l'intelligence, n'est tenu pour rien
très ordinairement. Et comme on préfère le Brevet à
la Science, on dresse de petits perroquets qui redisent les idées des autres, mais sont incapables d'en
avoir de personnelles.

Est-elle donc si enviable, l'épitaphe de cet homme
qui n'eut jamais que de la mémoire :

« *Vir beata memoriæ, exspectans judicium.* »

*

« De semblable talent, et d'autres de cette espèce,
« a écrit un vieil auteur, nous ne faisons guère plus

« de cas que des souplesses des danseurs de corde,
« et des tours de main des joueurs de gobelet ; car
« c'est au fond la même chose : les uns abusent d'une
« force de l'âme, comme les autres d'une aptitude
« particulière du corps. »

Malebranche n'est pas moins sévère : « On fait de
« la tête de l'enfant une espèce de garde-meuble, dans
« lequel on remise sans discernement et sans ordre,
« tout ce qui porte un certain caractère d'érudition
« apparente. »

**

Le rythme et la mesure poétique ont été utilisés
avec succès pour venir en aide à la mémoire.

S'inspirant de cette remarque, le célèbre Lancelot
a écrit « Le jardin des racines grecques » livre fameux
qui, en honneur pendant de longues années, fut interdit dans les lycées par le ministère Duruy.

Faut-il en rappeler quelques lignes :

AMIS, pot qu'en chambre on demande ;
ARISTÉROS, gauche et non droit ;
ONOS, l'âne qui si bien chante ;
PELAGOS, mer, des poissons mère...

Et autres jolis vers, qui, au commencement de ce
siècle, constituaient l'inévitable bagage des huma-
nistes.

**

A vrai dire, chacun fait de la mnémotechnie à
son insu.

Les uns, *relisent* dans leur pensée le passage appris,

en revoyant clairement les mots et les lettres mêmes...
Les autres, *s'écoutent* réciter, et retrouvent l'air que
leur oreille a retenu.

L'ouvrier qui fait un nœud à son mouchoir; la femme
du peuple qui met une épingle à son corsage, obéis-
sent au même calcul.

Et selon la réflexion d'un philosophe judicieux :
« Un paysan qui donne un soufflet à son fils devant
« la borne de son champ, afin qu'il en retienne bien
« la place, fait comme Cicéron... de la topologie pra-
« tique. »

***

L'usage des jeux de cartes instructifs date du
xvᵉ siècle, et c'est par ce moyen, que Philésius apprit
les règles de la versification à l'école de Le Fèvre
d'Estaples.

Dans la grammaire de Ringmann, littérateur du
xviᵉ siècle, les parties du discours sont représentées
par autant de personnages : le *nom* par un curé;
le *pronom* par un chapelain; le *verbe* par un roi,
l'*adverbe* par une reine; le *participe* par un moine;
la *conjonction* par un échanson ; la *préposition* par
un marguillier, et l'*interjection* par un fou !!

On a également, d'un nommé Mercier (1685), un
jeu pour apprendre l'orthographe « grâce à un dé,
ou à un rotin » (?)

Signalons encore la *Cantatrice grammairienne*
de Barthélemy, ou nouvelle méthode pour apprendre le français *par le moyen des chansons*, sans
le secours d'aucun maître (??) — 1787 : Lyon.

Cette dernière idée a été mise en œuvre avec « humour » par l'auteur de l'amusante comédie de *Bébé*.

Dans une scène « d'hilarante mémoire », on voit un certain répétiteur, Pétillon, surpris par la mère du jeune homme au moment où il fait tapage avec ses élèves. Il explique alors à la bonne dame, qu'il est en train de leur enseigner le Code civil sur des airs connus ! « nouvelle méthode ! » s'écrie-t-il avec aplomb et suffisance.

**

Ah ! voilà une pièce dont la lecture serait profitable à plusieurs !

Ce « Bébé » enfant gâté... par l'aveugle confiance de la mère, et disculpé par le passé d'un père, qui admet les compromis avec la morale et tolère sous son toit des amis tarés, est le type réussi de l'enfant mal élevé dans la bourgeoisie vulgaire.

Assurément il peut être curieux de montrer comment l'enfant *se gâte :* les comédies, les livres, les discours dans cet ordre d'idées abondent.

Mais le présent ouvrage a un autre but, et s'adresse, on le sait, aux parents qui ont à cœur d'étudier comment on *élève bien*.

C'est moins amusant à rechercher, d'accord ! mais plus utile, et plus urgent surtout.

LIVRE HUITIÈME

PRINCIPAUX DÉFAUTS DE L'ENFANT

CHAPITRE PREMIER

L'EGOÏSME

Ce défaut est suffisamment analysé, dans le portrait type que nous avons esquissé de l'enfant mal élevé, à trois ans.

C'est le penchant capital à combattre dès les premières exigences.

Aussi, pour éviter des redites fastidieuses, ne nommons-nous ici l'égoïsme que pour mémoire, nous proposant d'examiner de préférence d'autres défauts dont il n'a point encore été parlé.

Contentons-nous de rappeler quelques lignes de M. Alphonse Karr : « On s'attache, écrit-il, à ca-
« cher soigneusement à l'enfant en bas-âge, et sa fai-
« blesse et sa dépendance. On s'opiniâtre à de-
« viner ce qu'il veut. On lui présente tour à
« tour ce qui se trouve dans la partie de la chambre,
« vers laquelle il a paru tendre ses petites mains,

« peut-être par hasard ! On lui enseigne qu'il n'a qu'à
« pousser quelques vagissements, pour que choses
« et gens se hâtent d'accourir à ses ordres. Eh bien !
« c'est une indigne tromperie : on l'abuse ! Mais ce
« n'est pas tout : on feint d'avoir *peur* de lui ; on lui
« persuade qu'il est *fort*, que tout est esclave de sa
« volonté. Ah ! je comprends combien il serait doux
« de prévenir chaque désir de l'enfant ; d'émailler
« toutes les routes de fleurs, toutes les heures de
« plaisirs ! Mais restera-t-il toujours enfant, et res-
« terez-vous toujours là pour le protéger ?... Vous
« deviendrez vieux et vous disparaîtrez. Avant cela
« même, il s'élancera dans la vie avec des idées faus-
« ses, rencontrant à la traverse les hommes et les
« choses : ici se cassant la tête, là se brisant le cœur. »

Ces réflexions ne sont point joyeuses, certes ! par
malheur, elles n'ont rien d'exagéré.

L'*égoïsme* dessèche toutes les tendances généreuses ; vampire insatiable, il se nourrit de la subs
tance des autres, en les épuisant et en les absorbant.

∗

Ainsi, il y a des enfants qui prétendent obliger leur
mère (fût-elle brisée de fatigue et accablée de sommeil), à passer la nuit au chevet de leur lit, la main
dans la main..... Et l'illusion maternelle y voit une
preuve d'amour !

Comment appellerait-on alors cette touchante sollicitude d'une petite malade de six ans nous disant
un jour : « Je ne me plains pas, afin que maman
dorme bien tranquille. »

CHAPITRE DEUXIÈME

LA COLÈRE

A peine né, l'enfant se livre à de véritables accès de rage : larmes, contorsions, trépignements, traduisent son émoi.

On dirait qu'il éprouve un amer chagrin à se sentir si incapable, et qu'il se révolte contre les premières douleurs de la vie.

Quand il grandit, à la colère tapageuse, succède souvent une autre colère, froide, concentrée, bien autrement mauvaise et violente.

***

Que de fois ne rencontre-t-on pas dans les familles un parent maladroit, un ami désœuvré, un sot domestique, s'amusant à irriter l'enfant et à le rendre hargneux : tantôt, lui attribuant à tort des propos niais ou déplacés ; tantôt, l'humiliant au souvenir de ses bévues ou de ses maladresses; tantôt le contrariant par méchanceté pure !

Qui n'a vu cette bonne absurde, dont l'intelligence consiste à répéter tout le jour à l'enfant : « *Donne un coup de pied à la vilaine table...; frappe la méchante chaise...; fais «pan! pan! » à la dame...*

Quoi de plus propre à développer l'irascibilité, et à faire prendre l'habitude de la vengeance et de la provocation?

⁎⁎⁎

Remarquez que la passivité du meuble « coupable », n'est point faite pour désarmer l'enfant, que l'inertie de l'objet énerve davantage. Ajoutons que, le plus souvent, le *baby*, en déchargeant violemment sa fureur sur un corps solide, ressentira une commotion douloureuse qui l'agacera plus encore.

Veut-on avoir des enfants violents et vindicatifs ? Qu'on retienne le procédé : il est infaillible !

Il n'y a qu'un esprit prévenu, comme l'était celui de Rousseau, qui puisse soutenir « que les enfants ne deviennent ni mutins ni révoltés, tant qu'ils ne rencontrent de résistance que dans les choses ».

⁎⁎⁎

On ne s'étonnera pas de cette prédisposition à la colère, si l'on constate que la faiblesse et les infirmités de notre nature, en sont la cause première et déterminante.

Plus on se sent impuissant et dépendant, plus cette passion se fait sentir.

Elle s'enflamme au choc des vicissitudes dont la vie est toute remplie.

Aussi les enfants, les vieillards et les malades,

sont-ils moins disposés que d'autres à la tolérance : la conscience de leur incapacité les porte à croire qu'ils sont lésés ou négligés, alors qu'ils subissent seulement la loi commune et les conséquences inéluctables de leur condition.

***

Quand on a laissé prendre à l'enfant un caractère irascible, l'influence physique, dite colérique, s'ajoute au trouble de l'âme, au point de détoner à la plus légère secousse.

Cela devient un état chronique et presque maladif. Le mal grandit quelquefois jusqu'à provoquer des convulsions : les muscles se contractent, les yeux s'enflamment, les lèvres tremblent, les cheveux se hérissent, le corps se crispe, la voix meurt dans la gorge ou sort en éclats ; enfin une fièvre brûlante envahit l'être entier.

***

L'histoire garde souvenir d'hommes célèbres, morts dans un accès de colère, Valentinien, par exemple.

Les Moraves ayant été battus par les Romains, le guerrier Mérobaud fut envoyé en députation auprès de cet Empereur, qui, outré de son attitude insolente, se livra à une telle explosion de rage, que le sang lui jaillit par la bouche et le suffoqua.

Les fièvres inflammatoires, les amauroses, les convulsions, l'épilepsie peuvent avoir leur cause originaire dans cette passion, au dire de Pinel, Richter, Hoffmann, Sevret...

L'exercice, les lotions froides, l'isolement, la correction, selon les cas et les tempéraments, combattront utilement cette propension malheureuse.

La vue du délire colérique a quelquefois produit une heureuse influence : c'est ainsi que les Spartiates, pour inspirer à leurs fils la sobriété, leur montraient les Ilotes dégradés et abrutis par l'ivresse.

CHAPITRE TROISIÈME

LA JALOUSIE

Si la jalousie est un instinct regrettable, elle procède toutefois d'un principe qui n'est pas, ce semble, absolument mauvais en soi.

Elle a sa racine, croit-on, dans un sentiment affectueux poussé à l'excès.

> La Jalousie est la sœur de l'Amour.
> Comme le diable est le frère des anges,

dit le poète Boufflers.

**

Mais ne confondons pas l'envie avec la jalousie.

Ainsi un enfant éprouve un violent dépit en voyant sa mère câliner un de ses petits camarades... : il est *jaloux*.

Au contraire, quand il convoite le gâteau du voisin, ou le jouet de son frère ; quand il désire un objet, moins pour en jouir que pour en priver autrui...., il est *envieux*.

**

En disant que la jalousie a pour cause originaire l'affection, nous nous faisons l'écho de la doctrine généralement admise.

Cependant, à notre avis, ce défaut est plutôt provoqué par l'égoïsme.

Tel qui repousse comme ennuyeuses les caresses maternelles, qui les fuit comme importunes, jettera les hauts cris, si jamais un rival aspire à prendre sa place.

Un enfant à la mamelle qui verra sa nourrice en allaiter un autre en sa présence, témoignera une violente jalousie : la tendresse n'y entre pour rien.

***

Dès que cette passion prend consistance, il n'y a plus ni gaieté, ni enjouement : l'appétit disparaît en partie, le besoin de la solitude et du silence s'accuse, la fraîcheur du teint s'efface, la peau se distend, la maigreur survient ; et un véritable marasme s'empare de ce petit malheureux, qui mourra peut-être, avant de révéler la cause du mal qui le ronge intérieurement.

***

Le sentiment jaloux serait bien plus rare, si on ne le faisait naître, grâce à un jeu familier à nombre de parents.

En effet, on assure à l'enfant qu'on lui préfère de beaucoup son petit ami Jacques ; qu'on voudrait avoir le jeune Pierre pour fils, et non lui...

Ignorant dans quelle mesure le propos est sincère et *réalisable*, il deviendra inquiet et défiant, et redoutera un concurrent captieux.

Le danger est particulièrement sérieux quand, par malheur, la comparaison s'établit au même foyer entre les frères.

Alors la jalousie y jette en germe des haines profondes, des inimitiés violentes, qui auront dans ces jeunes âmes des retentissements douloureux.

Un fils préféré, est un frère détesté.

Nous l'avons établi ailleurs.

<center>***</center>

A la jalousie, plutôt encore qu'à la méchanceté, se rattache l'habitude pernicieuse de la *délation*, qui, selon l'expression vulgaire, consiste à « rapporter » les fautes des camarades.

Il y a peu d'enfants qui n'aient recours à ce procédé, soit pour se disculper et détourner l'attention, soit pour prouver que les autres ne sont pas plus sages qu'eux, au contraire !

On devine combien l'enfant est incité à commettre cette lâcheté, quand on surfait devant lui les qualités de ses amis...

Cette tendance est capable de lui gâter le cœur si l'on n'y prend garde, et si elle devient une habitude : ce qui n'est point rare.

Elle cache encore une arrière-pensée de flatterie qui ne déplaît pas à certains parents.

L'enfant *a l'air* de tenir grand compte des recommandations et des désirs paternels, il semble en surveiller l'exécution par affection ou par respect : et l'on est assez porté à lui savoir gré de cette sollicitude.

Qu'on observe de près ! et l'on verra que la dénonciation correspond d'ordinaire à un sentiment mauvais : vengeance, jalousie ou flatterie.

Bien entendu, nous ne parlons pas des cas, où un ordre spécial du père confère à l'aîné un droit de contrôle sur les frères plus jeunes ; nous envisageons seulement la spontanéité de la délation.

***

Une hypothèse délicate, est celle où l'enfant inspiré dans sa conduite par un sentiment de justice offensée, et scandalisé par une action blâmable, croit, en conscience, devoir avertir ses parents.

Si aucune pensée méchante ne l'inspire, on le félicitera de cette démarche comme il convient, car, de sa part, c'est une preuve de loyauté et de confiance.

***

Mais l'embarras est plus grand quand l'enfant, tout en étant justement offusqué des méfaits commis, obéit *en même temps* à un calcul vindicatif en les signalant.

D'une part, le réprimander n'est pas admissible, s'il révèle un acte coupable.

D'autre part, l'approuver sans mesure serait injuste, puisqu'il a tort de chercher à attirer les sévérités sur le délinquant. Il y a là un défaut de générosité, une petite trahison qui n'est pas autrement louable.

Quel est donc le moyen terme ?

On peut concilier les choses en donnant raison à l'enfant, (attendu que son émoi est légitime), tout en tempérant l'éloge par un correctif *pratique*. .

Je m'explique : Jean raconte, je suppose, que Louis, en l'absence des domestiques, a joué avec le canif ou les compas trouvés sur le bureau paternel, au risque de blesser ses sœurs qu'il menaçait pour s'amuser ; et cela, malgré la défense formelle à lui faite d'y jamais toucher...

« Mon ami, pourra dire le père, tu fais bien de
« blâmer la grave imprudence de ton frère. Je le
« prive de dessert et de sortie ; mais puisque tu es
« plus raisonnable que lui, je te charge de le sur-
« veiller toi-même en mon absence ; ce soir, tu me
« rendras compte de sa conduite ».

En fait, le petit censeur trouvera la fonction aussi... ennuyeuse, qu'honorable. . . . . . .

Et la leçon sera double.

Cet expédient a produit, à notre connaissance, les plus salutaires effets sur de jeunes « rapporteurs », réputés incorrigibles.

CHAPITRE QUATRIÈME

LA PEUR

L'impression auditive est la première cause de la peur chez l'enfant.

Un cri, un choc, font tressaillir le *baby* qui n'éprouverait nulle crainte à la vue d'un incendie.

La peur se développe avec l'expérience du danger.

Voilà pourquoi à dix ans, on ressent des impressions d'effroi bien plus fortes qu'à deux ans seulement.

***

Les différents degrés ou *états* de la peur ont des noms variés, selon qu'ils affectent plus ou moins l'organisme et l'intelligence.

Analysons ces nuances :

La *frayeur*, est une agitation vive et violente de l'âme, causée par la présence imprévue d'un danger qu'on n'a pas eu le temps d'apprécier : elle est très particulière à l'enfant.

Elle saisit, elle glace, mais ne dure pas longtemps.

L'*effroi*, est la continuation de la frayeur ; il existe tant qu'on croit le danger réel et présent.

La *terreur*, est causée par l'annonce d'un grand mal ou d'un grand péril, auquel on ne croit pas avoir chance d'échapper : ce sentiment implique une maturité relative.

Elle terrasse et paralyse sa victime.

L'horreur, est un saisissement intérieur qu'éprouvent l'âme et le système sensible, à l'aspect d'un objet affreux ou odieux.

Elle fait reculer d'une façon électrique le corps tout entier.

L'épouvante, est l'état d'un esprit livré à la peur, qui s'exagérant le danger, ne songe qu'à s'y soustraire.

Et tandis que la terreur, l'effroi et l'horreur abattent les forces physiques et les annihilent, l'épouvante au contraire les centuple, non pour l'attaque, mais pour la fuite. Elle donne une agilité étonnante et une force inconnue.

Comme on l'a dit avec une très grande justesse : l'épouvante est le courage de la peur...

La *crainte*, bien différente de la peur, est le résultat du jugement, d'un examen de l'esprit, et non pas une impression subite et fiévreuse.

Elle peut se rencontrer dans une âme forte ; et doit se trouver dans une âme prudente ; car elle contribue à nous rendre modérés et réfléchis. Dans cette mesure, elle a son utilité incontestable.

C'est le commencement de la sagesse...

***

L'enfant a une extrême répugnance à confesser sa peur. Mais la cause n'en réside pas seulement dans les susceptibilités de l'amour-propre.

Je suppose un enfant avouant sa crainte des ténèbres...

Eh bien! huit fois sur dix, il est sûr qu'on l'enverra le soir, faire sans lumière le tour de l'appartement, traverser le jardin solitaire, ou rendre une palpitante visite au grenier. Promenades et visites qui ne servent qu'à augmenter son mal!

***

La peur étant une imagination, doit par là même s'exalter et non s'user, quand on la provoque. A cela, on répond que l'enfant est sot de se bouleverser ainsi ; qu'il n'y a pas de quoi s'effrayer...

Toutefois, la question n'est pas de savoir s'il y a danger; *mais si, lui, croit au péril.*

Là est le principe de son trouble.

Au lieu d'énerver l'enfant par ces épreuves, il convient *d'abord* de gagner son entière confiance; puis, quand il est tout à fait calme et rassuré, de lui montrer qu'il a été victime de son imagination.

Loin de le guérir, on l'affole, en l'obligeant à affronter l'objet de ses craintes; et en riant de son épouvante, on le dissuade de jamais se confier. Celui qu'on n'a jamais ni trompé, ni terrifié, n'est presque point tourmenté de la peur.

***

C'est qu'en effet ce sentiment résulte bien plus souvent d'une circonstance, que d'une tendance.

Soit pour distraire, soit pour intimider « les petits maîtres », des domestiques mal avisés leur racontent des histoires lugubres ou saisissantes..

Naturellement! les jeunes imaginations dévorent

avec avidité ces récits, et les amplifient jusqu'à l'extravagance.

Une seule anecdote, suffit à impressionner d'une façon maladive certaines natures nerveuses ou timorées.

Frappé de la peur, l'enfant éprouve un resserrement indéfinissable de tout son être : le sang reflue au centre en glaçant l'extérieur du corps, les jambes chancellent, la poitrine est haletante, les yeux sont hagards, la voix est étranglée; le vertige se fait sentir.

⁕⁕

Les plus fâcheuses commotions, et même les plus graves accidents peuvent suivre un accès de peur.

On raconte que pendant une épidémie on fit l'expérience suivante sur deux condamnés à mort.

On plaça l'un d'eux sur un matelas tiède, en lui disant qu'un cholérique venait d'y mourir.... Le malheureux ressentit bientôt les prodrômes de la contagion, et succomba. Or cette couche n'avait jamais servi : on l'avait bassinée.

Quant à l'autre individu, on le mit dans un lit où un homme atteint du fléau avait rendu le dernier soupir quelques heures auparavant, mais on ne l'en avertit point; et il n'éprouva aucun mal.

On connaît aussi l'histoire de ce condamné, mort d'effroi, au contact d'un simple linge mouillé, dans lequel il crut sentir la froide lame de l'instrument du supplice.

⁕⁕

Avant de solliciter les aveux de son fils, on fera sagement, en cherchant à deviner, à peu près du moins, *la nature* de la peur qui le touche.

Un père vigilant et quelque peu clairvoyant, ne saurait longtemps errer.

Le champ d'investigations est assez limité après tout : crainte du feu, des malfaiteurs, des êtres imaginaires..., telles sont les causes ordinaires des terreurs enfantines.

*_**

Un jour, à la fin d'un dîner de famille, le fils d'un filateur conduisit, en manière d'amusement, deux de ses jeunes cousins dans le sous-sol des ateliers, où étaient suspendus, à égales distances, d'énormes écheveaux de lin. Et là, à la lueur d'une lumière indécise et blafarde, il prétendit leur faire voir, dans ces « liasses » symétriquement disposées, une ligne interminable de pendus se balançant au plafond de la cave !

Il n'en fallait pas tant pour frapper l'imagination de ces enfants, qui s'enfuirent en proie à une indicible terreur. Ils se gardèrent bien d'en rien dire à leurs parents.

C'est l'usage.

Étaient-ils convaincus de la réalité de ce musée funèbre ?

Nullement ! leur naïveté n'allait pas jusque-là ; mais la peur les obséda quand même, pendant de longs mois.

Autre exemple. — Dans la famille du jeune F..., on avait l'habitude de placer un chapeau au crochet d'une patère, faisant face au petit lit de l'enfant; et au-dessous, on suspendait le soir, pardessus ou manteau. En sorte que, dans la pénombre, le tout formait une masse étrange, dans laquelle, ici encore, l'enfant s'obstinait à voir une affreuse silhouette de pendu, dont l'horrible tête repliée sur la poitrine, lui donnait des sueurs froides suivies de cauchemars épuisants.

Brisé de fatigue et d'émotion, il finissait par se lever, allait décrocher le vestiaire improvisé, et recouvrait enfin la paix et le sommeil.

Il savait très bien qu'il n'y avait pas là d'individu « lynché » : la preuve, c'est qu'il s'en approchait sans crainte.

Ce manège dura longtemps sans que personne pût en soupçonner le motif.

**

Je sais que le *moi* est haïssable; néanmoins qu'on nous permette de citer un fait personnel.

« Au marais, » nous comptions d'excellents amis qui nous faisaient le meilleur accueil, nous comblant de caresses et de jouets.

Cependant à l'âge de cinq ans, je m'ingéniais par tous les moyens à n'accompagner point ma famille dans ces visites amicales. Tous les prétextes étaient bons,... même les mauvais, pour m'en dispenser.

Et cela, uniquement parce qu'il fallait passer rue Saint-Antoine devant la boutique d'un charcutier, à la porte duquel se voyait, et se voit encore, un énorme sanglier en bois (!), qu'un passant m'avait un jour signalé comme bien vivant, et très méchant!

J'avais beau ne point croire au danger : l'horreur survivait au raisonnement.

Pardon de ce détail, mais on est encore plus certain des impressions ressenties, que de celles que l'on croit surprendre ou deviner chez autrui.

***

Lisez enfin cette intéressante description, due à la plume du docteur Pujol.

« Observons la peur, dit-il, chez un de ces malheureux enfants à qui l'on s'est fait un plaisir de raconter les histoires les plus terribles, de bandits, d'ogres ou de revenants. L'heure du sommeil est arrivée : on le met au lit, on le laisse seul, ayant grand soin de retirer la lumière. Un léger bruit se fait-il entendre, un meuble vient-il à craquer? à l'instant même sa jeune imagination, pleine d'assassins, de cercueils et de fantômes, lui retrace les tableaux les plus monstrueux. Il s'enfonce jusqu'au fond de son lit, et recouvre sa tête de son drap; en même temps, il rapproche fortement les bras de sa poitrine et les genoux de son ventre; ce n'est plus qu'une boule. D'instinct, il se fait le plus petit possible pour présenter moins de surface à l'ennemi qu'il redoute. Dans cet état, le sang brusquement refoulé de la périphérie au centre, fait battre le cœur avec violence; son pouls est fréquent, souvent irrégulier; sa respiration courte et précipitée; il cherche à retenir son haleine dans la crainte de se trahir;

enfin, les yeux ouverts et fascinés, l'oreille tendue, le corps immobile, il reste l'esprit fixé sur l'objet de sa peur, jusqu'à ce que, ayant épuisé toute sa puissance de contraction musculaire, il tombe dans une sueur de faiblesse, et dans un sommeil souvent troublé par des rêves effrayants, qui en détruisent l'action réparatrice. »

CHAPITRE CINQUIÈME

LA TIMIDITÉ

On exagère l'importance de ce défaut; car enfin, la timidité convient à l'ignorance et à la faiblesse du jeune âge. N'est-ce pas l'amour-propre froissé plutôt que l'intérêt vrai des enfants, qui émeut tant les parents à cet égard?

Rien ne vexe, comme de voir un enfant que l'on sait intelligent, spirituel même, se renfermer dans un mutisme complet, ou se produire avec le minimum de ses avantages.

***

Remarquez ce qui se passe : c'est au jour et à l'heure où l'on souhaiterait qu'il s'épanouît, que, par exception, il va se montrer absolument au-dessous de lui-même. On le croira du moins.

« Ce sera comme un fait exprès!... jamais on ne l'aura vu ainsi!... »

Pourquoi? Parce que l'intelligence ne se livre pas sur commande, et qu'il suffit qu'on veuille provoquer artificiellement des saillies, pour que l'esprit reste au calme plat par une judicieuse défiance de soi-même.

L'enfant sent qu'on veut le faire valoir, qu'on escompte ses réparties ingénieuses; et, distrait par cette préoccupation, il ne s'abandonne plus à la spontanéité de ses impressions. Il devient lourd, absorbé, hébété!

Ajoutons, qu'il se tiendra d'autant plus sur la réserve, qu'il sera plus avisé. Voyant qu'on le met sur la sellette et qu'on l'écoute, il se sentira contraint, et trouvera lui-même fades les mots prime-sautiers qu'il avait sur les lèvres tout à l'heure, et dont le naturel eût été le charme principal.

La réflexion lui fermera la bouche.

Au contraire, un enfant d'un moins bon jugement profiterait de l'occasion offerte, pour dire une foule de choses niaises ou déplacées, et pour divaguer complètement; croyant paraître gentil, il en arriverait à humilier ses parents par l'intempérance de son langage.

⁎

Avouons que souvent, le *savoir-faire* réussit mieux que le *savoir*, et que l'assurance donne en maintes circonstances de véritables avantages.

Mais au point de vue moral, la timidité chez l'enfant dénote ordinairement les qualités sérieuses de l'esprit.

Elle est fille de la modestie : elle provient du sentiment qu'il a de son infériorité comparative.

Eh bien! comprendre cette infériorité, est, à notre sens, donner une grande preuve de jugement et d'intelligence.

D'ailleurs, est-ce qu'avec l'âge, l'enfant ne se guérira point peu à peu de ce léger défaut, dont il ne faut pas trop dire de mal. Car la timidité, retenons-le, s'allie à merveille avec le courage et la valeur, et leur cède le pas, quand il s'agit des intérêts de la Patrie ou des devoirs de la Charité.

On a le choix des exemples.

Et puis! selon la judicieuse remarque d'Arnauld : dans nombre de cas on est craintif, moins par méfiance de soi, que par défiance des autres... Et l'on n'a point tort.

Enfin, de tous les défauts, seul, il ne nuit point à autrui. Il peut être préjudiciable au timide; mais jamais il n'a blessé ni la vertu, ni l'honneur.

C'est donc plus un malheur, qu'un mal.

**

A l'encontre, le jeune présomptueux, lui, est atteint d'une maladie incurable.

Se croyant capable en tout, il n'apprendra rien. S'estimant l'*égal* de ses supérieurs..., et le *supérieur* de ses égaux, il sera détesté de tous.

En grandissant, il se montrera intolérable ; la vanité deviendra de l'arrogance, et, fût-il d'une intelligence hors ligne, il verrait diriger contre lui les critiques les plus acerbes, car il ne comptera que des ennemis.

Les gens de valeur ayant conscience de tout ce qui leur manque, plus que d'autres font preuve de modestie. Et tandis que cette vertu est, a été, et sera quand même la caractéristique du vrai talent ; la présomption restera l'apanage des individus médiocres qui, ignorant leur condition, sont presque toujours glorieux et satisfaits.

Chacun est mécontent d'eux; mais ils sont littéralement enchantés d'eux-mêmes!!

LIVRE NEUVIÈME

LES ENFANTS TERRIBLES

Les bienséances obligent à adresser des remontrances aux enfants terribles. Il le faut; et sur ce point tout le monde tombera d'accord.

Mais reconnaissons que, pour un philosophe, rien n'est plus intéressant ni plus charmant que ces mots, à la fois naïfs et profonds ; que ces réflexions marquées au coin du bon sens, ou d'une fine critique d'autant plus vraie, qu'elle est plus imprévue, souvent même inconsciente.

Quoi de plus personnel à l'enfant que ces jugements spontanés, ces saillies qui lui échappent naturellement! Leur réjouissante saveur, leur verve irrésistible pourraient parfois rivaliser avec les œuvres d'esprit les plus vantées. Prenons quelques exemples au hasard.

**

« Bonjour, mignonne! Je suis au désespoir! votre bonne mère comptait me rencontrer l'autre jour chez

moi, et je venais justement de sortir. Elle a dû bien
m'en vouloir....? » — « Maman? pas du tout. Elle a
dit : Dieu ! quelle chance !.... Filons vite ! »

***

On est à table. L'amphitryon annonce aux invités
« un Bordeaux de derrière les fagots. » Et le jeune
fils de la maison de s'exclamer : « Tiens ! on a gratté
l'étiquette de la bouteille. Oh ! je la reconnais bien,
va ! »

***

On apporte le rôti. « Une pintade de chez nous, »
dit gracieusement l'hôtesse, un produit de notre
basse-cour... C'est un des grands plaisirs de la campagne : on sait d'où vient ce qu'on offre à ses invités. » — « Petite mère ! demande avec ardeur et
précipitation un jeune bambin, est-ce que c'est la
bête qui s'est noyée hier dans la mare ; dis ? »

***

Arrive une visite. L'enfant de la maison est seul
au salon. « Maman, viens vite ! s'écrie-t-il, c'est la
dame de l'autre jour... la dame au long nez. »

***

« Sais-tu pourquoi, on ne laisse que de tout petits
bouts de bougies dans les candélabres...? Père trouve
qu'on a l'air d'avoir eu la veille du monde en soi-

rée. Mais on n'en a jamais... : on ne reçoit que mes tantes. »

***

« Je suis bien content quand tu viens dîner chez nous. » — « Alors, tu m'aimes beaucoup ? » — « Non, seulement il y a un plat de plus. »

***

La lèvre d'une dame est ornée d'un duvet un peu trop abondant... Un enfant ne la quitte point des yeux. Sa mère inquiète, et pour cause, cherche à détourner son attention. Peine inutile! Elle n'empêchera pas la réflexion suivante de se produire à mi-voix : « Pourquoi donc, mère, ne se rase-t-elle pas... la dame ? »

***

« Allons, mademoiselle! il ne faut pas se regarder dans la glace: ce n'est pas beau cela. »
— « Alors, pourquoi en avez-vous? » a répliqué avec une logique invincible une petite fille de six ans, plus intelligente que timide.

***

C'est le jour de réception de Mme ***. On apporte un bouquet.
— La dame : « Des fleurs... ? Qui peut bien... ? »
— « Mais, maman! c'est toi-même qui a recom-

mandé à la marchande, de te les envoyer à cinq heures. »

***

A une institurice : « N'est-ce pas, Mademoiselle, qu'il ne faut pas mettre une *h* à omelette...? Là ! vois-tu, marraine! »

***

Une dame se plaint d'avoir perdu tous ses cheveux. — « Mais non, mère, je les ai vus ce matin encore sur la cheminée. »

***

« Monsieur votre père est-il chez lui, ma bonne petite? » — « Moi, je ne sais pas; mais j'ai compris qu'il disait que si vous veniez, il n'y serait pas. »

***

« Quoi! mon ami, vous m'avez écrit? Mais, j'en suis désolé, il ne m'est rien parvenu : d'ailleurs, la poste n'en fait jamais d'autres!

— L'enfant intervenant : « Comment! papa, tu ne te rappelles pas? Tu as même ajouté en jetant la lettre au feu : « Franchement! il n'y en a pas pour trois sous! »

***

« Prends garde au tableau! » — « Oh! il n'y a guère

de danger, va ! papa l'a cloué au chevalet.... il dit
qu'une toile sans cadre, ça donne un *chic* d'artiste. »

***

« Madame votre mère fait beaucoup de musique ?
— « Non ! seulement elle recommence toujours *son
air*, quand on sonne à la porte.

***

X... aime à poser pour l'homme répandu et recherché : « Savez-vous, mon cher ! que je viens de rencontrer, juste à votre porte ? » — « Non. » — « Un
de mes bons amis, le jeune marquis de B... qui ne
voulait plus me quitter, ma foi ! »
— « Par exemple ! s'écrie l'enfant, c'est un peu
fort que tu n'aies point reconnu mon cousin René !
Il t'a même dit : je te lâche, car voilà le tramway qui
arrive. J'en suis bien sûr... Ah mais !... »

***

« Êtes-vous contente, ma chérie, des prunes et
des groseilles que j'ai envoyées pour vos cousines
et pour vous ? Dites-moi qu'avez-vous eu ? » —
« La colique ! »

***

Une fillette, à sa petite amie : « Tu as vu le domestique qui a ouvert la porte...? Eh bien ! *c'est pas*
un domestique... C'est notre concierge ! Mère le fait

monter quand il vient du monde, et il met un vieil
habit à papa... »

— « Tiens! c'est comme chez nous : la grande
Annette, qui *fait* la femme de chambre, le lundi..,
elle ne s'appelle pas Annette du tout....! C'est madame Guérin, la couturière du sixième... »

***

Au point de vue de la critique pure, cela est tout
simplement exquis.

Et si l'intérêt moral de l'enfant nous fait un devoir
de blâmer ces appréciations « terribles », c'est surtout en vertu de ce principe : toute vérité n'est
pas bonne à dire...

LIVRE DIXIÈME

L'AMOUR PATERNEL. — L'AMOUR FILIAL

CHAPITRE PREMIER

PARALLÈLE ENTRE L'AMOUR PATERNEL ET L'AMOUR FILIAL

> La mère est la meilleure école.
> (MICHELET.)

Nous avons promis d'être indépendant dans nos appréciations; aussi n'hésitons-nous point à consigner les observations suivantes.

Un fils naît...

Depuis de longs mois déjà, a tressailli la fibre maternelle.

En venant à la lumière, l'enfant trouve dans sa *mère* une tendresse parfaite, dans la plénitude de son intensité.

Cette naissance n'est assurément pas appréciée de la même manière par le *père*. Il est flatté de son nouveau titre; il est content d'avoir un héritier.... même une héritière, mais le bébé, *en lui-même*, n'éveille pas les enthousiasmes généreux que ressent

la femme dans sa maternité expansive et triom-
phante !

***

Pendant les premiers temps, l'affection du père
sera calme et tempérée, tandis que celle de la mère
est, dès le début, à son maximum d'épanouissement.

La maman ne pense pas à elle... Aimant l'enfant
pour lui-même en dehors de toute considération
personnelle, elle s'oublie, et ne comprend point
que rien puisse, en aucun cas, passer avant l'intérêt
du cher *baby*.

Son amour est fait de dévouement et d'abnégation.

La mission qui s'inaugure pour elle ne semble lui
promettre, pendant des années, que de nombreux
soucis, des préoccupations mortelles et des fatigues
infinies...

Que de nuits passées, de craintes ressenties, de
sollicitudes dépensées, avant de recevoir un sourire
ou une caresse de ce petit-être, dédoublement d'elle-
même et son âme multipliée !

Qu'importe ! Se priver pour ce « bien-aimé », souffrir pour lui, n'est-ce point tout ensemble une inef-
fable joie et un besoin de sa nature ?

Plus elle se dépense, plus elle se sent mère...

Certes ! Montaigne n'eût point osé dire devant
des femmes ce mot cynique, sorte de blasphème qu'il
proféra en parlant de ses fils : « J'en ai perdu un...
ou deux. »

Mais vienne le jour où l'enfant saura se connaître, et reconnaître ceux qui l'entourent, balbutier *pa...pa* pour la première fois... Alors, le père ressentira une émotion nouvelle ; et dès ce moment ses impressions seront plus vives, plus profondes même que celles éprouvées à la naissance du bébé.

Pourquoi son affection s'est-elle fait attendre? Pourquoi est-elle si en retard sur celle que possède, et *qui possède* la mère ?

C'est parce qu'il aime avec moins de désintéressement qu'*elle*.

Il y a une pointe d'égoïsme chez lui : donnant, donnant !

***

Ah ! il représente une légion nombreuse, ce père que nous entendions un jour exprimer avec conviction la pensée suivante: « Tant que les enfants ne « sont pas propres, ils sont exclusivement à la ma- « man ; » parole qui révoltera avec raison les mères, sans les décourager néanmoins !

Caton prenant plaisir à envelopper de langes son nouveau-né, sera plus admiré qu'imité.

Répétons-le encore: la mère aime l'enfant à proportion des sacrifices qu'elle fait pour lui : son affection est en raison directe du mal qu'il lui coûte. Plus il est faible, chétif, disgracié même, plus la part de tendresse qu'elle lui réserve est grande.

... Je ne suis pas sûr qu'il en soit de même du côté du père, qui semble aimer l'enfant dans la mesure du plaisir que celui-ci lui procure.

Il y a là certainement une nuance accusée.

* * *

En général la prépondérance de l'influence maternelle au foyer offre de très sérieux avantages.

Sur dix MÈRES, il y en a huit *sachant* élever leur enfant ; et une seule *pouvant*, par suite des circonstances, mener à fin son œuvre.

Ordinairement, sur dix PÈRES, huit *ignorent* leur « métier de père » ; et sur les deux restant, un seul *accepte* de prendre la lourde charge de l'éducation, d'accord avec la maman.

Libre au lecteur de modifier cette proportion : nous ne nous occupons que du principe.

Or, du moment qu'un père ne se soucie point de se dévouer à l'éducation des siens, qu'au moins il se fasse un *devoir absolu* de sanctionner les décisions maternelles ! sinon, il est gravement coupable, et responsable de l'avenir.

Pareille sanction contribuera puissamment à maintenir L'UNITÉ et l'harmonie dans la direction : ce qui est déjà bien précieux.

Une délégation du père, vaut mille fois mieux qu'une intervention irrégulière, mal pondérée et guidée par le hasard.

Du reste, la mère est placée comme personne pour observer de près les caractères, les tendances ou les défauts de sa jeune famille ; tandis que le père qui prend les rênes d'une manière *intermittente* et irréfléchie, risque de se placer, sans le vouloir, à la traverse des ordres et des projets maternels.

Atteler deux chevaux en sens contraire, c'est annihiler l'effort jusqu'à l'inertie : mais avec un attelage
où un seul tire, si l'on avance peu, du moins on
avance !

L'idéal serait, que le père empruntât quelque chose
de la douceur maternelle, tout en restant, (comme
il convient à la force), le représentant naturel de
l'autorité ; et que, d'autre part, la mère se sentît
assez soutenue, pour oser commander *virilement*
en l'absence de l'époux.

**
**

Enfin, le père a lieu de se mettre en garde contre
une tentation qui consiste à gâter l'enfant, dans les
rares moments où il s'en occupe.

Quoi de plus engageant que d'être le « papa gâteau », en laissant à la maman le rôle de censeur,
de correcteur, de « rabat-joie » !

Semblables aux amis de la maison qui veulent
avoir la paix pendant la visite qu'ils rendent, nombre de pères, se préoccupent peu de ce qui se passera après, alors qu'éloignés du foyer, ils laisseront
leur femme aux prises avec les exigences ou les ré-
voltes de l'enfant.

Et c'est précisément cette continuité dans la charge,
qui oblige la mère à ne point permettre tout ce
que le père tolèrerait au besoin, pendant une heure
exceptionnelle de délassement.

**
**

On devine que le petit despote ignore encore les

dispositions du Code et les usages sociaux, qui arment le chef de famille d'une autorité plénière, ou à peu près ; mais il se rend parfaitement compte d'une certaine prépondérance des volontés de l'époux sur celles de l'épouse : aussi tentera-t-il de faire *réformer* par cette juridiction d'appel, dont il connaît les faiblesses, les jugements maternels qu'il estime trop rigoureux à son égard.

Lui céder, serait une chose désastreuse.

**

En résumé, si le père n'est point, comme cela arrive très fréquemment, dans les conditions voulues pour collaborer à l'éducation de ses enfants, qu'au moins, répétons-le encore, il donne mandat général, MANDAT ABSOLU A LA MÈRE; qu'il mette sa force au service de la direction maternelle; qu'enfin, JAMAIS il ne réprouve devant l'enfant les censures infligées.

Autrement, ce serait trahir la mère, et rendre son œuvre impossible.

**

Peut-être pendant les premières années, le père qui se montrera sévère, sera-t-il moins fêté, moins choyé par ses jeunes héritiers... Mais qu'il s'en remette à la mère !

Laissez-la faire, *soutenez-la;* et croyez-le ! elle saura bien apprendre à vos fils à vous aimer, et à respecter en vous le chef du foyer.

Cela sera préférable à une camaraderie irrévérencieuse, dans laquelle le père joue le rôle de simple amuseur ou même de personnage bafoué.

Il peut bien, pendant un instant, laisser rire à ses dépens et supporter qu'on le ridiculise : son chapeau et sa canne sont là, sur le fauteuil voisin... Quand il aura été assez décoiffé, tiraillé, interpellé ou berné, d'un tour de main, il écartera cette « marmaille assommante », en disant à sa femme ce mot commode : « *Mon amie, je sors...; je vous laisse les enfants.* »

Mais dans quel état les laisse-t-il, grand Dieu ! nerveux, excités, enragés !

Car c'est justement parce qu'ils étaient intolérables, qu'il a jugé expédient d'échapper à leur importunité.

Ainsi faisait Racine... Après avoir passé deux heures avec ses enfants, assis sur un tapis ou jouant au cheval, il allait reprendre son costume de cour, ou s'enfermer pour marteler ses vers impérissables.

***

Ah ! elle va recevoir un charmant accueil la pauvre maman, lorsque, arrivant au milieu de cette tempête houleuse, il lui faudra calmer cet émoi, rétablir tout dans l'ordre ; dire à Pierre d'apprendre sa leçon, à Marie d'écrire sa page, à Paul de rester tranquille....! Au père amusant et facile, succède la mère sévère et grondeuse.

Regrettable contraste ! qui va justifier hélas ! notre proposition, si vraie pour tant d'éducations domestiques :

La mère *veut* gouverner, et ne PEUT pas...

Le père *peut*, et ne VEUT pas...

Pendant la lutte, le représentant du « sexe fort » prend l'air, et compte sur la « faible femme » pour « se débrouiller avec les mioches ».

... C'est ce qu'on appelle : « laisser faire la maman ! »

Et, de bonne foi, on en arrive à se persuader qu'on remplit ainsi son devoir à l'égard de la famille.

Cela ressemble au dialogue de Bertrand : « Veux-tu faire à nous deux un excellent dîner ? » — « Comment donc ! deux à moi seul si tu veux. » — « Non ; mais nous allons nous partager la besogne : moi, je mangerai les morceaux, et toi tu laveras les plats.... Ah ! comme *nous* allons nous amuser ! »

***

De toutes les critiques adressées aux mères, il n'y en a qu'une peut-être qu'il soit juste de signaler : l'excès dans les petits soins.

Petits soins, disons-nous, c'est-à-dire : « mignardise » dans la sollicitude, exagération dans les précautions, dans les doléances et condoléances pour la souffrance la plus légère....

L'erreur est plus encore dans le ton pathétique, que dans la crainte même.

En tout cas, l'inconvénient sérieux est de diminuer la virilité, le courage, l'énergie, et de faire de l'enfant un être mou, timoré et lâche.

Il s'égratigne ou se cogne : on peut, et l'on doit lui appliquer un taffetas protecteur, une friction opportune... Mais est il nécessaire de s'écrier avec une voix aussi larmoyante que langoureuse : « *Oh! mon* « *ange chéri! tu as dû te faire bien mal! Voyez* « *comme il souffre ce pauvre bijou...! Annette,* « *allez vite chercher le taffetas d'Angleterre; mais* « *allez donc vite! Viens sur moi, cher trésor! Ça* « *te pique bien fort, n'est-ce pas mon bon chat?* »

Si après ce tapage et cette mise en scène, l'enfant ne se croit pas très malade et gravement atteint, ce sera fort étonnant!

Remarquez qu'au début, *il ne disait rien*, tant la douleur était insignifiante : mais en voyant sa mère si troublée, il s'est attendri peu à peu, se disant *in petto :* je dois vraiment bien souffrir, pour inspirer un tel intérêt ! »

Bref, il s'est laissé gagner par l'émotion maternelle, et a fini par pleurer à chaudes larmes sur une douleur imaginaire.

... On raconte qu'un accusé, entendant son avocat plaider avec une onction touchante, se prit aussi à sangloter par l'effet d'une contagion irrésistible.

Le jury crut à un profond repentir; mais le greffier entendit murmurer ces mots : « Je ne me croyais pas aussi malheureux que cela! »

En résumé, l'éducation n'a pas tant pour objet d'éloigner la douleur, que d'enseigner le courage en face des maux qu'on peut combattre, et la résignation en face de ceux qu'il faut subir.

CHAPITRE SECOND

L'AMOUR FILIAL

Si l'amour paternel et l'amour maternel sont providentiellement instinctifs, on n'oserait en dire autant du sentiment filial; car en dépit des apparences, il n'est point le résultat de l'innéité, mais le produit de l'éducation.

L'ignorance et la faiblesse de l'enfant ne permettent pas qu'il en soit autrement; car, pour savoir aimer, il faut avoir vécu...

***

Une nourrice, une domestique est chargée exclusivement d'un enfant : si les parents ne se révèlent pas aussitôt que la vie de relation s'établit pour lui, s'ils ne lui *apprennent* point l'amour filial, le bébé, ne leur en déplaise, n'éprouvera aucune privation à rester moralement orphelin.

L'enfant qui vient au monde recherche d'instinct sa mère, mais il ne montrera pas moins d'avidité à prendre le biberon qu'on lui substituera. C'est le liquide nourricier qu'il souhaite.

Il est semblable à l'oiseau qui frémit de joie à

l'approche de la becquée, qu'il la reçoive dans un buisson ou dans une cage dorée.

**

La loi de conservation, propre à tous les êtres, met en jeu les instincts, et les perpétue.

Mais il est curieux de constater, qu'en général, la nature ne se propose que la sauvegarde de l'espèce.

Ainsi, chez les animaux inférieurs qui se suffisent dès leur naissance, l'attachement ou maternel ou filial est insaisissable, si tant est qu'il existe seulement à l'état d'ébauche.

En effet, il semble sans objet, puisque les *petits* savent dès la première heure pourvoir eux-mêmes à leurs besoins.

**

A un degré plus élevé, on voit l'oiseau chercher une pâture convenable, réchauffer et protéger sa jeune couvée. Pourtant, dès que celle-ci aura grandi, le nid sera déserté, et rien ne survivra de la sollicitude ni de l'amour respectif : on ne se reconnaîtra plus !

Il en serait ainsi de la famille humaine, si à l'instinct, ne venaient s'ajouter les considérations morales des bienfaits reçus, et l'affection raisonnée qui en est l'heureuse conséquence.

**

Les sympathies d'organisation et les affinités naturelles qu'on nomme *voix du sang*, sont impuissantes à produire un lien durable et vrai.

La voix du sang « parle », disent les poètes et les dramaturges, qui ont l'oreille plus fine que le commun des mortels, paraît-il...

Soit, elle parle...!

Concédons même, sans en être convaincu, que, grâce aux révélations de cette voix intérieure, une mère devinerait la substitution de son propre enfant dont les traits lui auraient été soigneusement cachés... En tout cas, ce dialecte mystérieux n'est pas compris des enfants, tant qu'ils ne sont point parvenus à un développement intellectuel, assez avancé.

Et encore, faut-il qu'on leur ait APPRIS A AIMER!

L'erreur est de croire qu'un enfant aimera d'instinct, et naturellement.

C'est une ILLUSION COMPLÈTE !

L'enfant va à vous, poussé d'abord par le besoin seul.

Il ne commencera à vous chérir, que quand il appréciera vos bienfaits.

Nous oserons donc écrire, pour les penseurs, cette vérité à forme paradoxale : *l'amour filial vient des parents*.

***

Dans une pièce populaire, qui a fait les délices des faubourgs parisiens, on représente un jeune marin, revenant dans son village après de longues années d'absence...

Pendant trois actes consécutifs, on le voit sauter au cou de tous les hommes de cinquante ans qui s'approchent de sa chaumière, et s'écrier chaque fois, avec transport : « Viens sur mon cœur ! la voix du « sang qui ne ment pas, me dit que tu es mon « père. »

Voisins et passants, subissent tous la rude étreinte du marin expansif et sentimental.

***

Savoir se faire aimer, n'est pas la moindre difficulté de la science paternelle : la mesure de l'affection suggérée, sera proportionnelle à la reconnaissance qu'on parviendra à inspirer.

Qu'au plus tôt donc, l'enfant apprenne que ce sont les parents qui procurent le foyer où l'on trouve abri et secours... ; que si le père en sort fréquemment, c'est pour aller gagner l'argent nécessaire ou gérer la fortune acquise... ; que la chaussure qui protège l'enfant contre les meurtrissures du chemin, le vêtement qui le couvre, la nourriture qui le soutient, ont été achetés ou commandés par les soins de la mère, et que tout lui ferait défaut s'il était abandonné à lui-même.

Écoutons ces lignes si charmantes et si vraies :

« L'enfant grandit : peu à peu son âme se développe ; il commence à comprendre. Les divers soins dont il est l'objet, les caresses qu'on lui prodigue, font naître en lui des mouvements de tendresse. Le visage de sa mère qui lui sourit, sa douce voix qui lui parle, captivent ses yeux et ses oreilles ; il devient attentif, et rapporte les bienfaits qu'il reçoit à la main qui les lui dispense. La reconnaissance commence à poindre, et l'intelligence s'unit à l'instinct pour fortifier l'affection... Bientôt, ses petites mains caressent sa mère, un sourire montre qu'il la reconnaît ; en sa présence, il essaye de bégayer des sons... : il aime ! » (*Des pass. — Bel.*)

Tel est le fruit des leçons reçues.

**

Il ne s'agit point ici de philosophie, ni encore de morale : nous sommes en présence d'un petit être utilitaire par nature, égoïste par nécessité, pour qui les sensations jouent, au début de l'existence, un rôle prépondérant.

Aux parents d'épurer, de transformer, d'*élever* ces impressions jusqu'au niveau supérieur du sentiment, produit effectif d'une éducation bien ordonnée.

ÉLEVER ! mot admirable, qui est à lui seul un programme magnifique et un guide lumineux ; *élever !* c'est-à-dire, faire monter ces jeunes âmes vers les régions d'*En-Haut* où rayonnent l'idéal, la vérité, Dieu lui-même !

Inversement, l'égoïsme qui rapetisse et abaisse en ramenant tout à soi, dénature ou même étouffe les tendresses filiales, ainsi que les généreux élans du patriotisme.

**

En effet, la paternité entre si profondément dans l'idée de patrie qu'elle lui a donné son nom : *terra patria.* La Patrie! c'est la terre des ancêtres, là où est né notre père!

Ce que l'on aime dans le ciel du pays, les montagnes, les cours d'eau et les forêts, c'est moins la nature que la famille, dont elle évoque le puissant et impérissable souvenir! En sorte que ces deux idées sont également vraies et providentielles : la *Famille* est une petite patrie; et la *Patrie* est la famille agrandie!

Aussi ne trouve-t-on pas un *bon citoyen,* dans un *mauvais fils*...

***

Que de fois n'entend-on point les parents se plaindre que leurs enfants les aiment bien moins qu'ils ne les chérissent eux-mêmes!

Cela revient à dire : que l'amour paternel ou maternel est plus vif, plus intense, plus large, plus absolu que l'amour filial.

Or, c'est vrai...!

Mais si les enfants aiment autant qu'ils le peuvent, quel reproche encourent-ils?

***

Ici, pour n'être point injuste, il importe de remarquer que chacun paye sa dette d'affection en deux échéances successives: aux ascendants; *puis*, à la descendance.

L'amour filial est comme une lettre de change, tirée par le grand-père sur le fils, au profit des petits-fils. Le père rend ce qu'il a reçu lui-même : il y a là pour ainsi dire, une « substitution » de tendresse, dont les bénéficiaires sont les descendants.

> L'affection, comme les fleuves,
> Descend, et ne remonte pas,

dit un poète dans son exagération lyrique.

La vérité est, que les parents reçoivent personnellement en retour MOINS qu'ils n'ont donné : cela est incontestable! Et c'est en quoi on est fondé à dire, dans ce sens très restreint, que tous les enfants sont des ingrats.

... « Mon père me l'a cent fois répété! » ajoute avec une incomparable naïveté le légendaire M. Poirier.

***

« En tout ceci, dit M. Deschanel il s'agit d'une « question de degré. Si le père et la mère chérissent, ils ont le droit d'être en retour tendrement aimés. Ils goûtent à la fois ces deux bonheurs, « les plus grands qui existent : celui d'être aimés et « celui d'aimer. Tout le sujet de leur tristesse se « réduit donc à ceci : ils sont aimés avec tendresse « tandis qu'ils chérissent avec passion. »

Oui! avec passion! mais passion saine, forte, féconde en vertu; passion sans fiel et sans fièvre, passion pure dans son essence et sainte dans son but... : l'Amour, sans ses abaissements!

***

L'observation confirme les remarques qui précèdent.

C'est seulement en effet lorsqu'on est appelé à rendre à ses propres enfants l'affection reçue, que l'on comprend ce qu'on doit à ses propres auteurs.

Or, cette insouciance relative, dans laquelle on grandit pendant les années folâtres de la jeunesse, est une vraie faveur de la Providence?

Hélas! s'il fallait au début de la vie ressentir toutes les émotions, tous les troubles, toutes les angoisses qui nous assaillent au cours de l'existence, on n'aurait plus à l'âge mûr, ni la force, ni l'énergie, ni... les illusions nécessaires pour se donner à l'éducation des siens...

**

Mais alors ! les parents ne sont-ils pas bien à plaindre? et cette inégalité à leur détriment, n'est-elle point pour eux une juste cause d'amertume...? Pour répondre à cette objection il faudrait d'abord résoudre ce problème moral :

Qui est le plus heureux de celui qui aime, ou de celui qui est aimé?

C'est le premier, croyons-nous : *beatius est dare quam accipere.*

D'ailleurs, ces tendresses paternelles réservées en partie aux petits-fils, loin d'éveiller la jalousie ou les susceptibilités de l'aïeul, sont pour lui la monnaie préférée dont il entend être payé de ses soins.

Son amour désintéressé va jusque-là...

Telle est la solidarité infinie des tendresses familiales, confondues dans ce trésor commun, cet apanage collectif : le foyer !

Oui, il restera toujours vrai ce refrain du poète :

> Allez enfants, douces chimères,
> Rêve menteur qui nous charmez !
> Vous n'aimerez jamais vos mères,
> Autant qu'elles vous ont aimés.

***

Citons en terminant l'étrange poésie de M. Richepin traduisant, d'après la sombre légende bretonne, l'infini de l'*amour maternel* :

> Y avait un' fois un pauv' gas
> Qu'aimait cell' qui n' l'aimait pas.
> Elle lui dit : apport' moi d' main
> L' cœur de ta mèr' pour mon chien.
>
> . . . .
>
> Va chez sa mère et la tue !
> Lui prit l' cœur et s'en courut...
> Comme il courait, il tomba,
> Et par terre l' cœur roula.
>
> . . . .
>
> Et pendant que l' cœur roulait,
> Entendit l'cœur qui parlait ;
> Et l' cœur disait en pleurant :
> *T'es-tu fait mal mon enfant...?*

Alternez ce rythme bizarre, cette cadence désordonnée mais pleine de saveur, avec le *Lon-lon-laire, eh ! lon-lon-là !* traditionnel ; et vous aurez un chant saisissant, aussi puissant de sauvagerie, que plein de touchante tendresse.

La rusticité de la forme met encore plus en relief, ce semble, la délicatesse de l'idée.

***

La femme d'un noble Vénitien ayant vu mourir son fils unique, s'abandonnait au désespoir...

Un religieux tâchait de la consoler : « Souvenez-vous, lui disait-il d'Abraham, prêt à immoler son fils sur l'ordre de Dieu qui voulait l'éprouver. » — « Ah ! mon père, répondit-elle avec impétuosité, Dieu n'aurait jamais demandé ce sacrifice à une mère ! »

LIVRE ONZIÈME

L'ESPRIT DE DÉNIGREMENT. — LA MÉDISANCE

CHAPITRE PREMIER

L'ESPRIT CRITIQUE ET L'ESPRIT CAUSTIQUE
LES INTOLÉRANTS

I. — Que de fois n'a-t-on point répété que l'humanité est *aveugle !*

Ne serait-il pas aussi juste de dire qu'elle est *borgne?...* Expliquons le mot.

**

Il n'y a personne qui ne soit un assemblage de bien et de mal en proportions inégales : la différence dans ce rapport constitue l'individualité.

En effet, l'être le plus vertueux est sujet aux défaillances; et le plus grand criminel peut éprouver, à son heure, un sentiment louable, honorable, ne fût-ce que le repentir...., cette vertu des coupables !

Or s'il en est ainsi, l'humanité apparaîtra à l'enfant, ou intéressante et sympathique, ou repoussante et méprisable, selon qu'on la lui présentera sous l'un ou l'autre *profil*.

**

Pour donner à cette observation le relief qu'il convient, nous allons supposer les mêmes personnages dépeints par deux esprits, dont *l'un* s'attache de préférence aux vilains côtés; et dont *l'autre* au contraire, se complaît dans l'indulgence et l'aménité.

PREMIER PORTRAIT

« Savez-vous que je le trouve « à peine poli votre ami X. « avec ce qu'il appelle sa fran- « chise. Il Il ne se gêne pas pour « dire les choses les plus mor- « tifiantes à la barbe des gens; « il pourrait bien attendre au « moins que l'on soit sorti. »

« Connaissez-vous son frère? « Dieu qu'il est laid! Il est « affreux! Au fond, ce n'est « pas un méchant homme, ni « un aigle non plus..., car je « crois que s'il n'y avait eu « que lui pour inventer le pi- « crate ..! »

« Je ne sais si je me trompe; « mais il m'a l'air un peu ja- « loux, ce Monsieur! Avez-vous « remarqué qu'il ne quitte pas « sa femme un instant; il est « toujours sur ses talons... On « dirait qu'il craint qu'on ne « l'enlève! Quel crampon! »

SECOND PORTRAIT

« La franchise un peu rude « de M. X. me plaît beaucoup: « avec lui, on sait à qui l'on a « affaire. Au lieu de blâmer en « arrière, il vous dira très loya- « lement en face ce qu'il a sur « le cœur: j'apprécie fort cette « franchise. »

« Certes, son frère est loin « d'être un Adonis; mais sa « bonté et sa distinction font « oublier son visage. C'est un « homme qui aime mieux gar- « der un bon mot ou une cri- « tique que de se faire valoir « aux dépens d'autrui. »

« Dès qu'il a un moment, il « s'empresse d'accompagner sa « femme : leur bonheur est « d'être ensemble, et je trouve « cela fort heureux. Il y a tant « de maris qui préfèrent s'aller « distraire au cercle, en délais- « sant leur foyer! »

Ou *inversement :*

« C'est un drôle de ménage,
« tout de même ! Je veux croire
« qu'ils n'ont rien à se cacher ;
« mais enfin ! jamais on ne les
« voit ensemble. Avouez que
« c'est au moins bizarre que
« chacun aille ainsi de son
« côté... »

« Le pauvre mari ne s'appar-
« tenant pas et ne voulant pas
« priver sa jeune femme de dis-
« tractions, lui laisse la plus
« entière liberté ; cela prouve
« sa confiance en elle. Et c'est
« à la louange des deux. »

Supposons maintenant le mari s'ingéniant à concilier ses occupations avec les devoirs du monde,
dans l'espoir d'échapper à la qualification, toujours
désagréable, « d'espèce d'ours qui n'ose se montrer » ; ou même conservant les vieilles traditions de
politesse française, ridicules paraît-il de nos jours.

Il se presse, pour être libre deux heures plus tôt ;
se décide à veiller plus tard, afin de disposer de
quelques quarts d'heure en faveur de ses amis...

Écoutez le *pour* et le *contre :*

« Ah ça ! il n'a donc rien à
« faire, ce bon M. X... Franche-
« ment ! ce n'est pas aux maris
« à rendre des visites. Cela ne
« se fait plus ; ce n'est plus de
« notre temps. »

« M. X... est fort retenu,
« cependant, en homme poli,
« il trouve encore le temps d'al-
« ler serrer la main de ses vieux
« amis ou de prendre de leurs
« nouvelles. »

« Je me demande toujours ce
« que doit être « l'intérieur »
« des X... La mère, a sa maison
« à surveiller ! Eh bien ! on ne
« peut aller dans une vente de
« charité sans l'y rencontrer :
« je crois qu'elle y vit. Remar-
« quez que j'admets que l'on
« ait *son* œuvre, mais au fond,
« entre nous, je crois que ça
« l'amuse de courir un peu de
« tous côtés, pour voir, se faire

« Mme X... certes, ne manque
« pas d'occupations ; mais elle
« comprend que s'il n'y avait,
« pour s'intéresser aux œuvres,
« que ceux qui n'ont rien à
« faire, les pauvres attendraient
« longtemps ! Dans sa charité
« qui ne se lasse pas elle se
« multiplie ; son dévouement
« grandit avec les besoins et
« les misères qu'elle voit de
« près. Elle est vraiment admi-

« voir, jouer à la femme répan-
« due et nécessaire... On dirait
« qu'on ne peut rien sans elle,
« et que le monde périrait si
« elle n'existait pas ! »

« Je comprends qu'on soit
« économe; mais enfin les X...
« mènent une existence qui
« n'est pas en rapport avec
« leur situation. Dans cette mai-
« son-là on couperait un liard
« en quatre... en six même ! »

« rable de zèle, d'abnégation
« et de courage ! on peut dire
« que c'est la mère des pauvres.
« Ah ! si beaucoup l'imi-
« taient... ! »

« Les X... ont une belle situa-
« tion, mais ils ont des goûts
« fort simples et une vie très
« modeste. Chez eux, rien ne
« se perd, l'ordre y est parfait:
« les pauvres après tout y trou-
« vent leur compte... »

Ou *au contraire* :

« On mène si grand train chez
« les X..., que je me deman-
« de où ils trouvent l'argent !
« J'ignore si le mari tripote : le
« fait est qu'il est mêlé à un tas
« d'opérations...! Mais je n'en
« sais rien, je répète, ce qu'on
« dit... Enfin, il ne serait pas
« étonnant du tout, qu'il y eût
« des dettes là-dessous... C'est
« même bien probable. »

« Les X... dépensent beau-
« coup ; c'est heureux pour le
« commerce qu'il y ait des gens
« comme cela ; mais le mari
« est un travailleur acharné
« qui se donne un mal énorme
« alors qu'il pourrait se repo-
« ser un peu. Son industrie est
« prospère, et je crois que mal-
« gré leur genre de vie, ils met-
« tent encore de l'argent de
« côté. »

« Avez-vous remarqué com-
« me Madame X... paraît satis-
« faite de sa petite personne ?
« Elle est vraiment trop amu-
« sante avec ses airs enfantins !
« Elle croit avoir toujours vingt
« ans ! Cependant il faut savoir
« être de son âge... Je trouve,
« moi, qu'il n'y a rien de ridi-
« cule comme de faire la jeune,
« quand on pourrait être grand'-
« mère. »

« Ce qui me plaît surtout dans
« la bonne Mᵐᵉ X... c'est qu'el-
« le est gaie, aimable, active,
« comme une jeune fille. C'est
« une de ces personnes, qui
« prennent des années sans
« vieillir ; et comme chez elle
« l'esprit est resté frais et naïf,
« sa toilette ressemble un peu
« à son esprit. Il est certain
« qu'elle ne paraît pas du tout
« son âge, à beaucoup près ! »

« On n'a pas l'air de s'occu-
« per énormément des enfants
« à ce foyer-là... Les parents

« M. et Mᵐᵉ X... ont à cœur de
« donner à leurs enfants une in-
« struction soignée : aussi on

« trouvent plus simple sans « doute, d'avoir je ne sais « combien de maîtres et de maî- « tresses! cela leur coûte cher, « mais leur laisse plus de « liberté. »

« ils fait choix pour eux des « meilleurs professeurs. Ils ont « mille fois raison! car avec « des étrangers, les enfants « travaillent bien mieux : ce « n'est pas contestable! »

Brisons-là...!

Les faits interprétés sont exactement semblables, n'est-ce pas? les personnages sont identiques?

Et cependant voyez comme les tableaux diffèrent!

Croit-on que les enfants de l'un ou de l'autre de ces portraitistes, auront les mêmes sentiments, porteront les mêmes jugements sur les choses et sur les hommes...?

Saurait-on leur demander la douceur du caractère, l'aménité de l'esprit, l'affabilité des manières, alors qu'ils ne respirent qu'une atmosphère d'aigreur et de blâmes incessants!

A force de ne regarder que le profil *borgne*, le malveillant finit lui-même par ne plus voir que du mauvais œil.

Pour nous, ayons soin de placer nos enfants du côté où rayonne l'âme et l'intelligence.

Leur caractère y gagnera...

Et la réputation du prochain aussi!

***

Imaginez-vous un de ces hommes à l'esprit chagrin, entreprenant un magnifique voyage...

Vous croyez qu'à son retour, il va se montrer plein d'enthousiasme pour les merveilles incomparables des musées, les splendeurs des couchers de soleil,

les spectacles grandioses de la montagne... ? Vous
croyez qu'il va vous décrire avec intérêt les fureurs
de l'Océan et le calme mystérieux des lacs.., les cimes
abruptes et les rochers escarpés.., les précipices insondables et les horizons sans fin... ?

Détrompez-vous !

Sa narration consistera dans l'histoire détaillée
de mésaventures banales ou d'incidents minus-
cules.

Cet homme ne sait pas admirer : il ne se complaît que dans les doléances et les critiques :

« En se rendant à la gare il a eu une altercation
avec le cocher,... ; un employé du chemin de fer lui
a donné une indication inexacte... ; il a voyagé avec
des gens absolument sans gêne et mal élevés... ;
dans telle ville, il a failli perdre son portefeuille ;
dans telle autre, il est descendu à un hôtel détestable... ; ici, le guide l'a rançonné au double du tarif,
ou bien le facteur a laissé choir sa malle... ; là, on a
déchiré son paletot... ; ailleurs, on lui a marché sur
le pied...

Et ainsi de suite, toujours ! toujours !

Bref, pour lui : se lamenter, narrer la série de ses
déceptions et de ses déboires, se remémorer les
maladresses ou les bévues... des autres, cela s'appelle : *rendre compte de ses impressions de voyage !*

Le reste n'est rien : pas plus l'Art que la Nature.

***

Ces sortes de gens voient dans le soleil, plutôt les
taches que les rayonnements éblouissants ; dans

l'Apollon d'Antium, plutôt la réfection des mains que l'œuvre même ; dans Cicéron, ils ne remarquent que la verrue ; dans les toiles de Michel-Ange, que les traces d'humidité ; dans l'obélisque, que les dégradations de la base...

Cueillent-ils une rose au parfum exquis et aux pétales de velours..? Ils s'empressent de la retourner, pour chercher dans le feuillage... *la petite bête* qui pourrait bien s'y cacher.

Ames dépoétisées, esprits sans douces illusions, cœurs desséchés, ah ! que vous êtes à plaindre ! Que de joies saines et réconfortantes vous étouffez sous ce naturalisme à la fois pesant et mesquin !

Vous ignorez donc combien il est *bon* de voir *beau*, et de penser *bien !*

**

II. — Quand on juge seulement sur les apparences, on risque de commettre les erreurs et les injustices les plus regrettables.

Le trésorier d'une œuvre charitable nous a raconté qu'un jour, sollicité pour une quête imprévue, il dût emprunter une menue pièce de monnaie, et fut très étonné de se la voir réclamer quelque temps après. Étant donnés la grande fortune du prêteur, la modicité extrême de la somme et son emploi charitable, cette demande était vraiment étrange, et semblait dénoncer une ladrerie presque scandaleuse. « Mais bientôt, ajouta le narrateur, j'appris d'une façon positive, que ce monsieur était celui qui, deux jours auparavant, m'avait fait parvenir un don anonyme de cinq cents francs pour nos orphelins... Sa démarche singulière, méritoire et respectable s'il en fût, n'avait d'autre but que de mieux masquer sa générosité discrète, en satisfaisant aux saintes pudeurs de sa charité. »

Et il reprit en rougissant : « Quand je pense que « j'étais tenté de ridiculiser cette âme d'élite! Je ne « me le serais jamais pardonné. Certes, j'aurais eu « beau jeu! les rieurs eussent été pour moi, et ma « critique eût paru aussi juste que naturelle... J'au- « rais commis là cependant une bien méchante « action ! »

***

Comme on parle sans savoir !

On s'empare d'une idée incidente, d'un mot accessoire, d'une vraisemblance ou d'une simple supposition, et l'on prononce des arrêts, aussi impertinents que solennels :

— Mme A...., dit-on, prend de sa personne un soin ridicule...; mais on ignore qu'elle est atteinte d'une maladie de cœur qui, à chaque instant, la menace d'un dénouement fatal.

— Mlle B... redoute à l'excès les chevaux et tremble à leur approche : on se rit de sa pusillanimité...; mais on ne sait pas qu'un de ses parents a été broyé sous une roue, par un imprudent cocher.

— M. C... pousse l'économie jusqu'à la lésinerie, assure-t-on... — Non, il s'est promis de payer secrètement les dettes de famille, dettes sacrées pour lui. Nous avons vu le cas : 300.000 francs ont été ainsi remboursés, en dépit du bénéfice d'inventaire qui, légalement, dispensait l'héritier de toute charge.

Et de quel ton tranchant et sentencieux ne rend-on point ces oracles ! Avec quelle sérénité glorieuse ne signale-t-on pas ce qu'il aurait fallu, ou ce qu'il faudrait faire ! « C'est si simple ! si facile ! » ajoute-t-on d'un air dégagé... Oui ! c'est très simple pour qui n'est point instruit des situations *vraies*.

Or, quand on a la constance d'aller au fond des choses et de remonter aux causes déterminantes, dix-neuf fois sur vingt, on reconnaît que celui qu'on blâmait avait *ses raisons* pour agir ainsi, et... qu'il avait *raison*.

— Ajoutons une considération qui montrera combien nos appréciations doivent être réservées, quand il s'agit de conclure devant nos enfants d'une manière défavorable.

Telle personne qui ne se refuse rien, pas même le superflu, voyant *par hasard* chez un pauvre un petit objet inutile, (ou un plat un peu meilleur que ce qui est nécessaire pour ne point tomber d'inanition), dira facilement : « Du moment qu'il peut *se payer* des friandises, il n'a pas besoin de mes secours. »

Et l'on resserrera les cordons de la bourse prête à s'ouvrir.

Ce pauvre s'est acheté une chose inutile ? Il a tort, on doit le blâmer... Mais avouons que ce tort consiste peut-être à s'être accordé UNE FOIS, ce que nous nous concédons chaque jour, sans même y penser.

Et puis, se l'est-il payé...?

Étonné de trouver un jour chez un cordonnier des plus malheureux, père de six enfants, une tarte fort engageante, nous nous mîmes en quête, et bientôt, nous apprîmes qu'un pâtissier voisin, exploitant habilement une date anniversaire, venait de faire cet envoi alléchant, dans l'espoir de se dispenser de payer des chaussures dues, depuis trois années déjà, au pauvre ouvrier.

Eh bien ! si l'on s'en était tenu aux apparences, ce digne pauvre eût été conspué, et jugé sans merci.

Songez donc ! c'était crime impardonnable ! quinze ou vingt sous de tarte pour huit personnes !

Il y allait de sa radiation définitive de la liste des indigents : on pouvait assurer qu'on faisait bombance dans la mansarde, et que les haillons sordides cachaient le bien-être et l'aisance...

Nous nous promîmes de retenir l'anecdote, je devrais dire la leçon, pour en profiter d'abord, et la raconter ensuite.

[*]

Qu'au décès d'une pauvresse, on découvre dans une paillasse un rouleau de titres au porteur.. : la presse entière racontera l'épisode avec tapage ; et durant un hiver, un peu partout , on entendra narrer, avec ou sans variantes, l'histoire de cette indigne exploiteuse. Plusieurs s'en autoriseront pour montrer désormais une parcimonie presque cruelle en matière de bienfaisance ; et l'on oubliera l'immense légion de ceux que la faim torture !

... Huit jours après, on pourrait savoir, que cette prétendue drôlesse était une femme admirable qui, malgré sa détresse, avait religieusement conservé le dépôt que lui avait confié un voisin, partant pour l'armée coloniale.

N'importe ! la légende restera ; et le scandale ne sera point oublié de sitôt.

***

III. — Ah ! la belle et utile fable que celle du *Meunier, son fils et l'âne !*

Tout en nous faisant un devoir *strict* d'éviter les personnalités, expliquons à nos enfants, mais avec tristesse, qu'il est hélas ! des gens qui critiquent, comme la ronce déchire, comme la pierre blesse, comme la roue écrase, et devant lesquels il est impossible de *jamais* trouver grâce, par la raison qu'il n'est pas de démarche ni de mot qu'ils n'interprètent dans un sens hostile.

Leur offririez-vous même votre bourse, imitant le personnage de Regnard, ils vous répondraient avec hauteur et colère : qu'ils savent fort bien que vous avez de l'argent et qu'ils ne demandent pas l'aumône... En vain, on se sacrifierait pour les satisfaire : on est assuré d'avance de n'y point parvenir, *quoi qu'on fasse.*

Il est des amis qui vous remercient avec effusion quand vous leur consacrez un jour par an : il en est d'autres, qui voudraient vous retenir une semaine près d'eux....., pour avoir tout le loisir de vous reprocher avec amertume la rareté de vos visites.

Dès lors la seule préoccupation en pareille occurrence, doit être, non de plaire, c'est irréalisable !
mais de n'avoir rien à se reprocher en conscience !

Là est le point capital : « Fais ce que dois... »

***

Nous disions qu'il fallait renoncer à museler la malveillance, et que, par suite, on serait bien naïf
d'hésiter à remplir son devoir dans l'espoir de complaire à chacun .

Citons un exemple typique :

Le jeune comte de X... a vu mourir son père victime des plus odieuses calomnies, colportées par de
lâches serviteurs éconduits...

Il se promet de tout sacrifier, en ce qui le concerne, pour ne donner prise à aucune critique. Il
se retire en Picardie avec un vieux domestique dans une terre de famille, ne reçoit personne, fuit toute
réunion, évite même de se montrer...

Or savez-vous ce qu'on nous a dit dans le pays ?

Textuellement ceci : « *Chest pont naturel! ben chur qu'il faisoit del' fauche monnaie!* »

... Voilà, lecteur, ce que vaut l'*Opinion!* la Reine du monde, dit-on.

Oh ! la misérable !

Gênez-vous donc pour elle... !

***

Oui, l'on peut poser en principe, que toujours, les malveillants s'ingénieront à juger défavorablement
les faits et gestes du prochain.

Telle est la tendance formelle de la médiocrité qui croit s'élever, en abaissant les autres.

Est-il même une vertu ou une qualité qui ne puisse être présentée comme un défaut?

Nous ne le pensons pas.

C'est ainsi que l'on voit certaines gens à l'esprit étroit et haineux, pour qui les mots élogieux et les termes bienveillants semblent définitivement rayés de la langue.

Dans leur vocabulaire détestable :

La bonté	s'appelle :	faiblesse,
La persévérance	—	entêtement,
L'habileté	—	ruse,
Le courage	—	témérité,
L'activité	—	enfièvrement,
La générosité	—	ostentation,
Le pardon	—	platitude,
La franchise	—	insolence,
La politesse	—	flatterie,
L'élégance	—	fatuité,
La conversation	—	bavardage,
Le silence	—	bouderie,
Le calme	—	paresse,
Et la réserve	—	bêtise !

L'auteur de ce dictionnaire s'appelle : l'*Envie*.

***

Ceci rappelle les procédés suivants de quelques avocats généraux.

L'accusé marchait-il vite...? — Il se sauvait.

Restait-il en place...? — Il faisait le guet.

Allait-il d'un pas ordinaire...? — Il dissimulait.

Avoue-t-il...? — C'est parce qu'il ne peut nier, tant les charges sont accablantes.

Et s'il niait.., sa perversité mériterait un châtiment exemplaire !

***

Ici se place une observation bien grave, bien importante.

Quand nos fils commenceront à grandir, ce sera aussi le moment, (pour qu'ils ne se troublent ni la conscience ni les idées), de leur faire savoir que dans le monde, il y a des extravagants et des audacieux qui émettent les affirmations les plus fausses ou les plus folles, en faisant preuve d'une gravité et d'une assurance imperturbables.

Et pendant ce temps-là, *les hommes sensés sont à la gêne*, et presque honteux! !

***

Puis, pour ne s'émouvoir point à l'excès si on les contriste et si on les prend à partie, nos enfants n'auront qu'à se persuader, qu'ils ne sont nullement tenus d'abdiquer leurs idées justes ou de changer les habitudes prises en famille, *parce qu'il plaira* au premier venu de leur conseiller le contraire, ou même de s'imposer insolemment.

Il va sans dire, que cette réflexion ne s'applique qu'aux influences *extérieures*, qui prétendraient corriger celles du foyer, sans y avoir nul droit.

Que de gens ont l'ambition de morigéner les autres,
tout en ne sachant pas se conduire eux-mêmes !
Combien encore ne sont guidés que par un calcul
égoïste, ou par le parti pris systématique du sectaire !

En résumé, arrive un jour où, à peine d'être dupe
ou victime, l'enfant a besoin d'être averti, en confidence, qu'il existe des sots, des menteurs, et des
méchants.

Certes, mieux vaut mille fois sacrifier dans son
esprit quelques personnalités excentriques ou gâtées,
que de fausser son jugement.

S'en faire scrupule, serait de la charité à rebours. L'intérêt de nos fils D'ABORD !

***

L'impressionnabilité de notre caractère français,
est pour les étrangers, un sujet de vif étonnement :
elle n'a d'égale que notre terreur indicible du *qu'en-
dira-t-on ?* un vilain despote !

Une personne a une opinion qu'elle estime arrêtée
et justifiée... Un contradicteur se présente : si ce
dernier est tranchant, il va peut-être en quelques
minutes agir sur cette personne, au point de l'amener à se réfuter dans l'instant d'après, d'une façon
flagrante.

En effet, n'entend-on pas parfois terminer une
phrase avec un sens tout différent de celui qui s'an-
nonçait, simplement parce qu'un des auditeurs a
eu l'air de désapprouver l'appréciation émise ?

Or, cette transformation provient moins de la

docilité vraie de l'esprit, que de la crainte de l'opinion.

Éclairons cette remarque au moyen d'un exemple, le premier venu.

M. A... rencontre M. B...

— M. A... : « Connaissez-vous la charmante villa que vient de construire notre ami *** ? »

—M. B. : « Quoi ! vous trouvez cela beau ! Quant à moi, je n'ai jamais rien vu d'aussi franchement laid. C'est horrible ! »

—M. A. : « Quand je dis, charmant ! entendons-nous... De loin, l'ensemble est agréable : c'est gentil, voilà tout. »

—M. B. : « Gentil ! mais mon pauvre ami où mettez-vous donc votre goût ? c'est mal situé, mal construit, d'un dessin grotesque : et la distribution des pièces doit répondre à l'extérieur. »

... Comme M. B. a le verbe haut et l'allure autoritaire, A. tout à fait intimidé ajoutera : « En ce qui concerne l'intérieur de la maison, je suis entièrement de votre avis ; et je me demande même si c'est habitable. »

— M. B. : « Alors ! pour vous, mon cher, une maison inhabitable est une charmante villa ? En vérité, vous n'êtes pas difficile ! »

De plus en plus déconcerté, M. A. exécutera une volte-face complète, et ajoutera en baissant le ton : « Au fond, entre nous je pense comme vous que c'est affreux ; mais je voulais voir ce que vous en diriez. »

... Le lendemain M. A. parlant de cette propriété à un autre individu dira vraisemblablement : « Avez-

vous vu la maison de "** ? En voilà une bicoque !
Quelle cassine ! »

Toutefois, la scène pourrait changer encore du
tout au tout, si le nouvel interlocuteur n'était pas
moins catégorique dans un sentiment contraire.

Veut-on maintenant connaître la cause des critiques de M. B. ... ?

Rien de plus simple : il est architecte..., et ce
n'est pas lui qui a été chargé de la construction.

* * *

Ainsi ! en maintes circonstances, on prend pour
idée générale, pour *sens commun*, ce qui n'est que
l'avis intéressé d'un homme habile, ou le propos
inconsidéré d'un hâbleur qui fait tapage.

Que de virements soudains n'ont point d'autre
origine !

Ah ! s'il ne s'agissait, comme dans le cas présent,
que d'appréciations sans portée sérieuse... Mais par
malheur ! cette impressionnabilité excessive ébranle
les convictions mêmes et les meilleures résolutions
des jeunes gens, qui, en général, *ne redoutent rien
tant que de paraître raisonnables :* une injure les
blesserait beaucoup moins.

Cependant on n'est pas plus forcé de « *hurler
avec les loups,* » que de *braire avec les ânes.*

Ajoutez que chacun ayant la prétention, indéniable après tout ! d'avoir ses idées et ses opinions
propres, on en arriverait à l'affolement, si l'on s'imposait de tenir compte des avis et des conseils de
tous.

25

— Votre père est malade : vous appelez le meilleur médecin possible... Le voisin d'en face trouve, lui, qu'il est de la dernière imprudence de s'en rapporter à un seul homme, dans une circonstance grave.

La fois suivante, vous jugez opportun de recourir à plusieurs docteurs... C'est le tour du locataire d'à côté d'affirmer qu'il y a légèreté sans pareille à en agir ainsi ; que c'est le vrai moyen de n'avoir aucun traitement sérieux...

« Quant à moi, ajoutera-t-il, je crois bien plus sage
« de choisir, une fois pour toutes, un bon médecin
« m'inspirant pleine confiance, que de faire venir
« des étrangers qui se contrediront peut-être, et, en
« tout cas, ne connaîtront point mon tempéra-
« ment. »

Et si vous en reparliez au premier monsieur, il vous répondrait de son côté : « J'ai toujours pensé,
« moi, que deux avis valent mieux qu'un : au moins,
« si l'un se trompe, on a chance de le voir corrigé
« par l'autre. Le meilleur médecin ne peut-il pas,
« hélas ! vous traiter à contresens ? Est-ce que, en aug-
« mentant le nombre des juges, on ne diminue pas
« par là même les chances d'erreur ? Ce n'est pas
« douteux ! »

Ah ! si la Sagesse en personne était appelée comme juge départiteur dans ce débat, il est vraisemblable qu'elle dirait à *l'un* : vous avez raison ; et à *l'autre :* vous n'avez point tort...

***

Quand on songe cependant que tout avocat est obligé de subir, plusieurs fois par mois, la réflexion suivante que l'interlocuteur estime péremptoire : « Vous aurez beau faire, cher Monsieur, lui dit-on « d'un air capable, je ne m'expliquerai jamais que « deux hommes honnêtes puissent, dans une même « affaire, plaider deux thèses opposées. C'est oui ou « non ! le blanc ne saurait être le noir... »

L'idée ne vient pas à ces critiques que pour obtenir du gris, par exemple, il faut mettre en présence du blanc et du noir, et que, au sens philosophique, le *gris* représente assez exactement presque toutes les actions humaines, alliage de bien et de mal... de blanc et de noir.

Oui, au prétoire, révéler les fautes d'autrui pour éclairer ceux qui *ont mission de juger*, est une nécessité sociale et un devoir.

Mais voyez la différence ! Même dans ce cas exceptionnel, l'individu qu'on attaque est averti ; et, si bon lui semble, il sera là avec son défenseur pour réfuter et pour se disculper.

Le médisant, lui, ne s'en prend qu'aux absents.

**

Enfin dans la vie, beaucoup de faits sont susceptibles de motiver des appréciations contraires, également soutenables, parce que chacune d'elles renferme une part de vérité indéniable.

C'est là une manifestation de la liberté humaine dans l'exercice d'un droit.

Or, rien ne serait plus légitime que d'exprimer

son avis, si l'on ne se montrait intolérant et exclusif.

« Si je vais chez mon *père*, disait une dame veuve,
« il me rappelle qu'il est très prudent d'*accoutu-*
« *mer de bonne heure* mes fils au travail, pour
« que plus tard ils ne s'épuisent pas dans un effort
« surchauffé.

« Et si je me rends chez mon *beau-père*, il me
« conseille avec insistance de *ne pas user trop tôt*
« leur petite intelligence : il faut avant tout les lais-
« ser se fortifier ; après, le travail n'en vaudra que
« mieux et sera pour eux un amusement.

« Ce n'est pas tout !

« *L'un*, compte bien que je ne négligerai pas
« l'hydrothérapie, si utile pour aguerrir les enfants
« contre le froid, cause de la plupart des ma-
« ladies....

« *L'autre*, veut me persuader que je dois leur
« interdire rigoureusement les larges ablutions froi-
« des, l'humidité par les temps mauvais pouvant
« être mortelle...

« *L'un*, force mes fils à ingurgiter, quand même,
« les mets qui répugnent à leur goût, parce qu'il
« faut s'habituer à manger de tout...

« *L'autre*, avoue savoir, par expérience, qu'il y a
« des dégoûts aussi accusés qu'invincibles, et que,
« violenter la nature sans absolue nécessité, c'est
« compromettre la santé bien gratuitement... »

J'imagine, qu'ici encore, Minerve elle-même cher-
cherait à se récuser, plutôt que de porter un jugement formel.

En entendant prôner autour de soi tant de pré-
ceptes, aussi contradictoires qu'*absolus*, on se de-

mande si ce n'est pas comme objet perdu qu'on affiche la Liberté sur les murs !

Chose plaisante ! il n'est personne qui ne trouve profondément absurde l'idée qui n'est point la sienne: on s'étonne même qu'elle *ait pu germer* dans un cerveau raisonnable... L'opinion du voisin s'appelle divagation, absurdité, folie (pas moins que cela !) et néanmoins, au fond du cœur, on s'estime accommodant et libéral comme aucun !

Dans l'ordre politique c'est pis encore ! les mots : « vile canaille, scélérat ou forban, » désignent simplement un Monsieur qui ne partage pas notre manière de voir.

CHAPITRE DEUXIÈME

LA MÉDISANCE ET SES CAUSES.

I. — Beaucoup d'honnêtes gens, écrit un moraliste, compensent le mal qu'ils ne font pas, par celui qu'ils disent : ils semblent trouver là, une sorte de dédommagement.

L'appréciation est sévère : mais quelle large part de vérité ne contient-elle pas !

On connaît les arguments grâce auxquels les médisants prétendent s'excuser et même se justifier.

Entendez leur défense : « *Je ne dis que la vérité,* répètent-ils, *je n'invente rien.* »

Comme si la médisance n'était pas précisément la révélation inutile de choses VRAIES, mais défavorables.

Sinon ce serait la calomnie.

On le sait de reste !

**

« *Je ne critique que les travers des personnes, et* « *non leur conduite,* allègue-t·on aussi.

Encore une mauvaise raison!

Est-ce que, d'après sa définition même, la médisance ne s'attaque pas aux fautes *et* aux défauts du prochain : défauts de goût, de tact, de distinction..., bref, à tout ce qui sert de pâture à la malignité des paroles ?

Signaler un ridicule, c'est faire rire aux dépens de la personne, le mot le dit clairement, et appeler sur elle la moquerie et le sarcasme. Or, souvent, un *travers* mis en lumière avec habileté et persistance, amoindrira plus les gens aux yeux du monde, qu'un *vice* véritable.

Croyons-en le proverbe : le ridicule ne se contente pas de blesser; il *tue* quelquefois.

Supposons, dit un auteur, qu'une vipère morde un médisant...: c'est elle qui sera empoisonnée !

> Chez nous, le vice est peu de chose,
> Le ridicule est un poison.
> A quoi sert la meilleure cause ?
> Qui fait rire a toujours raison !
> Ayez des vertus, de l'esprit,
> Faites valoir votre naissance,
> Menacez de votre crédit,
> Ou des verges de la vengeance...
> Vous êtes perdu ! si l'on rit.   (DE REYRAC).

« *Cependant*, poursuit-on, *quand une chose est) déplacée ou sotte, on ne peut pas la trouver admirable...* »

D'accord !

Trouvons sot ou déplacé ce qui mérite ces qualificatifs.

C'est notre droit.

..... Profitons même de nos remarques judicieuses, pour éviter des travers analogues à ceux qui nous offusquent.

C'est notre devoir.

Mais qui nous oblige à les publier, à les souligner complaisamment?

*_**

Autre explication : « *Moi! je ne sais rien, mais* « *je redis ce que j'entends dire.* »

Cette parole pourrait être l'heureuse devise des perroquets apprivoisés.

En quoi le nombre des coupables, faisant écho aux propos méchants, diminuerait-il les torts individuels?

Ou encore : « *Il faut bien avoir un sujet de con-* « *versation; on a bien le droit d'ouvrir la bouche.* »

Ce serait avouer une singulière nullité d'intelligence!

Mais dans le cas invraisemblable, où la sécheresse des idées en serait arrivée à ce point, mieux vaudrait assurément se taire que de dénigrer.

*_**

Un procédé fréquent de disculpation consiste à détourner la question, en répondant « à côté », de la manière suivante : « *Si on me demande ce que je* « *pense de telle ou telle personne, je ne puis mentir* « *et dire qu'elle est parfaite, quand j'ai un senti-* « *ment tout autre.* »

D'abord personne n'est parfait...: pas même celui qui critique.

En second lieu, ne pas répondre loyalement à quelqu'un qui a *besoin* d'être fixé sur la valeur ou la dignité de tel individu, serait plus qu'une impolitesse : une véritable trahison.

N'est-il pas même des circonstances où l'on doit, sous peine de parjure, dévoiler les méfaits d'autrui, par exemple, quand on est témoin en justice?

Mais il y a loin de cette hypothèse à celle qui nous occupe. L'attitude du médisant est tout autre : il raconte sans y être provoqué, ou interroge par pure malice.

***

II. — Une remarque curieuse est la suivante :

LES MÉDISANTS PARLENT TOUJOURS DE QUELQU'UN, ET PRESQUE JAMAIS DE QUELQUE CHOSE.

Ce « critérium » semble infaillible.

Par là même que les gens vraiment savants, ou simplement instruits, ont beaucoup à DIRE, ils ne pensent pas à MÉDIRE.

Au contraire! ceux qui n'ont aucune idée à *cultiver*, passent leur vie à « *bêcher* » leurs voisins. Cela exige si peu de réflexion! si peu de travail!

Ajoutez que la malveillance étant toujours accueillie avec faveur, on s'assure à peu de frais l'attention et les suffrages.

***

La médisance est peut-être moins le produit de la méchanceté, que de l'*insuffisance* de certaines intelligences : nous ne parlons bien entendu que du monde où la conversation est possible, et non de la populace qui s'imagine que s'interpeller, c'est causer.

... Le flacon de vin généreux que l'on a épuisé, engendre dans ses résidus une odeur acide.

Il en est ainsi de la médisance, âcre produit des esprits « vidés ».

**

En effet, c'est presque toujours par ce moyen que l'on ranime l'entretien qui tombe, et qu'on vient en aide à la causerie en détresse : « *A propos! que faites-vous donc de ce cher Monsieur X...? — Avez-vous revu cette bonne madame Y...?* »

« *Il y a une chose que je ne puis comprendre...* », ou bien : « *Je ne sais si vous êtes comme moi, mais il me semble que Mlle Z...* » : (suit la petite exécution que le lecteur suppose).

Eh bien! ce sont là autant de coups de raquette, ou de langue, si vous aimez mieux, au moyen desquels l'interlocuteur aux abois relève le dialogue qui glisse à terre.

Il n'y a pas jusqu'à cette transition « A PROPOS! » employée précisément à contresens, qui ne signale la préoccupation où l'on est, de fournir aliment au colloque épuisé qui se meurt d'inanition, faute de sentiments ou d'idées.

> La Médisance est la fille immortelle
> De la Vengeance.., ou de l'Oisiveté.

**

« *Moi ! je ne lui en veux pas !...* », telle est enfin l'affirmation qui déguise généralement une antipathie ou une rancune qu'on n'ose avouer, ni à soi, ni à son entourage.

L'indifférence factice qu'on allègue est pure illusion : on n'a point pardonné.

Observez la conduite : elle dément les paroles de paix qu'on prononce.

***

Quand nos enfants auront entendu les propos du médisant, prévenons-les qu'eux aussi, [une fois le seuil de la porte franchi, vont être à leur tour en butte aux traits de ceux-là, qui font, comme dit Boileau le méchant métier de médire, et n'épargnent personne, pas même leurs complices.

***

Les plus habiles, ont l'air d'abord de professer des sentiments de sincère affection à l'égard de leurs victimes ; mais bientôt arrive le fatal QUOIQUE, *quanquam...*, d'où pourrait bien venir *cancan* [1].

Écoutez ces remarques :

« C'est une charmante personne...! c'est un homme
« excellent...! c'est une femme parfaite! *quoique...* »

Et les restrictions qu'on apporte à la louange prennent de telles proportions, qu'elles effacent jusqu'au souvenir d'une première bonne parole.

1. Au XVIᵉ siècle, la Sorbonne soutint contre Ramus, que *quanquam* devait se prononcer : cancan.

Cette idée a été rendue assez exactement dans ces vers de Panard :

> Avant de frapper leur victime,
> Les païens avaient pour maxime
> De l'orner et de l'encenser.
> C'est de cette façon qu'agit la médisance :
> Presque toujours elle commence
> Par louer un absent qu'elle veut immoler.

**

Moins prudent et moins discret encore que son père, le fils du médisant dira tout haut les choses les plus incongrues, les plus blessantes même, sans les atténuer par cette courtoisie, dont les grandes personnes savent entourer l'amertume de leurs jugements.

De la médisance à la calomnie, la distance n'est pas longue...

On commence par *raconter*.

Ensuite on *exagère*.

Puis on *suppose*.

Enfin on *invente !*

**

Il est certains amis que l'on doit avec grand soin écarter de son toit.

Ils nous portent intérêt, semble-t-il ; ils prennent part à nos soucis, à nos ennuis, à nos tristesses, mais s'ingénient toujours, sous prétexte de sympathie, à mettre bien en évidence le mauvais côté des situations et des intentions, de sorte qu'en quittant ces personnes, *nous nous sentons* moins calmes, moins résignés, moins heureux qu'auparavant. Les fautes qu'on amnistiait dans l'heure précédente, les concessions qu'on admettait, les chagrins qu'on acceptait, sont devenus *tout à coup insupportables!*

Un moment a suffi pour opérer cette transformation.

Or, une doléance sotte, une condoléance maladroite adressée à un enfant par ces personnes, peut en un instant l'assombrir ou l'exaspérer, en lui persuadant que ses parents le négligent ou le tyrannisent.

Que ce soit bêtise ou méchanceté, le résultat est le même.

***

III. — Il existe des exceptions aussi louables que nombreuses; mais on reconnaîtra, qu'en province particulièrement, (nous parlons des petits centres), on se complaît à narrer en manière de distraction les défaillances des uns, à rappeler les scandales des autres, au point de ne plus bientôt se faire grand scrupule d'un manque de bienveillance, devenu une sorte d'habitude.

Il va sans dire que beaucoup ne sont point à l'abri de cette tentation, tout en n'ayant jamais quitté les rues Quincampoix ou Saint-Denis; car il s'agit ici non de la région qu'on habite, mais *de la tournure d'esprit* des personnes.

Précisons davantage:

— X. est le fils d'un éminent magistrat... Comme

il n'y a là rien que de louable, on le désignera *de préférence*, comme étant le petit cousin de M. *** qui a été déclaré en faillite, il y a dix ans.

— Madame Y. est fille de tel professeur distingué ou de tel artiste célèbre.... On oubliera cette parenté honorable, pour se rappeler seulement qu'elle est la tante par alliance du jeune ***, qui a fait une fugue en Angleterre, en compagnie « d'une donzelle », dit-on.

— Z. est le frère du bon et charitable docteur ***, fondateur d'un asile de vieillards; et sa sœur, en digne émule, a caché son noble front sous l'humble cornette des Filles de la Charité.

C'est sans intérêt...! On se contentera de vous le faire connaître, en tant que beau-frère d'un certain M. ***, qui a été *condamné* ou est *devenu fou;* soit même comme gendre.... de la nièce de Monsieur *un tel*, qui s'est brûlé la cervelle, etc... etc...

Ainsi! talents, vertus, illustration, sacrifices, n'existent point pour ces âmes enfiellées !

Au lieu de compter les quartiers de noblesse, les belles actions et les *hauts faits*, elles additionnent avec joie les *méfaits*, et nombrent les fautes avec complaisance.

Singulière façon de présenter la généalogie des familles !

Dans le bilan trompeur qu'elles dressent, elles n'inscrivent que les déficits, ne soulignent que les hontes, ne s'arrêtent qu'aux incorrections.

A l'actif il n'y a rien, rien !

Pour elles, détailler les misères, soulever les voiles, énumérer les tristesses, sonder les plaies, quelquefois même fouiller dans la fange, est une satisfaction de choix, un régal d'esprit incomparable. Heureux ! quand, lasses de s'attaquer aux vivants, elles ne profanent pas les pierres funéraires pour en exhumer avec joie :

Les crimes inouïs qui dorment au tombeau !

selon l'expression de l'auteur des *Iambes*.

L'excuse est connue de reste ! « Je suis certain de ce que j'avance, » affirme-t-on.

Oui ! les médailles de votre collection sont vraies ; mais vous en montrez uniquement *le revers*, oubliant qu'on peut, avec des éléments exacts, faire porter des jugements fort injustes.

Des vérités, ne sont pas la Vérité.

LIVRE DOUZIÈME

LA RESPONSABILITÉ LÉGALE DE L'ENFANT ET DES PARENTS

CHAPITRE PREMIER

L'ENFANT RESPONSABLE — LÉGISLATIONS COMPARÉES

Au début de l'existence, la vie humaine est plutôt animale qu'intellectuelle : végéter et sentir résument ses principales fonctions.

L'intelligence vient avec l'âge; puis la conscience se développe à son tour, amenant avec elle la *res-ponsabilité*. Car l'homme doit compte de ses actes dans la mesure où il comprend ses devoirs, dans la mesure aussi des moyens dont il dispose pour réagir contre ses mauvais instincts.

**

Dans cette ascension graduelle de l'âme humaine vers les notions morales, on constate que le senti-ment du *juste* et de l'*injuste,* comme on dit en philosophie, est de beaucoup antérieur au sentiment de l'*utile*.

Ce qui fait que, dans toutes les législations, le moment de l'imputabilité pénale, précède de plusieurs années la majorité civile.

Tel enfant qui ne saurait, dans aucune mesure, démêler ce qu'il peut y avoir de profitable ou de désavantageux dans un marché proposé, dans une obligation à contracter, saura déjà discerner sans aucun doute, si telle action constitue, oui ou non, une violation de l'équité, un acte répréhensible.

La Morale et la Loi ont été comparées à deux cercles concentriques; celle-ci occupant le milieu; et celle-là, s'étendant au delà du domaine des lois positives.

La Morale en effet ajoute à la Loi, et se montre plus exigeante et plus sévère que cette dernière.

La série des responsabilités s'établit donc chronologiquement de la manière suivante :

Responsabilité *morale*, la première de toutes.

Puis, responsabilité *pénale*.

Enfin, responsabilité *civile*.

**

L'ancienne Jurisprudence de la France n'admettait généralement pas de poursuites criminelles, à l'égard des délinquants âgés de moins de sept ans.

Toutefois, cette règle n'avait rien d'absolu, et l'axiome si répandu « la perversité compense l'âge ». permettait au juge de frapper le coupable pendant la *pueritia*.

De nos jours, à partir de quel moment un jeune Français encourt-il une action pénale?

Le législateur n'a point posé de limite *minima*; en sorte que, *légalement*, un enfant de 5 ans, de 4 ans... serait éventuellement justiciable des tribunaux.

Pareille hypothèse, n'est pas invraisemblable.

Nous pourrions citer, à titre d'exemple, un enfant de 6 ans poursuivi, le 24 avril 1850, pour homicide sur un camarade âgé de 4 ans; ou encore 3 enfants de 5 ans 1/2 traduits en Cour d'Assises en 1854...

**

Le système pénal actuel date, en ce qui concerne les mineurs, du Code de 1791.

Une limite unique a été fixée par l'Assemblée Constituante. A *seize* ans, on a la majorité *pénale* dans la mesure plénière du droit commun.

Si l'accusé a moins de 16 ans, la question de culpabilité morale se pose; et une sanction spéciale est applicable, en cas d'affirmative.

Même acquitté, (en tant qu'ayant agi sans discernement), le mineur peut être envoyé dans une maison de correction jusqu'à sa majorité civile. (Art. 66, 67, 69, C. pénal.)

Ainsi, un enfant de 12 ans commet un larcin...

Est-il jugé *responsable?* Il en sera quitte pour quelques jours de prison.

Décide-t-on qu'il a agi *sans discernement?* Il risquera d'être détenu pendant de longues années dans une maison de correction, bien qu'acquitté du chef de la poursuite.

Car, par suite d'une fiction peu persuasive, la Petite-Roquette n'est pas une prison...

Il en résulte que l'enfant a intérêt à faire croire à sa perversité.

***

Il est curieux de rechercher dans les divers Codes modernes, comment, sous l'influence de l'ancien droit et de la science, ces questions d'âge ont été réglementées.

Rien de plus dissemblable.

Les souvenirs de la législation romaine apparaissent dans les périodes *septennales*, acceptées par plusieurs Codes ; l'âge de 16 ans s'y rencontre aussi par imitation du droit français.

Mais souvent, la fixation semble faite un peu au hasard.

***

Chez les *Anglais*, point de poursuites permises si l'enfant a moins de 7 ans.

De 7 à 14, il y a présomption d'innocence. Toutefois, comme à Rome, la preuve de la malice peut être « administrée ». Le coupable encourt alors en principe une répression mitigée. Il est, selon le mot du statut : *prima facie doli incapax*.

Blakstone cite cependant l'exemple d'un jeune

meurtrier de 10 ans qui fut exécuté. (Faust. Hélie, I., 479.)

Passé 14 ans, il y a plénitude de responsabilité.

En *Autriche*, on n'a pas le droit de poursuivre le mineur de 10 ans. De 10 à 14 ans, ses délits sont assimilés aux infractions de police.

A 14 ans, le droit commun est applicable.

Le code de la *Louisiane* admet à peu près les mêmes dispositions.

La législation *Brésilienne* pose la règle de la non-culpabilité, sauf preuve contraire, quand l'enfant n'a point dépassé 14 ans.

S'il y a discernement, la détention dans une maison de correction ne peut dépasser la dix-septième année.

***

On le voit, chaque législateur a son système.

Et cela s'explique !

Racontez devant deux personnes les méfaits d'un mineur...

La première s'écriera : « Quoi ! si jeune, et déjà « si perverti ! on ne saurait être trop sévère ! »

La seconde vous dira : « Oui il est bien cou-« pable ! mais après tout ce n'est qu'un enfant ! »

A la maxime romaine : *malitia supplet œtatem*, on oppose cette autre formule du Digeste : *pupillus, mitius punitur*. (L. 14.)

Les deux thèses sont soutenables.

CHAPITRE SECOND

RESPONSABILITÉ CIVILE DES PARENTS

L'article 1384 du Code civil, pose le principe de la responsabilité des parents, à raison du dommage causé par leurs enfants mineurs, vivant avec eux.

La mère est tenue de cette garantie, si la garde des enfants lui est confiée dans la séparation judiciaire; si le père décède, disparaît ou est interdit.

Peu importe que le coupable ait agi sans discernement, ou en connaissance de cause.

Ainsi notre fils blesse-t-il l'un de ses camarades, fût-ce en jouant, notre responsabilité est engagée, et la criminalité du fait reste punissable, bien entendu.

***

Supposons un enfant mettant le feu par imprudence et causant un dommage considérable. Le père ne pourra se contenter d'abandonner aux sinistrés la « réserve » constituant la part héréditaire du coupable ; il répondra de tout le préjudice sur ses biens propres, sans réduction quelconque, du moment qu'un défaut de surveillance est établi contre lui.

Or, étant données les obligations rigoureuses imposées aux parents, comme nous venons de le voir, il est logique de leur concéder le choix des écoles qu'ils jugent préférables pour discipliner leurs fils.

**

La loi sur l'Instruction obligatoire, a édicté une pénalité spéciale visant les parents, en cas d'absence persistante de l'écolier. Le mauvais côté de cette sanction, est de donner à entendre à l'enfant qu'il ne relève pas que de sa famille.

Les Pouvoirs publics ont un peu l'air de lui dire : vos parents ne font pas tout leur devoir à votre égard, du moins je m'en défie ; mais je suis là, je les surveille...

Un enfant paresseux et vindicatif, est armé en effet d'un droit singulier : en fuyant l'école systématiquement, il a chance d'envoyer son père en prison.

Lui, ne risque rien : le père *seul* est puni.

N'aurait-on pas pu trouver mieux pour conforter l'autorité domestique.. ?

L'homme des champs qui vit loin du village, l'ouvrier qui part pour l'atelier bien avant l'heure des classes, la mère retenue près d'un berceau, peuvent-ils donc escorter le jeune écolier ?

LIVRE TREIZIÈME

LES CAUSES HÉRÉDITAIRES

———

CHAPITRE PREMIER

L'HÉRÉDITÉ

A l'*innéité*, aux aptitudes propres que chacun apporte en naissant, on oppose l'*hérédité*, ou tendance de la nature à reproduire, chez l'enfant, certains caractères de l'organisation des parents.

L'hérédité est physique ou morale.

Elle se manifeste dans les formes générales, les traits, les allures, la voix, les particularités fonctionnelles, la stature, la force et la longévité.

De même, les états pathologiques sont transmis par le sang ; en ce sens, que l'héritier est atteint de *prédispositions* aux maladies qui affectent ses auteurs.

On pourrait, en prenant les passions une à une, montrer que, dans chacune d'elles, l'hérédité joue un rôle appréciable.

« La colère, la peur, dit un auteur, l'envie, la

« jalousie, le libertinage, l'ivrognerie, sont des
« passions essentiellement transmissibles. »

Souvent, les ressemblances « sautent » une ou
deux générations. Mais on n'a point encore établi
laquelle des influences, (paternelle ou maternelle),
l'emporte; ni dans quelle mesure elle s'exerce.

***

Les dons heureux se reproduisent aussi dans les
familles. Citons dans l'antiquité : les Hortensius, les
Curion et les Lysius, tous auteurs, de père en fils;
Eschyle, dont la famille comptait huit poètes tragi-
ques...

Dans les temps plus rapprochés, les Condé avaient
l'art militaire en partage, les Médicis le sens politique, les Mozart et les Bach le génie musical...

***

Si l'hérédité n'est pas une fiction, dit Alexandre
de Trolles, comment expliquer que tant d'imbéciles
soient fils d'hommes de valeur; et que tant d'hommes capables naissent d'imbéciles?

« Du sage Périclès, ajoute de son côté P. Lucas,
« sortent deux sots; d'Aristide, l'infâme Lysimaque;
« de Sophocle, d'Aristarque et de Socrate, naissent
« des fils plus vils que la *pituite*. »

... Cependant, ces critiques sont moins fondées
qu'elles ne le paraissent.

On ne tient pas compte de l'*atavisme*.

Or, l'enfant est le résultat, non pas seulement
des ascendants directs, mais *des aïeux*, de la souche
entière.

L'homme, dit Baudemont, n'est qu'une épreuve, tirée une fois de plus, d'une page stéréotypée.

Et pour Samson, l'atavisme est l'expression d'une puissance collective, représentée par toute la série à laquelle appartient l'individu.

Chaque race, chaque famille, apporte à l'enfant son action propre; et ces deux influences luttent jusqu'à ce que l'une d'elles finisse par l'emporter, en constituant des caractères généraux et durables.

Qui ne connaît le nez à la Bourbon, trait caractéristique constant de la famille des anciens Rois de France? De même les Romains désignaient sous le nom générique de *Buccones*, *Labeones*, *Nasones*, les familles reconnaissables à un signe héréditaire ; bouche, lèvre, nez...

Cette loi de transmission observée par le peuple, a suggéré les proverbes suivants : Tel père, tel fils... Bon chien chasse de race..., etc.

**

En somme, les ascendants représentent les causes immédiates *et* médiates de leur descendance. Il y a là une tradition que l'on ne peut ni éluder, ni répudier.

C'est une loi de nature.

Aussi a-t-on pu dire très exactement que l'on était comptable de soi-même à l'égard de toute sa lignée, et qu'un chef de famille travaillait toujours pour *sa* postérité.

L'individu, est l'un des anneaux de la chaîne qui unit aux ancêtres.

CHAPITRE SECOND

LA CONSANGUINITÉ

D'après une savante étude de M. le Dr Coste, le mariage entre consanguins a deux fois plus de chances qu'un autre, de donner des sourds-muets, et trois ou quatre fois plus, de produire des descendants affectés de troubles cérébraux.

La consanguinité favorise l'hérédité saine ou morbide, mais *plutôt* cette dernière chez l'homme. Heureusement il y a des exceptions...

En principe, les parents transmettant leurs qualités et leurs défauts, si une même tendance se trouve développée *chez les deux auteurs*, elle le sera à un degré encore plus grand chez leur enfant.

Conformément à cette règle, vraie pour les êtres en général, on a obtenu par exemple le cheval de course anglais, et les races d'animaux domestiques perfectionnés.

Encore, cette amélioration est-elle une chose très relative, car un même résultat peut s'appeler à la fois : progrès et déformation. Ainsi l'animal que l'on destine à la consommation, doit, à l'inverse du cheval de course, présenter le maximum de chair et le minimum d'os et de muscles ; en sorte que, pour l'artiste et pour le naturaliste, la bête *primée* n'est souvent qu'une espèce de monstre.

Tout est sacrifié au but particulier qu'on recherche.

***

Mais les règles de la consanguinité ont un caractère exceptionnel quand il s'agit de l'homme, soumis, lui, à des vicissitudes qui n'affectent point les autres êtres. Non seulement il est plus perfectionné que l'animal, mais aussi, il est doué de la vie intellectuelle, et impressionné par des émotions morales qui modifient sa nature.

En outre, il est sujet à des maladies plus nombreuses et plus sérieuses, qui le mettent en dehors de la loi commune.

Aussi M. Magne, dans son mémoire à l'Académie de Médecine, conclut-il en ces termes: « La consan- « guinité agit plus promptement, et exerce des « effets plus sensibles sur l'homme que sur les ani- « maux. »

***

Citons les intéressantes recherches faites en Écosse par M. Mitchell, sur 716.000 individus.

Voici quelques-unes de ses observations. Fussent-elles pessimistes, elles n'en resteraient pas moins très inquiétantes :

Sur 45 mariages consanguins, il a compté 29 unions malheureuses qui ont donné :

8 idiots — 5 imbéciles — 11 aliénés — 2 épi-

leptiques — 4 paralytiques — 2 sourds-muets —
3 aveugles — 2 vues faibles — 3 difformités —
6 estropiés — 1 rachitique — 22 phthisiques, scro-
fuleux, ou enfants à constitution faible,..

***

En *Amérique*, le docteur Howe, compte 44 idiots
issus de 17 mariages consanguins.

De son côté, le docteur Bémiss a observé 34 unions
analogues, produisant 192 enfants, sur lesquels 58
sont morts en bas âge, et 47 ont été atteints de graves
maladies constitutionnelles.

***

En *France*, les docteurs Lannelongue, Lacassa-
gne, de Lacharrière, Fonssagrives voient également
avec une grande défaveur ces alliances.

Le célèbre Trousseau, insiste sur les suites funestes de ces mariages, en ce qui concerne la poly-
dactylie, le pied-bot et l'albinisme, (enfants albinos).

Enfin, le professeur Peter, estime qu'il est sura-
bondamment démontré que ces unions amènent le
plus souvent, la dégénérescence même du produit.

***

On s'explique dès lors les prohibitions légales ou
religieuses, dans cet ordre d'idées.

Chez les Romains, existaient des lois sévères, in-
terdisant l'union entre les collatéraux et leurs descendants : *inter parentes et liberos infinite, cujus-*

cumque gradûs, connubium non est. Aussi, lorsque Claude voulut épouser sa nièce Agrippine, l'autorisation du Sénat fut-elle nécessaire.

Constance et Constantin, défendirent l'union d'oncle à nièce, sous peine de mort : *capitalis sententiœ pœnâ teneatur.*

Sous Théodose le Grand, les mariages entre cousins germains sont prohibés, sous peine du feu.

Sous Charlemagne (813), la parenté au 4° degré est un empêchement au mariage.

Saint Augustin, saint Basile, saint Thomas, estiment que les malheureux résultats des unions de même sang, sont un fait providentiel dans l'intérêt de l'honneur des foyers : aussi les prohibitions ecclésiastiques s'étendaient-elles en 1065 jusqu'au 7° degré.

Nombre de Conciles ont statué à cet égard :

Clermont, 535 — Orléans, 538 — Tours, 557 — Auxerre, 578 — Paris, 615 — Compiègne, 757....

LIVRE QUATORZIÈME

PETITS PRODIGES ET « FRUITS SECS »
LE SURMENAGE

CHAPITRE PREMIER

LES ENFANTS PRODIGES

C'est surtout chez les artistes : musiciens, poètes ou compositeurs, que se rencontre la précocité la plus étonnante. Parce que le Génie est une innéité; tandis que la science est spécialement le fruit de l'étude et de l'expérience.

Rameau, Lesueur, Lulli étaient à sept ou huit ans des sujets incomparables.

Mozart, à 4 ans, jouait avec une sûreté et une précision admirées de toutes les Cours de l'Europe.

Parmi les jeunes sculpteurs ou les peintres, on cite : Canova, Pierre de Cortone, Adrien Brauwer...

Ce fut le hasard qui mit en lumière les aptitudes de Canova pour la sculpture. Il était garçon pâtissier : un jour, il fit pour la table d'un seigneur italien un lion si ressemblant, si fièrement campé, que tous les convives en furent émerveillés.

27

On tira de la cuisine le petit mitron, pour le placer dans l'atelier d'un grand maître.

Comme exemple d'intelligence littéraire, on signale chez les anciens, Auguste, prononçant à douze ans, et Tibère à neuf, de magnifiques oraisons funèbres ; et dans les temps modernes Pic de La Mirandole, prodigieux surtout par sa mémoire.

Un siècle plus tard, on trouve Crichton, polyglotte universel pour ainsi dire, à l'âge de quinze ans.

Vincenzo Viviani, à douze ans, était un mathématicien incomparable.

***

La liste de ces exceptions est plus curieuse que longue ; tandis que le nombre des enfants, un instant célèbres et rentrés dans la médiocrité à l'âge d'homme serait incalculable ! Il y a là une efflorescence printanière excessive, et pas de fruits : ou du moins des fruits hâtifs qu'il faut renoncer à conserver.

***

D'autres fois, une seule branche se développe outre mesure au détriment des autres : mais l'arbre est difforme.

Ainsi, de nos jours, ce jeune mathématicien, qui peut résoudre mentalement les problèmes les plus complexes, avec une rapidité surprenante, a toutes ses autres aptitudes énervées.

Or, la proportion seule, constitue l'harmonie générale. Voilà pourquoi un front qui n'est que large,

prouve ordinairement l'intelligence ; tandis qu'un
front énorme est la caractéristique opposée.

***

Aussi les « sujets à concours », chez qui l'on cultive une seule faculté, deviennent-ils pour la plupart des « fruits-secs », c'est-à-dire des êtres relativement médiocres à l'époque de leur maturité,
surtout si l'on tient compte des folles espérances
qu'ils avaient fait concevoir dans leur jeune âge.

L'avance prise au début, semblait devoir se maintenir dans le même rapport : mais les distances se
sont vite rapprochées !

A la fin de ses études, le petit prodige ne dépassera pas les intelligences moyennes ; et bientôt, son
esprit se desséchera plus encore ; semblable à une
plante précoce qui a donné toute sa sève et dépensé
sans mesure ses effluves généreuses, dans une atmosphère chauffée à l'excès.

***

En fait, quel est le mode d'instruction préférable ?

Vaut-il mieux stimuler l'ardeur de l'élève, très
jeune encore, de façon à lui permettre d'arriver tout
naturellement à la veille des examens sans une
fiévreuse préparation immédiate ?

Vaut-il mieux au contraire, ne rien précipiter ;
suivre l'enfant plutôt que de le « pousser », en sorte
qu'il se forme peu à peu d'après sa nature, et non
d'après les programmes ?

A cela on peut répondre, ce semble, par les distinctions suivantes:

Voulez-vous que votre fils passe des examens pour
avoir un brevet? êtes-vous limité par l'âge en vue
d'un concours prévu?

... Prenez la liste des matières exigées, entassez-
les rapidement, et vous formerez un bon candidat,
mais non une lettré, un savant, ni un penseur.

Seulement, il est bien rare qu'un enfant n'éprouve
point de lassitude à la suite d'un pareil effort, et
qu'il ne ressente pas le désir du repos avant même
d'avoir rien produit, socialement parlant.

C'est un condamné aux travaux forcés à temps,
qui jouit de sa libération...

***

Désire-t-on que son fils ait des connaissances sérieuses, durables, bien digérées; souhaite-t-on qu'à
vingt et vingt-cinq ans, il aime plus que jamais le
travail et s'y adonne avec joie?

... Alors, qu'on le laisse « marcher son pas » ; qu'on
lui donne le loisir de respirer, de « dételer », de se
recueillir, et de s'assimiler la nourriture intellectuelle dont on le repaît; qu'enfin il sache, non pas
PLUS, mais MIEUX que les autres.

Et au lieu de s'épuiser dans les classes, il y apprendra l'art du travail et l'amour de l'étude, qui le
suivront et le charmeront durant sa vie entière :
*Litteræ, pernoclant nobiscum, peregrinantur, rus-
ticantur*, comme dit l'orateur romain.

Or, rien ne ressemble moins à ces agréables distractions que le métier de « tâcheron », auquel l'enfance est condamnée, pendant les longues années de la vie scolaire.

C'est ce que nous allons étudier dans le chapitre suivant.

CHAPITRE SECOND

LE SURMENAGE

Le mot est nouveau, du moins dans le sens où on l'emploie aujourd'hui, dit le docteur Foussagrives.

C'est un terme emprunté au langage des haras, et les dictionnaires lui donnent cette signification : « *Surmener*, excéder de fatigue les bêtes de somme, « en les faisant aller trop vite et trop longtemps. »

On n'a pas trouvé mieux pour exprimer la situation des enfants dans les collèges, sous le régime actuel.

L'enfant travaille *trop tôt;* il travaille *à trop de choses,* il travaille *mal.*

Si l'on proteste, si l'on revendique pour lui le droit de vivre en enfant, on est taxé de parti pris, ou dénoncé comme adversaire de l'instruction du peuple! Les programmes s'augmentent d'année en année; les examens se multiplient et deviennent la condition *sine quâ non* de la vie; la concurrence est effrayante!

Il faut à tout prix arriver! on ne saurait commencer assez tôt! en sorte que, très jeune encore, l'écolier saisi par l'engrenage scolaire y passe tout entier. Et à l'âge où sa jeunesse devrait resplendir, il n'est plus qu'un petit *homme fatigué* qui n'a pas joué, et qui ne sait plus rire...

Son esprit est lassé, son cœur est desséché, son âme rétrécie... : mais il est breveté !

« L'école devrait s'accommoder aux aptitudes de « la moyenne des intelligences, » dit un savant académicien, M. *Gréard*. Au contraire, les devoirs de classe ne sont ordinairement compréhensibles que pour les élèves hors ligne, exceptionnels.

***

L'enfant cependant a d'impérieux besoins ! Il lui faut l'air, le mouvement, le changement, la variété des occupations. On lui enlève tout cela !

A tel point, qu'un médecin a pu, dans une assemblée solennelle, émettre le vœu que l'État traitât les enfants au collège, *comme il traite les chevaux* dans les fermes-modèles.

Même quand le lycéen sort le soir de cette usine à brevet, il emporte dans sa famille ses cahiers d'étude, pour recommencer à lire, à écrire, à calculer jusqu'à son coucher ; et le lendemain, au réveil, vite, il reverra le travail que le maître va corriger. Enfin, en une demi-heure, il devra apprendre les trois leçons d'usage...

C'est le programme : il faut marcher !

***

Oui, il faut marcher dans le même sens, et du

même pas, l'idéal de neuf Français sur dix, étant
de voir leur fils fonctionnaire de l'Etat !

« Aujourd'hui, a écrit M. Eug. Labiche, tout indi-
« vidu vacciné croit avoir droit à une place... En-
« core un peu, on priera le Gouvernement de dis-
« tribuer des numéros d'ordre à Messieurs les nou-
« veaux-nés. Toi, petit, tu seras dans la diploma-
« tie... : tu as la vue basse. Celui-ci sera marqué
« pour la marine. Cet autre pour les finances, côté
« des contributions directes. Tout le monde aura son
« bureau, sa petite table, son encrier et sa plume der-
« rière l'oreille. Joli petit peuple ! Tout cela grouillera,
« griffonnera... et émargera ! Qui veut des places ?...
« Prenez vos billets ! Et à ces administrateurs, que
« manquera-t-il ?... Une seule chose : des adminis-
« trés..... Mais on en fera venir de l'étranger, en
« payant le port ! »

⁎

L'abus est flagrant, le mal s'accentue de jour en
jour, et les hommes les plus compétents s'alarment.
L'Académie des Sciences, comme on va le voir, a
signalé les fâcheux résultats constatés par les médecins dans la santé de la jeunesse des écoles, à savoir:
la langueur et l'inertie des fonctions digestives, les
troubles de la vue, les déviations de la taille, l'anémie, la scrofule et la phthisie; puis les maux de tête,
la méningite et même la folie assez fréquente, bien
qu'on la dissimule sous d'autres noms acceptables.

⁎

L'instruction *véritable*, diminue en même temps que la vanité s'accroît. Ayant entendu parler de *beaucoup de choses*, et n'ayant rien étudié sérieusement, les jeunes gens croient tout savoir, alors qu'ils ne sont qu'infatués et ignorants.

Le double vice du surmenage, est d'*échauffer* la tête, en *refroidissant* le cœur.

⁎

Toutefois parmi les choses utiles, il n'en est point que le jeune enfant apprenne avec moins de fatigue, que les *langues vivantes*.

Dès qu'il sait articuler les mots de l'idiome paternel, c'est-à-dire entre deux et trois ans, le moment est favorable pour placer près de lui une domestique de nationalité étrangère. Le faire plus tôt, serait risquer de fausser son oreille et de lui laisser pendant plusieurs années un accent affreux, au point d'entendre un bon petit Français de nos amis, dire à sa bonne allemande : « *Ché foutrais aller à tata « sur mon bédit chéfal.* » (Je voudrais aller à dada sur mon petit cheval.)

CHAPITRE TROISIÈME

LE SURMENAGE JUGÉ PAR LES MÉDECINS

A l'Académie de Médecine, M. Lagneau a établi, d'après divers documents statistiques, que le chiffre des écoliers des deux sexes atteints de céphalalgie, d'épistaxis fréquentes, de scrofules, de scolioses, etc... augmentait dans la proportion même de la durée des études.

***

Si encore en épuisant au physique ces petits martyrs de l'instruction, on arrivait à faire des hommes supérieurs au point de vue intellectuel et moral ! Si on leur donnait, au lieu d'un léger vernis d'érudition momentanée, la science durable des choses essentielles ! Si l'on trempait fortement les caractères... !

Mais non !

Sur ce terrain comme sur l'autre, l'insuccès final est complet ; et nous relevons contre le surmenage, dans les mémoires présentés à l'Académie, des griefs comme ceux-ci : « Annihilation de la volonté et de l'énergie morale. » (D* Lagneau.) — « Épui-

sement des aptitudes intellectuelles. » (Dʳ Dally.)
— « Insignifiance d'esprit. » (Dʳ Fonssagrives.) —
« Excitabilité exagérée. » (Dʳ Beaumetz.) — « In-
telligence atrophiée. » (Dʳ Beckel.)

***

Pareilles constatations ont été faites par les médecins les plus éminents des deux mondes :

Les docteurs Ercimann, de Saint-Pétersbourg; Durn,
de Hanovre ; Edes, de Boston ; Macpherson, de Glas-
cow ; les docteurs anglais Ashby, Stally, Drewith,
Donkin et Gibbon, arrivent aux mêmes conclusions.

Le docteur Cohn signale les écoles supérieures de
Breslau, d'Elangen, d'Heidelberg, dans lesquelles
cent pour cent, c'est-à-dire *tous* les élèves sont atteints
d'affections de la vue, sans parler des nombreuses
maladies provoquées par la sédentarité scolaire.

***

L'*over-pressure* des Anglais, a pris une intensité
exceptionnelle depuis l'application de l'*educatio-
nal act*, à tel point que la Chambre des Lords, la
Chambre des Communes et la presse médicale, ont
attiré l'attention des Pouvoirs sur cette éducation
meurtrière.

Et lord Shaftesbury, président de la Commission des aliénés, a remarqué que le nombre des ins-
titutrices malades par épuisement nerveux, (*nervous
exhaustion*), prenait d'inquiétantes proportions.

***

On veut arriver quand même ! que l'on soit doué ou non, que l'intelligence soit ouverte ou rebelle ; et l'on se livre à un travail excessif et fiévreux, *sans consulter les aptitudes de chacun.*

Il faut que tout le monde passe sous la même toise, soit coulé dans le même moule, et formé de la même pâte ! La médiocrité est obligatoire, et l'originalité proscrite.

**

— Parlant spécialement des jeunes filles, M. le docteur *Dujardin Beaumetz* s'est exprimé ainsi à l'Académie : « Étant depuis de longues années chargé de soigner les jeunes filles placées dans divers établissements d'instruction publique, (et en particulier à l'École Normale primaire supérieure du département de la Seine), j'ai pensé qu'il n'était pas sans intérêt de vous signaler les remarques que j'ai pu faire sur elles, en ce qui concerne la question du *surmenage*, qui préoccupe nos collègues. Ces jeunes filles sont admises à quinze ans au minimum, à dix-huit ans au maximum, et restent trois ans dans l'établissement.

« Comme on en reçoit annuellement 25 sur 500 qui se présentent, les programmes d'entrée sont très chargés, et les candidates sont astreintes, de ce fait, à un travail excessif pendant l'année qui précède le concours.

« Le surmenage présente des inconvénients d'autant plus sérieux, qu'il se produit à l'époque de la formation de la jeune fille, c'est-à-dire alors que

l'application d'une hygiène sévère est particulièrement désirable. Ajoutons que ces jeunes filles sont,
le plus souvent, dans une position de fortune pré-
caire, et que, par suite, leur nourriture ne répond
pas toujours à leurs besoins. Aussi, constate-t-on, la
première année surtout de leur présence dans l'établissement, qu'elles sont très sujettes à des accidents
variés.

« Localement d'abord, on note de la myopie, une
saillie exagérée de l'omoplate droite, et une déformation de la colonne vertébrale. Au point de vue
général, ce qui domine chez ces enfants c'est de la
chlorose, et un état d'excitation tout spécial du système nerveux. »

***

— « Le surmenage, dit de son côté M, le docteur
Peter, provient de ce que dans les choses de l'intelligence on ne respecte pas la loi de l'offre et de la
demande : je veux dire que, dans les programmes
d'études, la demande est supérieure à l'offre, qui est
la capacité intellectuelle des candidats. Or, la nature
nous enseigne que dans la masse des intelligences, ce
qui domine, ce sont les aptitudes moyennes. En
l'oubliant, on risque de n'avoir que des *fourbus du
cerveau.* »

***

— « En résumé, dit aussi M. le docteur *Hardy*,
on enseigne à nos enfants beaucoup trop de choses;

et il serait plus court de dire ce qu'on ne leur enseigne pas, que d'énumérer toutes les branches des connaissances exigées d'eux : c'est une encyclopédie ! »

***

— « S'il est vrai, écrit M. le docteur *Gautier*, que l'on travaille beaucoup dans nos écoles et lycées, il s'ensuit que la jeunesse studieuse devrait, dans les cours supérieurs, faire preuve d'un talent exceptionnel, grâce à la culture intensive de l'enseignement secondaire. Or, notre expérience journalière nous montre qu'il n'en est malheureusement rien. Comme il en a toujours été, chacun ne donne *que ce qu'il peut.* »

***

— « Il faut en finir une bonne fois, dit M. le docteur *Rochard*, avec cette instruction de catalogues, qui effleure tout et n'approfondit rien ; avec cette science universelle qui surcharge la mémoire sans développer l'intelligence, et qui ne laisse après elle qu'une fatigue souvent irréparable, et un dégoût insurmontable pour le travail intellectuel. Je me rallie donc avec empressement, poursuit-il, à la proposition de M. Lagneau, et je propose à l'Académie de formuler nos conclusions de la manière suivante:

« L'Académie de Médecine, pénétrée des inconvénients *graves* que présente l'abus du travail intellectuel dans les établissements consacrés à l'éducation des deux sexes; persuadée qu'il porte une atteinte *sérieuse* à la santé et au développement des enfants qui y sont soumis, appelle sur ce sujet l'attention des Pouvoirs publics. »

A notre avis, le mot vrai de la situation a été dit, avec autant d'esprit que de justesse par l'un des académiciens :

« On ne doit pas sacrifier l'*humanité*, aux *humanités*. »

LIVRE QUINZIÈME

L'HYPNOTISME ET LA PÉDAGOGIE
CURIEUX EXEMPLES.

On s'est demandé dans ces derniers temps, si, concurremment avec les moyens rationnels et usuels d'éducation, il ne serait point possible d'utiliser les influences de la suggestion, pour améliorer les élèves paresseux ou vicieux.

Divers hommes de science ont répondu de la façon la plus positive, en invoquant à l'appui de leur thèse certaines expériences que nous nous gardons bien de conseiller au lecteur. Déclinant toute responsabilité dans cet ordre d'affirmations, nous laissons la parole au docteur Bérillon :

« Il sera possible en bien des cas, en provoquant
« l'hypnotisme, autant que cela est nécessaire, de
« développer la faculté d'attention chez des enfants
« récalcitrants, de corriger leurs mauvais instincts,
« et de ramener au bien des esprits qui s'en seraient
« écartés infailliblement. » (?)

***

De son côté, le docteur Ladame de Genève dénonce comme philosophes routiniers ceux qui hésitent à se servir de la suggestion comme moyen d'éducation.

Le professeur Beaunis développe les mêmes idées dans son livre sur le somnambulisme.

Encouragé par ces précédents, le docteur Bérillon s'est livré à une série d'expériences à cet égard. « D'abord, dit-il, il faut que l'opérateur, outre la compétence technique, ait *beaucoup de tact* pour discerner la mesure de suggestibilité du sujet... En aucune circonstance on ne fera la moindre concession à l'esprit de curiosité...; jamais le médecin ne devra pousser le sommeil magnétique à un degré excessif, non plus que provoquer « des contractures ou des hallu- « cinations (*sic*). »

Quoi! un simple *manque de tact*, une légère imprudence peuvent avoir de si graves conséquences!

A notre humble avis, pareils conseils ne sont guère rassurants.

***

Le même médecin se fait fort de guérir de la peur, de la paresse, et de maint défaut, en utilisant la méthode suggestive.

Tout cela est à merveille! Cependant, l'expérience des dernières années n'est-elle pas de nature à justifier, chez plusieurs, une certaine tentation de scepticisme en matière scientifique?

Tout récemment encore, la science n'était-elle pas assez généralement matérialiste, ou pour le moins d'un positivisme fort avancé? Ne traitait-elle pas avec

un léger mépris, les philosophes, les métaphysiciens,
et ce qu'elle appelait leurs chimères ? Pour beaucoup,
l'âme n'était-elle pas l'ensemble des fonctions, et la
pensée une sécrétion cérébrale, etc...?

Puis, tout à coup, nous voici amenés dans les régions d'une sorte de métaphysique transcendante, où
la volonté *seule* produit les plus étonnants phénomènes, où l'esprit dispose à son gré de l'organisme
d'autrui, envahit un corps humain, le gouverne,
l'anime, le paralyse à sa guise... Quel changement
subit ! (1)

*_**

Oui, on peut croire à la réalité des suggestions
dans des cas *très limités.*

Mais s'il en est ainsi, pareille science a de quoi
inquiéter sérieusement.

Et, ne point la diffuser à la légère, est un impérieux
devoir, à peine de troubler les consciences et les
esprits, déjà assez mal équilibrés, à notre époque.
Qu'on tente des essais sur les êtres pervertis des
pénitenciers : cela suffit. Car enfin, dire qu'on peut
inspirer la bonté, c'est avouer qu'on peut souffler
l'idée de vengeance ! dire qu'on a la faculté d'obliger

---

(1) Les faits de suggestion mentale sont, jusqu'ici, réfractaires
aux lois de la physique pure. D'autre part, n'en déplaise aux maté-
rialistes, leurs affirmations, en dépit des mots, ne sortent pas du
domaine de la métaphysique ; car, en l'état de la science, toute
démonstration expérimentale de leur thèse fait entièrement défaut.
A-t-on jamais trouvé l'élément intellectuel à la pointe du scalpel ou
au fond de la cornue...? Or, une supposition n'est pas un *fait*, et est
encore moins une *loi.*

l'enfant à révéler la vérité, c'est confesser qu'on peut lui conseiller le mensonge ! déclarer qu'on s'empare de sa volonté pour le contraindre au travail, c'est reconnaître qu'on est à même, par contre, d'annihiler ses efforts laborieux !

Et effectivement, plusieurs médecins indiquent certains méfaits, suggérés par des manœuvres de cette nature.

***

Allons jusqu'au bout, et demandons si un méchant maître d'étude « doué du fluide », pourrait, en faisant appel à une influence hynoptique funeste, stériliser par malveillance la bonne volonté d'un élève assidu et laborieux... Un condisciple, aurait-il aussi le moyen d'engager son concurrent à déserter fatalement la classe les jours de composition (1)?

Qu'on n'oublie pas en effet, que l'action peut appartenir *à tout autre* qu'au sage docteur, qui se livre à ces expériences par amour de la science et de l'humanité.

Quelle garantie alors, quelle défense invoquer contre les tyrannies, contre les *vices* de ceux qui approchent de nos enfants !

On se le demande !

Et on le demande.

_____

(1) Le professeur Charcot signale le fait d'un collégien « hypnotisé par ses camarades », et atteint de désordres nerveux qui motivèrent son entrée à la Salpêtrière. — *Revue de l'hypnot.*, n° 6, p. 178. — « Obéissant à la suggestion d'un camarade vicieux, plusieurs enfants de l'école de "", ont soustrait de l'argent à leurs parents, pour remettre à un jeune hypnotiseur le produit de leur vol. » (*Courr. de Brux.*)

Nous avons parlé d'activité fatale : il n'y a là rien d'exagéré.

Le sujet influencé n'est plus maître de lui-même, après « l'acquiescement » ; il est, chose effrayante ! en quelque sorte à la merci de l'opérateur.

Le docteur Bernheim de Nancy, ne déclare-t-il pas avec beaucoup d'autres, que, dans l'état d'hypnose, « le contrôle cérébral du patient *fait défaut;* « que les idées s'imposent, et entrent dans le cerveau « comme *par effraction ?* »

**

Heureusement, ces curiosités scientifiques ne sont pas aussi fréquentes qu'on le pense communément : il faut des sujets prédisposés et des circonstances particulières pour que le phénomène se produise.

Sinon, force serait d'admettre qu'un propriétaire doué du « bon œil » aurait la faculté d'obliger ses locataires à payer deux fois leur terme, et à refuser même toute quittance susceptible d'établir la fraude (1).

Et réciproquement, un débiteur armé de ce pouvoir mirifique, aurait le moyen d'obtenir la remise générale de ses dettes : et cela d'une façon non moins irrésistible...

Voilà qui serait de la science pratique !... Un sous-chef ferait conseiller à son supérieur de donner sa démission pour prendre sa place... ; le créancier

_____

(1) D'après de graves autorités, un hypnotisé donnera dans certains cas sa signature, et n'en conservera pas le moindre souvenir à son réveil.

aux abois, irait trouver un « opérateur » pour rentrer dans ses fonds...; tel autre capterait infailliblement une succession convoitée...; enfin le Gouvernement, grâce à une application suggestive intelligente et patriotique, obtiendrait un double paiement
bénévole, de la part des contribuables!!

***

Un médecin cite le cas suivant : « Un enfant de
10 ans, m'est amené par sa mère : il est indiscipliné,
paresseux, colère, il refuse de manger de la viande...
Quand ses parents lui font une observation, il leur
jette à la tête avec emportement tout ce qui est à sa
portée... je l'endors, et après deux ou trois séances,
l'enfant est transformé. »

Le docteur y voit un malade : pour nous, ce n'est
autre chose qu'un type vulgaire d'enfant mal élevé.

Mais au lieu d'hypnotiser l'enfant, n'aurait-on pas
pu se contenter de donner à ce petit indiscipliné une
salutaire correction manuelle?

C'eût été moins savant sans doute, mais peut-être
tout aussi efficace.

Bref, la suggestion n'est encore qu'un dangereux
essai.

Elle deviendra un désordre social, une calamité,
si on l'exploite par amusement ou par cupidité; et
elle finira par déranger complètement nombre d'esprits timorés ou inquiets.

Cela commence déjà.

***

A voir le goût du merveilleux qui envahit tous les rangs de la société, et les exhibitions tolérées par l'Administration, on peut redouter très sérieusement que l'enfance, qui par sa faiblesse organique et son impressionnabilité semble désignée comme sujet facile, ne devienne victime des plus funestes entreprises.

Qui donc empêchera un maître brutal, ou un père curieux, de chercher à remplacer l'œuvre toujours difficile et souvent ingrate de l'éducation, par un ou deux essais de catalepsie suggestive ?

Ce danger, nous le signalons dès aujourd'hui ! Et quand les pouvoirs publics interviendront, ce sera, comme il arrive presque toujours, quand le mal *sera devenu un désastre irréparable.*

***

Sait-on en effet quel est le résultat de pareilles expériences ?

Un savant docteur italien, le professeur Lombroso de Turin, affirme qu'après une série de représentations hypnotiques données à Turin et à Milan, beaucoup de spectateurs furent troublés d'une manière extraordinaire : les uns se sentirent envahis d'un sommeil invincible, les autres frappés d'insomnies persistantes ; ceux-ci affolés ; ceux-là anéantis dans une sorte d'hébétude.

« Tous les médecins de *Turin*, dit le savant pré-
« cité, les docteurs Bozzolo, Silva... et moi-même,
« avons noté une réelle aggravation dans les mala-
« dies nerveuses, dont étaient atteints quelques-uns
« de nos clients qui avaient été hypnotisés, ou

« avaient seulement *assisté* aux représentations. »

Ces faits parurent si graves, que la question fut portée devant le Conseil supérieur de Santé de Rome, présidé par M. le professeur Bacceli.

Voici la conclusion de la délibération du Conseil, qui a été suivie de l'interdiction de ces représentations théâtrales dans toute l'Italie.

Le Conseil supérieur de Santé : « Considérant, que « les spectacles d'hypnotisme peuvent amener une « profonde perturbation dans l'impressionnabilité du « public ; attendu, que ce dommage peut être grand « *chez les enfants*, les névropathes, les individus « excitables ou affaiblis, personnes qui toutes ont « droit à une protection spéciale de la part de la « Société ;

« En ce qui concerne la question juridique : Con-« sidérant, qu'au point de vue de la sauvegarde « nécessaire de la liberté individuelle, *on ne peut* « *permettre que la conscience humaine soit abolie* « par des pratiques génératrices de faits psychiques « morbides : comme de rendre un homme esclave de la « volonté d'un autre, sans qu'il ait le sentiment des « dangers auxquels il est exposé : — Est d'avis :

« Que les séances d'hypnotisme, (magnétisme, mes-« mérisme, fascination), doivent être interdites dans « les réunions publiques. »

***

En *Autriche*, des exhibitions du même genre furent suivies de tels accidents, que la direction de la Police à Vienne dut instituer, le 12 février 1886,

une commission médicale préservatrice qui, à l'una-
nimité, a conclu à l'interdiction de ces spectacles.

Des mesures semblables ont été prises en *Silésie*.

D'autre part, le Ministre de la justice du *Dane-
mark*, se fondant sur un rapport du Comité de
Santé de Copenhague, en date du 30 décembre 1886,
a défendu aussi toute représentation publique de ce
genre.

Si l'on veut avoir une idée plus exacte et plus
complète de la question, on ne saurait mieux faire
que de consulter les études de M. Hugues Le Roux.

**

Comme jurisconsulte, nous accepterions, quant à
nous, de démontrer que le Législateur a pour devoir
d'intervenir résolûment, dans un but de réglementation.

De deux choses l'une en effet:

Ou l'influence est *vraie*; alors elle est dangereuse,
on l'a vu.

Ou elle est *fausse*; et c'est duperie.

En tout cas, les manœuvres magnétiques ou soi-
disant telles, et les pratiques hypnotiques exercées
par des individus non docteurs, augmentent l'état
morbide du sujet, et peuvent rendre malades des
gens bien portants.

Ainsi, au rapport de M. Pitres, *Donato* à Bordeaux, a suscité comme une épidémie de folie.

De son côté le Dr Charcot raconte les accidents
très sérieux arrivés à Chaumont-en-Bassignie, par le
fait d'un magnétiseur.

Enfin le Dr Voisin dit qu'aux mains d'empiriques, l'hypnotisme peut être aussi dangereux que la digitale ou la morphine.

N'est-ce pas suffisant pour justifier un rigoureux contrôle et même l'interdiction, en dehors des cabinets vraiment scientifiques?

... Il y a 60.000 aliénés dans les Maisons de Santé. C'est assez!

LIVRE SEIZIÈME

EXAMENS DE QUELQUES SYSTÈMES

CHAPITRE PREMIER

LE RÉGIME SPARTIATE

Ce régime, on le sait, consiste à élever l'enfant en le privant de tout bien-être.

Vivre avec frugalité, supporter la douleur stoïquement, coucher sur la dure, se rompre aux exercices violents... telle est l'éducation dont Lacédémone a donné l'exemple, et qui n'est point spéciale au pays, cela s'entend.

En réalité, les natures faibles et les constitutions délicates étaient sacrifiées à l'intérêt de la race.

Mais l'éducation spartiate se distinguait surtout par la mise en pratique de cette doctrine, à savoir : que l'enfant appartient à la République, avant d'appartenir aux parents ; et qu'il importe de voir en lui le futur *citoyen*, et non le *fils*.

※⁂※

Cette éducation essentiellement utilitaire, était indépendante de toute moralité.

N'autorisait-on pas le vol, pourvu qu'on sût dissimuler le larcin?

Qui n'a lu l'histoire de ce jeune Lacédémonien qui s'étant approprié un renard et l'ayant caché sous son manteau, aima mieux se laisser déchirer la poitrine que d'être pris en faute?

C'est bien une pareille morale que de nos jours on pourrait, selon l'amusante traduction de M. Alph. Karr résumer en ces quatre lettres : S.G.D.G., (se... garder... des... gendarmes).

**

Une fois par an, les jeunes Spartiates étaient autorisés à immoler des Ilotes, pour s'habituer au spectacle du sang.

On les fustigeait en public, pour leur apprendre à subir la douleur passivement.

Leur unique nourriture était le brouet noir, composé de farine, d'herbes et d'un peu de sang.

On raconte que la célèbre madame Dacier poussa l'amour grec, jusqu'à vouloir offrir à ses invités le vrai brouet, d'après la formule antique.

On composa une table de savants hellénistes, et l'on servit le plus archaïque des entremets.

Par respect humain, chacun se résigna à absorber cette affreux mélange; mais plusieurs en furent malades !

**

La vie spartiate n'est plus de notre temps...

Il y a une raison majeure à cela. D'une part, les familles protesteraient unanimement, si l'État voulait s'imposer dans cet ordre d'idées; et d'autre part, le bien-être et le confort ayant pénétré dans tous les rangs, il faudrait commencer par obtenir des parents qu'ils se contentassent, pour eux-mêmes, d'une frugalité aujourd'hui bannie de nos mœurs.

Or, l'entreprise n'est ni prochaine, ni même vraisemblable.

***

Toutefois, il est avantageux de soumettre ses fils, quand leur santé le permet, à une certaine dureté de régime.

Rien ne trempe mieux l'âme, et ne virilise autant la volonté.

Des maîtres expérimentés recommandent spécialement la « gaillardise » dans l'éducation.

Elle consiste en ceci : inspirer l'énergie contre la douleur, la privation volontaire d'une friandise, le pardon généreux des injures, l'acceptation résolue d'une punition méritée, la sincérité dans l'aveu d'une faute...

Par ce moyen se forment les caractères ouverts, gais et aimables, les meilleurs de tous.

CHAPITRE SECOND

LES AGES CHEVALERESQUES

Les chevaliers estimaient, non sans motif, que le concours de tierces personnes était utile pour aider à l'éducation, à condition que le père choisît soigneusement celui qu'il se substituait.

Dès que le «jouvenceau» arrivait à l'âge de 7 ans, on le retirait des mains des femmes pour le confier aux hommes.

Après les premières leçons reçues au manoir paternel, les seigneurs, suivant une coutume très générale, envoyaient donc leur fils chez les plus estimables chevaliers, auxquels ils étaient unis par le sang ou par l'affection, afin de procurer au futur écuyer le complément d'éducation qu'on appelait : bonne nourriture.

C'était un honneur véritable que d'être désigné pour une pareille mission (1).

***

Quand venait le moment de la séparation, qui devait quelquefois durer bien des années! le père don-

(1) *Voir le savant Dictionnaire des institutions et mœurs de la France par M. Chéruel.*

nait à son fils sa bénédiction, en l'accompagnant de
ses dernières instructions, qui se trouvent réunies
dans la belle allocution suivante :

« Cher fils ! c'est assez t'attarder aux cendres casa-
« nières ! Il faut te rendre aux écoles de prouesse et
« de valeur ; car tout jeune damoiseau doit quit-
« ter la maison paternelle, pour recevoir bonne et
« louable nourriture en aultre famille, et devenir
« moult expert en toutes sortes de doctrines...

« Mais, pour Dieu ! conserve l'honneur ! Sou-
« viens-toi de qui tu es fils, et ne forligne pas ! sois
« brave et modeste en toutes rencontres, car louange
« est réputée blâme en la bouche de celui qui se
« loue, mais celui qui attribue tout à Dieu est exaucé.

« Sois le dernier à parler dans les assemblées, et
« le premier à frapper dans les combats ; loue le
« mérite de tes frères : car le chevalier est ravisseur
« des biens d'autrui, qui tait les vaillances d'autrui.

« Cher fils ! je te recommande encore simplesse
« et bonté envers les personnes de petit état : elles
« te porteront plus de remercîments que les grands,
« qui reçoivent tout, comme dette à eux acquise ;
« tandis que le petit se trouvera honoré de tes douces
« manières, et te fera partant los et renommée. »

Quoi de plus charmant et de plus touchant que ce
discours ?

***

A l'heure du départ, la mère donnait « au jou-
vencel » une bourse « ouvrée de ses mains », et lui
attachait au cou un signe pieux.

De son côté, le patron de l'enfant devait, comme un nouveau père, avoir soin du futur gentilhomme, le préparer au métier des armes par de mâles épreuves, et lui enseigner la pratique des nobles vertus de l'Ordre auquel il aspirait.

... A cette époque, on attachait les voleurs à une sorte de croix comme gibet. Maintenant, c'est l'inverse : ce sont les croix qu'on attache aux voleurs ! Du moins on en cite des exemples.

***

Revenant à notre temps, nous dirons que le meilleur éducateur n'a pas toujours les aptitudes voulues pour être bon instituteur, à son propre foyer.

L'expérience du maître d'école le plus modeste, vaut infiniment mieux qu'une science profonde et vaste, disproportionnée avec les moyens de l'enfant. Rien ne saurait compenser le savoir du praticien.

***

L'instruction sera donc, autant que possible, données par de tierces personnes sous la surveillance de la famille.

Car, non seulement l'enfant sera plus docile, plus souple, plus attentif devant un étranger ; mais chose plus importante à notre sens, les parents *n'useront pas leur autorité* dans une tâche que d'autres peuvent entreprendre en leur nom, sans inconvénient véritable.

Point de doute ! si les parents sentent qu'ils man-

quent de la patience nécessaire pour répéter continuellement, disons pour « seriner », car le mot est
vrai, les premières notions enfantines, qu'ils « passent la main » à un maître ou à une maîtresse, et
qu'ils se réservent la haute mission D'ÉDUCATEURS
moraux.

***

Un professeur enseignera le calcul, l'orthographe,
l'analyse grammaticale, au moins aussi bien que
pourraient le faire les parents. Il est donc expédient,
(quand les circonstances le permettent), de laisser en
partie à d'autres cette charge ennuyeuse d'instituteur.

Les réprimandes, les corrections, les punitions du
maître resteront à sa charge : on le paye un peu pour
cela ; et les parents seront d'autant plus chéris, d'autant
plus fêtés, qu'ils auront moins contristé l'enfant.

Qu'ils fassent cultiver et défricher son INTELLIGENCE :
ils le doivent...

Mais qu'ils se gardent jalousement pour le grand
œuvre de la formation du CŒUR.

Le jardinier dirige les plantes, les greffe, les
taille et les émonde ; mais il charge ses ouvriers des
travaux vulgaires, où l'art n'a que faire...

Ici, on le devine, nous ne parlons que des fils de
famille.

Au contraire, quand il s'agit des pauvres, la situation est tout autre, hélas ! le père ouvrier, doit donc
trouver dans l'instituteur, *un éducateur qui le remplace*, et non point un « neutre ».

CHAPITRE TROISIÈME

L'ÉDUCATION « A LA JEAN-JACQUES »

J.-J. Rousseau a laissé trop de disciples, trop d'imitateurs, pour qu'il soit possible de passer sous silence ses doctrines, en matière d'éducation.

Ouvrez ses œuvres, et vous y apprendrez que l'homme à l'abri des influences sociales, serait un être excellent, et que l'enfant livré à lui-même s'épanouirait dans la vertu.

Telle est la base de l'argumentation qu'il développe.

***

Comment ! on ne trouverait en soi, à l'origine que nobles désirs, heureuses tendances, et louables aspirations...? Mais la plus légère attention donne un démenti formel à une thèse semblable !

En effet, l'instinct de l'enfant ne le pousse-t-il pas à s'approprier ce qui lui convient, en prenant au besoin le bien d'autrui...? à dissimuler ses fautes et ses écarts par la duplicité et la ruse...? à exercer des représailles si on le provoque et si on l'irrite...?

Par suite, ce qui est naturel, c'est donc le *vol*, le

mensonge et la *vengeance*, et non les qualités contraires !

Il fallait être systématique comme l'était Rousseau,
pour se mettre en opposition aussi flagrante avec la
vérité des choses.

***

Poursuivons notre analyse.

« L'enfant est naturellement bon, mais l'haleine de
« l'homme est mortelle pour lui, » dit-il.

Cependant, autant que les fourmis, les castors et
les abeilles, nous sommes considérés, non sans raison, comme étant des êtres sociables; et isoler
l'homme serait simplement en faire un sauvage.

Tant mieux ! s'écriera Rousseau, que nous ne nous
attarderons pas à réfuter ici...

Et, logique à sa manière, Jean-Jacques, abandon-
nera ses enfants... tout en se permettant d'écrire
un traité sur l'éducation idéale, incarnée dans son
Émile.

***

Émile sera « élevé » à la campagne...

Cela suggère une réflexion.

Que feront les habitants des villes ? Enverront-ils
leurs fils respirer l'air des champs dans des pension-
nats ruraux ?

Mais alors cette vie commune, présenterait à peu
près tous les inconvénients des agglomérations
urbaines.

Voilà qui rappelle le mot de M. Prud'homme : on

devrait construire les grandes cités à la campagne,
ce serait plus sain !

Émile n'ira pas en classe : « il aura un précepteur... » On voit combien l'idée est démocratique et
pratique !

***

En morale, Rousseau n'est pas moins négatif.

Il écrit cette phrase curieuse : « L'éducation de
« l'enfance, ne consiste point à enseigner la vertu ni
« la vérité, mais à garantir le cœur du vice, et l'es-
« prit de l'erreur. »

... Comment garantira-t-on du vice sans enseigner
la vertu ? Comment fera-t-on comprendre l'erreur
sans parler de la vérité ?

L'auteur a oublié de le démontrer.

Le fait est que la tâche était difficile !

Et repoussant toute tradition, Rousseau veut que
l'enfant refasse chaque jour le travail de l'humanité
entière, et invente en quelque sorte sciences, arts,
et religion...

C'est le charger de recommencer à lui seul l'œuvre des siècles.

***

Émile, poursuit Rousseau, aura un précepteur ;
toutefois, ses vrais maîtres seront « l'expérience et
le sentiment ». Si l'élève manque à son devoir, on
lui en laissera « subir les conséquences ». Ce sera
une leçon profitable.

A merveille !

Mais si l'enfant commet une faute dont les suites n'ont rien de désagréable, au contraire, il se trouvera donc encouragé à recommencer?

... Par exemple, il dérobe un paquet de chocolat ou un pot de confitures, sans que l'on s'en aperçoive.

Quelles seront pour lui les *conséquences* du larcin...? Simplement de mettre à sa disposition des friandises pour une semaine.

Où voit-on la sanction?

Ainsi, le *mal* n'existerait pas, et une chose ne deviendrait mauvaise que par les inconvénients qui pourraient en résulter...!

Morale facile!

**

Émile, aura sa pleine liberté d'impressions... L'auteur se contente de lui faire rencontrer dans ses voyages un certain nombre de personnes, apostées exprès, pour fournir prétexte à des digressions générales et transcendantes.

Tout est artificiel dans cette éducation prétendue « naturelle », qui, selon l'expression de M. de Lamartine, semble destinée uniquement au fils de Philippe, ayant Aristote pour maître, la Macédoine pour héritage, et le Monde pour théâtre.

On laissera grandir Émile... Il choisira tout seul opinions et croyances; car on se gardera bien de lui enseigner une doctrine : toutes les traditions du foyer seront écartées.

Il ne connaîtra Dieu qu'à l'âge de seize ans environ; et c'est à cet âge également, que Rousseau fera commencer (! !) la discipline de la sensibilité. Bref, le système peut se résumer ainsi : on songera à élever l'enfant, quand il sera parvenu à l'adolescence.

***

Qu'y a-t-il donc de commun entre ces utopies, ces paradoxes et les idées pratiques qui font l'objet de ce volume? Pourquoi même en parler !

Voici notre réponse.

Grâce aux pages séduisantes de Rousseau qui a « fait école », bien des parents se refusent à croire qu'entre deux et quatre ans se place la phase décisive de l'éducation, et *ils ajournent indéfiniment* le moment « de se mettre à l'œuvre ».

En second lieu, c'est encore des inspirations de l'*Émile* que procède cette opinion fort répandue, et refutée ailleurs, à savoir que les enfants doivent par eux-mêmes tout voir, tout expérimenter, *pour se former* (!) le cœur et l'esprit, et se déterminer ensuite.

À ces divers titres, un chapitre sur Rousseau avait sa place indiquée dans ce livre.

M. Villemain appréciant l'*Émile* dit : « L'auteur « promène beaucoup et partout son élève; mais on « ne voit vraiment pas *comment* il fait naître les « qualités morales qu'il lui suppose. Et il lui semble « plus facile d'attaquer les opinions des autres, que « de démontrer la bonté de sa méthode propre. »

Disciple fidèle de l'école classique, disons en terminant notre admiration pour le style prestigieux et puissant de Rousseau; et, à la décharge de sa mémoire, rappelons qu'il n'a jamais connu sa mère...

CHAPITRE QUATRIÈME

L'ÉDUCATION NATIONALE

Sous la Convention, l'amour des temps anciens suggéra une fièvre d'éducation nationale, dont Saint-Just a donné tout un programme : Les enfants se-« ront vêtus de toile en toute saison ; ils coucheront « sur des nattes et dormiront 8 heures ; ils seront « nourris en commun, et ne vivront que de raci-« nes, de fruits, de légumes, de pain et d'eau. Ils « ne pourront goûter de chair qu'après l'âge de « 16 ans... »

Le discours fut très applaudi, mais la doctrine méconnue... et pour cause !

C'était bon pour Lacédémone, non pour Paris.

⁎

Une éducation *uniquement* nationale, est une aberration politique.

A moins de poursuivre un but sectaire, il est difficile de soutenir, que les parents ne sont point, de par la Nature et la Providence, les représentants *vrais* des intérêts de l'enfant.

La Patrie seule, disait *Robespierre*, a le droit

« d'élever ses enfants. Elle ne peut confier ce dé-
« pôt à l'orgueil des familles ni aux préjugés des
« particuliers ».

(Convent., 22 février an II.)

« Il importe, soutient Grégoire, que l'éducation
« s'empare de la génération qui naît, qu'elle aille
« trouver l'enfant sur les genoux de sa mère, dans
« les bras de son père. » (18 floréal an I.)

« Qui me répondra, demandait de son côté Dan-
« ton, que les enfants, travaillés par l'égoïsme des
« pères, ne deviendront pas dangereux pour la Répu-
« blique? »

Ou, comme le dit plus crûment encore, Le Bon :
« Il faut remplacer les pères et mères, par une édu-
« cation commune obligée. »

***

Ce sont les enfants de la Patrie?

Je le veux bien; mais les parents y sont peut-être
pour quelque chose aussi...

Or, les traiter en suspects, se réserver le droit de
former les descendants en dehors, et même à l'encontre des volontés de la famille, est une entreprise
contre la justice et la liberté.

Nous n'exagérons rien : c'était la confiscation de
l'enfant que l'on revendiquait alors, au nom de la
Nation; et l'idée s'est un peu réveillée de nos jours,
on le sait.

***

Loin de nous la pensée de contester ce que la Con-

vention et notre époque ont fait d'utile, en faveur
de l'enseignement public!

Mais on voit que les systèmes d'éducation nationale, imaginés *indépendamment* de la volonté du
père, aboutissent à une sorte de socialisme violent.

« Entre l'enfant et Dieu, écrivait M. Foucher de
Careil, qu'il s'agisse des prescriptions du législateur
ou de la loi innée, je ne vois point place pour un
autre que pour le père. »

Le communisme qui convoite la fortune d'autrui
et prétend se substituer aux propriétaires légitimes,
n'invoque-t-il point *également* la raison politique?
Que deviennent donc les droits de l'individu?

***

L'État peut-il se désintéresser de l'enseignement
public? Nullement.

Il doit au contraire s'en occuper et s'en préoccuper sans cesse, non pour contredire l'autorité
et les vœux paternels, mais pour les fortifier, les appuyer et les mettre à exécution.

Dans cet ordre d'idées, l'État se comprend surtout
comme pouvoir exécutif des volontés familiales : là
est sa vraie mission.

Tient-il compte du désir des minorités...? Il est
libéral.

S'impose-t-il au nom de la force et du nombre...?
Il est intolérant.

***

L'État se jugeant doué de toutes les aptitudes et
de la clairvoyance voulues, pour manier à sa guise

cette chose plus délicate qu'une fleur, une âme d'enfant! fait penser à cet éléphant du cirque s'essayant au pastel, avec le succès et la grâce qu'on devine...

CHAPITRE CINQUIÈME

L'INTERNAT — LE FOYER

S'il existe des internats acceptables, il n'en est pas de bons absolument.

Hélas! il est parfois nécessaire d'y recourir, bien que ce soit en général un malheur pour l'enfant.

L'interne, à raison de la régularité à laquelle on l'astreint, donne peut-être plus de temps à l'étude que l'élève externe. Cependant, sa supériorité intellectuelle n'est pas établie par les concours.

Quant au point de vue moral, la différence est complète...

Qu'un internat ne soit point funeste : voilà tout ce qu'on peut espérer de mieux !

Pareil régime amoindrit chaque jour l'action des parents, justement à l'âge où les sentiments sont en pleine formation.

Bon gré mal gré, l'enfant s'accoutumera à se passer de famille; et, quand il sortira des casernes de l'internat, il n'aura qu'un désir, fort excusable : celui du grand air sans mesure, celui de la liberté sans frein.

***

Le père n'ayant jamais eu lieu d'exercer l'autorité, ne saura pas commander alors; et le fils, de son côté, n'obéira pas volontiers à cette espèce d'étranger qu'il n'aime presque point.

On s'est débarrassé de son fils...? A son tour, celui-ci se débarrassera au plus vite de ceux qui le morigènent.

Et quel plaisir trouverait donc l'enfant revenant par hasard au foyer?

Les amis paternels lui sont inconnus, et il leur est complètement indifférent. Il s'est fait une vie à lui, tout en dehors des affections de famille : c'était inévitable! Il a ses relations, sa manière de voir, et souvent *son* journal propre. Ses habitudes sont prises : rien ne saurait les remplacer, encore moins les transformer.

**

Observez un interne un jour de sortie...

Depuis quatre semaines il n'a point eu de conversation suivie avec son père et sa mère; il doit avoir mille choses à leur communiquer...? Non! Il demeure silencieux, indifférent, désœuvré et morose.

Et cela se comprend.

Quand par exemple des amis se rencontrent fréquemment, la conversation est inépuisable. On a suivi maint épisode de détail; on s'entretient de ces *riens*, de ces particularités journalières, dont la suite et l'enchaînement constituent le seul intérêt.

Mais qu'on se retrouve au bout d'une longue absence?... on reste muet.

On a trop à raconter, pour se décider à dire quelque chose.

A plus forte raison est-on découragé d'avance, quand on sait que la causerie est sans lendemain, et que la chaîne de l'entretien commencé va se briser pour longtemps.

*_**

D'autre part, avouons-le, ce qu'il y a de défavorable dans l'éducation domestique, c'est l'irrégularité et l'absence d'émulation.

On a des maîtres, des professeurs, sans doute! mais :

Le *Lundi* on va chez le tailleur ;

Le *Mardi* on assiste à un mariage ;

Le *Mercredi* d'aimables visiteuses tiennent à embrasser le « cher enfant » ;

Le *Jeudi* on se rend chez le dentiste ;

Le *Vendredi* le professeur est malade ;

Le *Samedi* c'est l'enfant qui se dit souffrant ;

Et le *Dimanche*..., on se repose.

Bref, les interruptions dans le travail sont continuelles.

*_**

Toutefois, pareils inconvénients peuvent être évités. La demi-pension ou les *cours*, semblent répondre à une double exigence, en conciliant suffisamment la vie familiale, (dans l'intérêt moral), et la vie scolaire, (dans l'intérêt des études).

Oui, *l'instruction dans la classe*, et *l'éducation*

au foyer, tel est le système mixte qu'il convient de prôner, tout en reconnaissant que, seules, les familles aisées sont à même de recourir à cette heureuse combinaison.

Quant à l'enfant du peuple au contraire, il est juste avons-nous dit, que le père empêché, puisse lui faire donner dans une école de son choix l'instruction *ET* l'éducation simultanées : autrement, la démocratie n'est qu'un vain mot.

LIVRE DIX-SEPTIÈME

DE L'ÉDUCATION DES PARENTS *PAR* LES ENFANTS

Lisons-nous bien? se dira le lecteur. Quoi!... *par les enfants!*

Est-ce une gageure de l'auteur? ou une malencontreuse « coquille » de l'imprimeur?

Non pas !

J'accorde que le mot a une forme paradoxale.

Néanmoins, sous cette apparence, se cache une vérité rigoureusement exacte.

Nous espérons le prouver sans retard.

I. — LA TENUE

« *Ma petite chérie!* dit la mère, *tiens-toi donc* « *mieux; on ne croise point les jambes ainsi, ce* « *n'est pas bon genre.* »

... La pauvre maman n'a point remarqué que le papa, enfoncé dans un moelleux fauteuil, est en train de lire son journal, dans la position vertement blâmée chez l'enfant.

A cette observation qui le sort de sa torpeur, le père, sans avoir l'air de rien entendre, laisse glisser

sans bruit la jambe sur le tapis, et reste silencieux,
avec la modestie qui convient à la situation.

***

Un instant après, distrait par un article à sensation,
il oublie l'incident, et bientôt se retrouve dans l'attitude première : « Faisons attention ! pense-t-il,
« Pourvu qu'*elle* ne m'ait point vu. »

... Et d'un mouvement brusque et résolu il se
rétablit dans une tenue correcte.

Désormais la résolution est prise : il se surveillera.
Sinon, comment la mère pourrait-elle avec raison
réprimander l'enfant, lors du prochain manquement?

***

On reçoit des amis.

Le petit garçon est autorisé à faire courte soirée
dans le salon.

Tout à coup, *baby* lance un bâillement sonore,
accompagné d'un long miaulement modulé. « *Voulez-vous bien vous taire ! Monsieur ! Savez-vous
que ce que vous vous permettez là est très malhonnête !* »

Le lendemain, après dîner, on est en tête-à-tête ;
la maman ne pense plus à l'observation faite. Lassée
d'une journée laborieuse, elle néglige de contenir
ou d'étouffer avec la main un « hiatus » involontaire,
qui vient frapper l'oreille de l'enfant...

Celui-ci regarde, et songe avec étonnement à l'interpellation de la veille...

Supposons-le bien élevé et respectueux : il se gardera de faire aucune observation, mais il n'en pensera pas moins.

Cependant, la mère a lu dans les yeux de son fils le sorite logique qui se déroule... Dorénavant elle ne s'oubliera plus : elle comprend trop le danger des inconséquences.

**

On recommande de ne point s'accouder, de ne point siffler, de se tenir droit...

C'est parfait !

Mais encore sent-on la nécessité impérieuse où l'on est, d'éviter quant à soi ces incorrections, contre lesquelles on a bien raison de prémunir l'enfant?

II. — LE LANGAGE

I. — D'excellents pères parlent avec un laisser-aller, tolérable dans l'intimité, excusable autre part, mais trivial en tout cas.

Veut-on exprimer qu'on ne prend nul souci de l'opinion de quelqu'un...? On dit qu'il peut « s'aller promener ! » ; on l'envoie même ni plus ni moins qu'« au diable ! » ; et s'il n'est point content « on s'en fi...! » L'enfant retient ces expressions très énergiques, qui donnent du relief à la pensée, et à côté desquelles le mot juste semble insipide et incolore.

Au premier jour, il emploiera bravement les

formules paternelles, et demeurera tout interdit et
déconcerté quand il les entendra blâmer alors.

Donc, ici encore, les parents surveilleront leur
propre langage, comme ils ont fait pour leur tenue.

II. — Il y a un certain nombre de locutions vicieu-
ses, de fautes grammaticales, communes ce semble
à tous les écoliers.

Beaucoup d'élèves conservent, même pendant fort
longtemps ces habitudes de mauvais langage, et ont
une peine extrême à s'en débarrasser complètement :

« Je ne sais qu'est-ce que c'est ; » au lieu de : ce
que c'est.

« Je me suis en allé ; » pour : je m'en suis allé.

« La poupée à ma sœur ; » pour dire : la poupée
de ma sœur, etc...

Et tandis que, sur vingt personnes du monde, il
n'en est pas une qui confonde venimeux avec véné-
neux, ni coasser avec croasser, il en est plusieurs à
qui les lapsus précités échapperont à leur insu.

*_**

Cela tient, j'imagine, au procédé détestable, dit
cacographie, qui consiste à faire rectifier par les
enfants novices des formules incorrectes, placées
sous leurs yeux en liste interminable, comme pour
bien graver la faute dans la mémoire de l'élève ! Système profondément absurde, mais très répandu.

Et de jeunes orateurs nous ont confié que le caractère hésitant de leur parole, provenait du trouble
provoqué dans leur esprit et dans leur oreille, par le

souvenir de l'expression fautive, avec laquelle ils s'étaient trop familiarisés.

*
**

Voici par exemple une grammaire enfantine, dans laquelle on prétend mettre en garde contre des confusions de ce genre : *Os qui pue*, pour : occiput ! — *Pâle fermier*, pour : palefrenier !...

Or, jamais écolier n'aurait de semblables idées, si l'auteur ingénieux, mais sot, ne les suggérait à plaisir.

Au contraire, très facilement, si l'on n'y fait attention, il dira : désagrafer, soupoudrer, confusionner ; au lieu de : dégrafer, saupoudrer, couvrir de confusion, etc.

Il prononcera encore : secoupe, rebiffade, comparition, enflammation ; au lieu de : soucoupe, rebuffade, comparution, inflammation.

*
**

Que de choses à surveiller dans son propre langage !

Un vieux grammairien assurait un jour, que d'après un pointage rigoureux, sur vingt personnes prises dans la société moyenne, dix-sept employaient couramment l'expression vicieuse : je m'en rappelle, pour : je me le rappelle.

La remarque est exacte.

N'arrive-t-il pas à maints parents, au moins dans l'intimité, de laisser échapper des locutions comme celle-ci : Nous partons à la campagne. — Je vous

promets que je dis vrai. — Le combien du mois
sommes-nous ? — C'est ciselé à la perfection. —
Sucrez vous... Autant de phrases / incorrectes,
qui n'offusquent que très médiocrement nombre
d'oreilles, mais qui, en réalité, ne sont pas plus fran-
çaises que les mots horribles : *ormoire, colidor* ou
casterole.

**

Quant à l'orthographe, nous ne ferons qu'une
remarque : l'enfant qui n'écrira pas *apercevoir* avec
deux *p*, sera né coiffé.

III. — LES LECTURES

On reçoit au foyer un journal dont la seconde
page, relate avec complaisance les petits scandales
mondains, les procès croustilleux... On n'aime point
les choses indécentes, sans être toutefois ennemi
d'une certaine gauloiserie.

On achète un volume nouveau. Le livre est risqué; c'est vrai ! mais si admirablement écrit, qu'on
le garde...

Vous savez en effet, lecteurs, que les honnêtes
gens (à les en croire) ne lisent pas un ouvrage immo-
ral... Ils prennent bien connaissance de ce qu'il contient, du commencement à la fin, sans passer une seule
page...; mais seulement pour voir « si vraiment
c'est *aussi fort* qu'on l'assure ! »

**

Baby grandit.

On lui a interdit de jamais lire le journal, ni les ouvrages qu'il pourrait trouver sous sa main, tout en comprenant à merveille qu'il serait plus prudent de ne pas placer le danger, si près de lui.

Un jour, les yeux des parents tombent sur un article brutal, sur une page grossière; et à l'instant, on prend une résolution énergique, devenue un devoir manifeste : on se désabonne au journal, ou l'on brûle le volume.

... Eh bien! n'est-ce pas à l'enfant qu'est dû cet assainissement moral, auquel on n'eût point songé sans lui?

Ainsi, grâce à lui, il y a déjà au foyer : 1° plus de correction dans la tenue ; 2° plus de réserve dans le langage ; 3° plus de discernement dans le choix des lectures...

C'est ce que nous appelons : l'éducation des parents.

Continuons la démonstration.

IV. — LE FOYER RESPECTÉ

Depuis de longues années se trouvent dans l'escalier, dans l'antichambre ou le vestibule plusieurs statues, dont le débraillé ou le décolleté n'avait en rien effarouché les habitants : « décolleté » est un pur *euphémisme*...

*<center>***</center>*

Parfois même, il y a dans l'étagère aux bibelots,

sur la cheminée, ou dans un cadre mural, tel sujet, telle allégorie plus ou moins mythologique, rappelant diverses infamies des âges héroïques, forgées souvent par l'imagination des poètes ou par le dévergondage d'un certain art.

La figurine est parfaitement indécente ! mais comme elle est en bronze *vrai,* en *bel* ivoire ou en *vieil* érable, on ne s'occupe pas de l'idée représentée ; on conserve l'objet chez soi, et on l'exhibe même à l'endroit le plus apparent, à la place d'honneur.

Il a de la valeur ! voilà qui suffit à le rendre tolérable. Ah ! si c'était en plâtre, en gélatine, ou en carton, on jetterait au panier avec mépris cette chose offensante !

L'estampe est grivoise, la gravure est obscène, le panneau est offusquant ; tout cela contraste singulièrement avec la dignité des habitants du logis, avec l'austérité de leurs mœurs.

Mais on n'y prend point garde...

**

Tous les enfants des amis ont vu ces œuvres d'art et jamais l'idée n'était venue qu'il y eût lieu de songer à aucune revision dans la collection artistique.

Mais un jour, le fils de la maison fait devant tous une réflexion tellement indiscrète, ou pose à sa mère une question si embarrassante, que, *le soir même,* les parents décident entre eux une épuration complète, s'en voulant de l'avoir différée si longtemps.

Dès demain, le foyer sera chaste.

Grâce à qui...?

V. — LE S DOMESTIQUES

La maîtresse de la maison a les meilleures raisons pour suspecter la régularité de conduite de sa femme de chambre : mais celle-ci coud si bien et coiffe avec tant de goût ! Le cocher, d'habitude *sacre* comme un charretier, et de plus, fête quelquefois à l'excès la dive bouteille. Sous l'empire de l'ivresse, il perd conscience de lui-même, et tient des propos à faire dresser les cheveux à la tête.

Certes, depuis longtemps on voudrait s'en défaire : de pareils domestiques étant comme l'on dit une « vraie plaie » : mais il est le mari de la cuisinière, artiste émérite en son genre, que l'on ne veut à aucun prix éconduire...

***

Cependant la petite fille de la maison devient grande fillette, observe, remarque et dénonce les fugues de la cameriste.

De son côté, le petit garçon s'est oublié, (ou plutôt s'est souvenu), au point de répéter les jurons les plus vibrants du maudit cocher.

Alors, les parents ne pensant plus ni à leurs aises ni à leurs goûts, s'empresseront de faire maison nette avant un mois. Ils chasseront les serviteurs indignes, et les remplaceront par de braves gens qui peut-être manquaient de pain.

Le foyer y gagnera en *respectability*, selon l'expression d'Outre-Manche, et l'on encouragera dans leur honnêteté, des pauvres qui s'étaient résignés à végéter tristement, au lieu de réussir en se montrant vils flatteurs ou fripons.

N'est-ce pas encore à l'enfant, que sera due cette bonne œuvre et cette très utile réforme ?

VI. — LES AMIS

I. — La mère de famille dont nous parlons ne reçoit, en femme sérieuse qu'elle est, que des personnes du meilleur monde et d'une correction absolue.

Pourtant, deux ou trois amies font un peu tache dans cette société choisie.

Femmes honnêtes, dans la plus exacte acception du mot, elles ont le tort, elles qui sont du monde, de se donner une peine infinie pour *sembler* appartenir, à ce qu'il est convenu d'appeler : le *demi-monde*.

Singulière ambition ! Étrange coquetterie !

On aspire à descendre...

***

Observons ces visiteuses :

On ne dit rien d'indiscret, mais on parle trop haut. — Les modes sont décentes, mais tapageuses. —Le corail des lèvres n'est pas moins emprunté que les lys du visage... ; et l'incarnat des joues est aussi

factice que l'ourlet noir qui borde la paupière, devenue audacieuse.

Pourquoi reçoit-on ces amies d'hier ?

On l'ignore. Il serait difficile de préciser comment on s'est lié.

Ces dames, très aimables, ont rendu visite deux
fois, trois fois : force a été de s'exécuter à son tour...

C'est ainsi que les relations se sont nouées, imposées en quelque sorte. Puis, elles ont continué
comme elles avaient commencé, c'est-à-dire, sans
motif.

**

Un jour, la mère surprend sa fillette enfarinant
son frais minois, ou disposant savamment ses blonds
cheveux sur son front candide, que l'art dépare et
que la recherche enlaidit.

Cela suffira pour qu'à l'instant, la vigilante mère
se dise : « *Je n'irai plus chez mesdames X... et Y...;*
« *nos rapports ne signifient rien.* »

**

II. — Vient le tour du père.

Depuis dix ou quinze ans, il a perdu de vue avec
intention certains condisciples, espèces de déclassés, camarades aux allures de bohêmes, qui vous reconnaissent à peine dans votre salon, et vous tutoient
pourtant : ce qui n'est pas autrement flatteur...

Une fois, l'un d'eux frappe à la porte, et finit par
forcer la consigne.

On n'est pas du tout du même monde, par l'excellente raison que le nouveau visiteur n'appartient à aucune catégorie sociale.

Sorte d'aventurier intempérant de langage, mais bon enfant, il se fait pardonner bien des choses.

***

Bientôt pour devenir intéressant, ce revenant se met à raconter des histoires vraies ou fausses, mais pour le moins... lestes.

Il s'agit, prétend-il, d'aventures arrivées à lui-même ou à de vieux camarades.

Pour la vingtième fois il les narre ; et si l'on cherchait, on aurait chance de les découvrir dans les faits divers des journaux du mois dernier.

... A la première anecdote, le maître du logis un peu à la gêne, s'est levé sans bruit, et est allé fermer soigneusement la porte...

Que penseraient sa femme et ses domestiques, s'ils entendaient un langage si insolite !

***

L'ami revient plusieurs fois, et ses propos sont de plus en plus libres.

... Le père songe que, dans la pièce voisine, se trouvent ses chers enfants, curieux, l'oreille au guet, l'esprit aux écoutes ! Il s'en veut, à la pensée qu'une mince cloison, sonore ou traîtresse peut-être, sépare ces natures angéliques de ce vantard, à la fois importun et compromettant.

Alors, vous l'entendrez avant peu donner au domestique cet ordre décisif et absolu : « *Si M. X... revient, vous lui direz que je suis en voyage; et s'il questionne, vous répondrez que vous ignorez quand je serai de retour...* »

**

En tout ceci, de l'enfant, il n'a pas été question...

Cependant lui, et lui seul, a suggéré les louables résolutions des parents.

Oh oui! ce petit être naïf, est quelquefois un grand maître sans le savoir !

Et par un renversement étrange, son ignorance nous enseigne; et sa faiblesse nous convie à nous montrer forts et résolus....., par amour pour lui!

Durant la première éducation de leurs petits, les pélicans, dit-on, ne laissent approcher aucun oiseau suspect ; ils l'attaquent en désespérés plutôt que de se laisser troubler dans leur œuvre. C'est une leçon à retenir.

VII. — LA RÉGULARITÉ

Tant que le berceau est resté vide, le lever et le coucher du jeune ménage étaient régulièrement... irréguliers.

On prolongeait les veillées à l'excès : tantôt lisant opiniâtrement le volume commencé, tantôt consacrant une partie de la nuit à des fêtes mondaines. Le matin on se levait..., ou plutôt on ne se levait plus.

La journée était ainsi réduite outre mesure ; rien ne se faisait en temps voulu.

Le désordre était complet.

***

Un fils survient...

Les austères devoirs de la mère passent avant tout, absorbent ses pensées et décuplent son énergie.

De son côté, le père est troublé dans son sommeil par les vagissements du nouveau-né.

La fatigue l'envahit, et, comme jamais, il apprécie les bienfaits du sommeil.

Cependant oserait-il se plaindre, quand il compare son sort à celui de sa jeune épouse ; quand il envisage, d'un côté, les angoisses et les épreuves de la maternité ; et de l'autre, la gêne seulement et les simples ennuis, qui n'empêchent pas son lot d'être privilégié quand même ?

Se plaindre serait de la lâcheté et de l'ingratitude.

***

Qu'adviendra-t-il ?

Avant peu de mois, on rétablira au foyer une vie normale ; et l'on ne gaspillera pas sans motif sérieux les instants du repos.

Bientôt aussi, les repas comme les sorties se régulariseront ; l'intérêt ; la santé de l'enfant l'exigent.

Et *baby* fera connaître l'heure à sa famille... bien qu'il ne sache point encore lire le cadran.

VIII. — UNE LEÇON DE LOGIQUE

Que d'axiomes on pose, que de principes on affirme, que d'allégations on risque, que de mots irréfléchis on laisse échapper en une année!

Après tout! à quoi bon se tant surveiller? Pourquoi se brider l'imagination, pourquoi s'astreindre à une dialectique d'humaniste ou de philosophe?

Est-ce que parents et amis ne savent pas, ce que parler... ne veut pas dire? D'eux-mêmes, ils feront la part des exagérations instinctives et des conventions du langage, admises par un usage séculaire.

C'est si ennuyeux la logique! et c'est si bon de dire un peu ce qui passe par la tête, sans chercher les mots, sans peser les idées!

**

Mais les enfants sont là, prêts à généraliser les épisodes particuliers qu'ils remarquent; prêts à tenir pour règle incontestée les boutades qu'ils surprennent; prêts enfin à voir une vérité doctrinale dans la première plaisanterie venue.

**

On se donne, je suppose, beaucoup de mal pour rendre service à quelqu'un; on se dérange, on se fatigue, dans l'espoir d'être agréable... Par malheur! les événements trahissent nos bonnes intentions, et en fin de compte, on essuie un reproche mortifiant, une critique acerbe, de la part de celui qui aurait dû se montrer reconnaissant. »

Contristé de cette petite ingratitude on s'écrie : « *En vérité ! on a bien tort d'obliger les gens : on* « *ne recueille que des ennuis. Certes, on ne me re-* « *prendra plus à rendre service!*

Au fond du cœur, on ne croit pas un mot de ce qu'on dit, et l'on serait le premier à blâmer quiconque, sérieusement, dissuaderait de la bienveillance et de la charité.

Mais étant offusqué et blessé, on cède à un mouvement passager de mauvaise humeur; rien de plus.

⁂

Si, à ce moment, le regard rencontre celui de l'enfant et y lit une réflexion intime et profonde, on craindra, non sans raison, d'avoir scandalisé cette jeune âme et l'on se hâtera de corriger son propos, ou du moins de l'expliquer.

⁂

D'autres fois par indifférence, on accepte des idées inconciliables, des thèses insoutenables.

Vienne une circonstance où cet illogisme apparaîtra à l'enfant...; et force sera aux parents d'excuser l'incohérence et la divergence de leurs appréciations, tout en se proposant de surveiller soigneusement dans l'avenir la rectitude de leur esprit, et aussi la logique de leur langage.

Les enfants ont beau ne pas connaître, même de

nom, le syllogisme, ils n'en sont pas moins en pratique de parfaits petits maîtres de dialectique.

IX. — LES DISTRACTIONS

Les jeunes époux que nous mettons en scène
« adorent le théâtre ».

Ils détestent la conduite..., ou plutôt l'inconduite,
des héros et des personnages produits à la rampe ;
mais l'intrigue est si bien menée ; elle est si atta-
chante, qu'ils n'ont pas le courage de se refuser
l'audition de la pièce à la mode, même violente ou
cynique.

Leur délicatesse s'en effarouche à peine : c'est
Mithridate finissant par prendre le poison à haute
dose.

***

D'abord, on se cache des enfants ; on ne veut
point qu'ils sachent où l'on se rend.

On allègue une visite dans le voisinage, une
course obligée....

Mais le bambin s'aperçoit bien vite que la tenue
des parents n'est pas celle de tous les jours : l'éven-
tail et les jumelles, la cravate blanche et le « claque »,
dénoncent les projets qu'on dissimule : et l'enfant
pressent qu'on ne lui dit pas *vrai*.

« *Qu'ont-ils donc à cacher ?* pense-t-il ; *si c'est*
« *bien, pourquoi s'en défendre ? si c'est mal, pour-*
« *quoi le faire...* ? »

***

Ce n'est pas tout.

Les jours suivants, en plein salon ou pendant le dîner, un ami parle de la pièce à succès, donne à haute voix son avis et interpelle ses hôtes.

Par là l'enfant est mis au courant des « cachotteries » paternelles, et il ne perd pas un mot des critiques de l'interlocuteur, qui croit faire œuvre de moraliste en narrant les choses les plus scabreuses... pour se fournir l'occasion de s'en indigner.

Comme c'est judicieux !

N'importe! les parents se le tiendront pour dit, et, au prochain jour, ils se feront scrupule d'encourager par leur présence et par leurs deniers des exhibitions plus qu'indiscrètes, des apologies audacieuses, des justifications sans pudeur, glorification éhontée de toutes les défaillances !

Que de pièces sont dans ce cas !

*_**

— « On apporte, deux grandes boîtes pour Mon- « sieur et pour Madame, annonce la femme de cham- « bre. Madame veut-elle que je les ouvre? »

— « Bien, je sais ce que c'est, répond la maîtresse « de la maison, avec une certaine précipitation ; « mettez cela de côté; si j'ai besoin de vous, je vous « appellerai. »

« C'est singulier ! se dit la cameriste, que Mada- « me ne soit pas plus pressée de vérifier le contenu « de ces grands cartons. Que peut-il bien y avoir « là-dedans... ? »

Rien de plus simple : le jeune ménage se propose

de se rendre à une soirée costumée : Madame en
« Folie », et Monsieur en « Polichinelle ».

Or, montrer les grelots de Madame et les bosses
de Monsieur, n'est point chose si urgente.

**

Madame s'enferme, ouvre la boîte mystérieuse, et
en extrait le plus coquet, le plus frais costume qui se
puisse imaginer...

Le satin, les paillettes, la moire, les dentelles
s'harmonisent dans un charmant désordre artistique :
ainsi le veut dame Folie !

En un instant, on a revêtu le costume rêvé...

Sous ce travestissement, Madame se trouve charmante ! sa psyché fidèle le lui dit clairement, et
elle se le redit avec une conviction profonde.

Il y a surtout « un petit coquin de chapeau mi-
gnon », qu'elle essaye tantôt dans un sens, tantôt
dans un autre, et qui est un pur « chef-d'œuvre ».

« Ma foi ! plus il sera lestement et crânement
« campé, plus le minois aura de piquant... D'ailleurs,
« un chapeau de Folie n'est pas un chapeau de grand'-
« mère ! »

La petite vanité a fait son œuvre... On se trouve
si agréable sous ce costume, qu'on ne peut résister
au plaisir secret de se faire voir ainsi.

Après tout ! il faudra bien que demain les domestiques soient dans la confidence...

On sonne donc la femme de chambre, et, un peu
gênée quand même, Madame lui explique les rai-

sons décisives qui *obligent*, — sous peine de fâcher
d'excellents amis, — à en passer par leurs volontés.

« Au fond, j'en suis ennuyée; mais il n'y avait
« pas moyen de refuser, » etc...

***

Naturellement Louise, (appelons-la ainsi), s'ex-
clame à la vue de l'éclatant costume de sa maîtresse.

« Il va divinement à *Madame!* » répète la fine
mouche, « et je suis sûre d'avance que *Madame* aura
« le plus beau costume de la soirée... Je sais bien
« que ce n'est pas à moi de le dire à *Madame*, mais
« si *Madame* savait comme *Madame* est jolie avec
« cela!... C'est vraiment malheureux que *Madame*
« ne puisse pas toujours être ainsi... Oh! il faut que
« *Madame* se fasse voir à Mademoiselle; je vais la
« chercher. »

— « Louise, je vous le défends! » lui dit avec
autant d'autorité... que de mollesse l'aimable Folie,
enchantée d'être désobéie.

Aussi Louise, pour la première fois peut-être,
fera-t-elle la sourde oreille, et se précipitant dans le
couloir s'écriera : « *Mademoiselle! venez voir*
« *comme votre maman est belle!* »

L'enfant arrive... Émerveillée de voir un si joli
personnage, qui est à la fois pour elle une tendre
mère et une heureuse copie de ses chers joujoux,
elle lui saute au cou avec transport, à tel point,
qu'il faut contenir son enthousiasme pour ménager
les dentelles maternelles.

... Mais, que contient la seconde boîte ?

Évidemment ! un costume pour Monsieur !... Quel costume... ?

A la cuisine et dans la loge les paris sont ouverts.

On en cause avec les domestiques voisins, avec la concierge, avec les commis d'en-bas et les couturières d'en-haut : chacun est averti.

Le mari rentre.

Sa femme lui annonce avec empressement « la fameuse commande qui vient d'arriver ».

« Mon costume est un vrai bijou, et le vôtre est « tout à fait réussi. »

— « Ouf ! mon polichinelle !... » pense alors le pauvre homme avec terreur.

Il entrevoit les bosses légendaires, et le nez à corbin du personnage qu'il va revêtir ; et à cette idée, il sent la température de ses oreilles s'élever sensiblement.

Loin de se montrer fier, il remise avec soin la caisse compromettante. Il se sent timide devant ses gens, honteux peut-être, car plus il y songe, moins il lui semble possible d'être vu sous ce costume grotesque, à peine de perdre tout prestige.

« Ne montrez cela à personne, » dira-t-il à sa femme avec humilité et perplexité.

⁎

Le soir du bal venu, triste et sombre il endossera la livrée de « Punch », puis, faisant le guet pour s'échapper de chez lui sans escorte, il se glissera furtivement le long du mur jusqu'à sa voiture.

Affreuse disgrâce, et amer contre-temps !

Il n'évitera pas de passer devant la loge du con-cierge, où il y aura ce soir-là, par hasard, (?) dix per-sonnes pour voir passer Monsieur et Madame, qui, prestes et modestes, défileront devant les servantes qui chuchotent, et les valets qui se moquent en se coudoyant...

A partir de ce soir-là, dans l'escalier de service on n'appellera plus le grave Monsieur, que : « le Poli-chinelle. »

Heureusement ! « le patron » n'entendra pas les lazzis dont on le bombarde sans pitié. Toutefois il se montrera plus susceptible que jamais, se deman-dant, au moindre mot innocent, si l'on n'a point la velléité de le plaisanter.

**

L'hiver passe... ; au printemps, on songe à la vil-légiature.

Un matin, alors que l'on révise malles et tiroirs au logis, l'enfant soulève un couvercle, et pousse un cri de joie : « Oh ! le beau polichinelle ! »

— « Chut ! c'est le costume de votre papa ; fermez « vite la boîte ; on vous gronderait. »

Le petit indiscret reste silencieux : mais le gigan-tesque fantoche qu'il n'a fait qu'entrevoir, se montre incessamment à son esprit.

... Un soir, on devise en famille : *baby* a été fort sage. Son père le prenant sur les genoux, lui promet un beau cadeau s'il continue à être obéissant.

« Eh bien ! petit papa, il faudra m'acheter un pan-

« tin ou un polichinelle, grand comme toi! et je serai
« très gentil : tu verras! »

Ce mot imprévu réveille certains souvenirs...; et
demain, le maître donnera à son domestique un paquet soigneusement enveloppé, en disant avec indifférence : « il y a là-dedans de vieux oripeaux inutiles,
« qui viennent je ne sais d'où :... vous les don-
« nerez au chiffonnier.»

**

Quant au satin de la « Folie », on le démontera en
cachette pour doubler une pochette ou un panier à
ouvrage, au grand déplaisir de la camériste, qui ne
manquera pas de trouver que c'est un « meurtre »,
de sacrifier ainsi de pareils brocarts!

Une vieille dame, amie de la maison, voyant de si
belles soieries, (dont l'origine profane lui était inconnue), voulait à tout prix en faire des ornements d'é-
glise...

X. — LE BON EXEMPLE

De toutes les influences heureuses exercées par
l'enfance, il n'en est pas de plus énergique ni de plus
efficace, que la nécessité inéluctable où se trouvent
les parents, de donner l'exemple.

Bon gré mal gré, on se gêne : on s'abstient de ce
qui plairait, on s'impose ce qui est désagréable.

On sent *qu'il le faut absolument.*

S'agit-il de faire ingurgiter à l'enfant un médicament nauséabond...? On y goûte tout le premier.

S'agit-il de lui enseigner la modération, le calme, la patience...? On se contient, on se maîtrise.

Cherche-t-on à l'inciter au travail...? Le meilleur moyen est encore de se montrer laborieux soi-même.

∗

L'obligation de prêcher, plutôt par des *actes* que par des paroles, est si claire, si manifeste, si impérieusement ordonnée par l'intérêt de l'enfant, que l'on s'y soumet, bien que ce soit souvent fort ennuyeux, fort pénible même.

C'est en ce sens que Pascal a pu dire, que le perfectionnement de la descendance commence par celui des ascendants.

Oui ! le maître ignoré qui complète ainsi l'éducation paternelle, n'est autre que l'enfant.

Notre proposition, si nous ne nous abusons, est donc démontrée.

∗

On lit dans les contes de Grimm l'anecdote suivante : « Il y avait une fois un vieillard si décrépit, qu'il pouvait à peine marcher ; ses genoux tremblaient, il ne voyait presque point, et il n'avait pas de dents non plus ; si bien que quand il était à table, une partie de sa soupe tombait sur la nappe, une autre, coulait le long de sa bouche. Son fils et sa belle-fille finirent par se dégoûter de ce spectacle ; c'est pourquoi le vieux grand-père fut réduit à se

mettre derrière le poêle, dans un coin ; ils lui prépa-
raient son manger dans une écuelle de terre, et encore
ne lui en donnaient-ils pas assez. Le pauvre vieillard portait donc d'un air affligé ses yeux sur la table où étaient assis ses enfants, et de grosses larmes
coulaient le long de ses joues ridées.

« Or, il arriva un jour que ses mains tremblantes
ne purent tenir l'écuelle : elle tomba et se cassa. La
jeune femme le gronda sévèrement ; mais lui, ne dit
rien, et se contenta de gémir. Alors ils lui achetèrent
pour quelques liards, une petite jatte de bois dans
laquelle il fut obligé de manger. Pendant ce temps,
son petit-fils âgé de quatre ans, assis sur le plan-
cher, s'amusait à ajuster ensemble quelques petites
planchettes.

— « Que fais-tu là ? » lui demanda son père.

— « Je fabrique une petite auge... pour vous, quand
vous serez devenus vieux. »

« Alors le mari et la femme se regardèrent pendant quelque temps ; puis s'étant mis à pleurer, ils
admirent de nouveau le vieux grand-père à leur table,
le firent manger avec eux, et ne dirent plus rien
quand il répandait un peu de soupe sur la nappe. »

XI. — LES PARENTS RÉPÉTITEURS

D'ordinaire, un garçon consacre au moins dix
années de sa vie aux études classiques et aux humanités.

Une fois arrivé à l'âge d'homme, il se spécialise,
c'est-à-dire qu'il consacre dix autres années à étu-

dier certaines sciences particulières : droit, philosophie, médecine... Or, pendant qu'il suit les cours
supérieurs et s'adonne aux hautes études, il oublie
les principes des choses, à tel point, qu'un docteur
en droit ne possède souvent plus très bien la table
de Pythagore ; qu'un jeune polytechnicien est
brouillé bientôt avec le « gérondif » et l' « aoriste » ;
et qu'un interne des hôpitaux, jadis lauréat du concours d'histoire, en est réduit quelquefois à consulter
furtivement le *Bouillet*, pour savoir en quel siècle
vivait Philippe-Auguste, ou Jeanne d'Arc.

*_**

Les années s'écoulent... L'étudiant est devenu
époux et *père*... Son enfant arrive à l'âge des premières leçons.

Du matin au soir, le jeune écolier questionne et
nterroge.

D'abord, le père fait semblant de se moquer des
demandes qu'on lui adresse.

« *Allons donc ! tu dois savoir cela,* » répond-il,
dans l'espoir de se dispenser du petit examen qui
s'annonce. « *Cherche bien ! nous verrons si tu trou-
« ves... C'est si facile ! A ton âge, certes, je n'aurais
« pas hésité ainsi !* » poursuit-il avec forfanterie.

*_**

Si la question est vague, indécise, il s'en tirera
par un faux-fuyant.

Mais le moyen d'équivoquer quand l'enfant, plus
instruit, nous dit : « Petit père ! comment trouve-

t-on la racine d'un nombre...? Quel est l'ablatif de...?
le prétérit de...? Quelle est la capitale de tel duché...?
Force est de répondre d'une façon claire et positive.
Aussi, pour n'être pas pris « sans vert », est-on
dans la nécessité de se remémorer : déclinaisons,
syntaxe, participes, chronologie, règles essentielles,
dont les formules sont en partie effacées du souvenir.

On *recommence* son instruction, de façon à pouvoir être le répétiteur de son fils.

**

Ce que je dis du père n'est pas moins vrai de la
mère, qui rouvre sa grammaire et ses livres d'autrefois, relégués depuis dix ans sur un rayon pou-
dreux, se remet à l'étude de la musique et du dessin, trop délaissés dans les premiers temps du mariage.

**

Oui, on relit les fables que l'on a sues un jour, on
les fait réciter, et l'on est tout étonné de leur trouver un sens, ou du moins d'y découvrir une foule
d'idées qu'on n'y avait jamais soupçonnées.

Bref, en quelques mois, on reverra toutes les
matières effleurées pendant les années de l'enfance ;
pour la première fois on les comprendra vraiment,
et jamais plus on ne les oubliera.

Qui nous a appris... à apprendre ?

L'enfant ! toujours lui !

M. E. Souvestre nous donnera le mot de la fin :
« Quand on veut entreprendre une éducation, dit-il,
« on doit commencer par achever la sienne. »

LIVRE DIX-HUITIÈME

POURQUOI IL Y A TANT D'ENFANTS MAL ÉLEVÉS

CHAPITRE PREMIER

L'ÉDUCATION ET L'INSTRUCTION

I. — S'il y a tant d'enfants mal élevés, c'est parce qu'aujourd'hui, plus que jamais, on prétend remplacer l'*éducation* par l'*instruction ;* confusion si funeste, si généralement commise, qu'il importe de la signaler avec quelque développement.

La cause originaire de nos malheurs sociaux est l'ignorance, dit-on. D'accord ! mais *de quelle ignorance* veut-on parler ? Peut-on soutenir que l'instruction *suffise* à former l'enfant, à le moraliser, à le bien élever enfin ?

Là est le problème.

**

Pour nous en rendre compte, nous ouvrons les manuels scolaires et nous lisons : « La grammaire est l'art de parler et d'écrire correctement. »

Nous prenons un autre livre : « Une île est une portion de terre entourée d'eau de tous côtés. »

Un autre : « Le gramme est le poids d'un centimètre cube d'eau distillée... »

Et vous voulez que l'enfant en conclue qu'il doit être respectueux, sincère, charitable, probe, moral, honnête homme en un mot!

Dès lors, si l'instruction n'apprend pas tout cela, il est de toute évidence qu'elle ne moralise pas *par elle-même.*

Comment, s'écrie Robert Spencer, comment l'orthographe, l'analyse logique, l'addition, sauraient-elles SEULES, suggérer le respect de soi et celui des autres?

* ***

Mais une *objection* surgit.

« La conclusion n'est pas légitime, dira-t-on. Sans
« doute, la grammaire ne forme pas le cœur; sans
« doute, la table de Pythagore ne va point à l'âme
« de l'enfant; sans doute les « leçons de choses »
« n'éveillent guère la délicatesse des sentiments;
« pourtant vous oubliez que l'instruction comprend
« aussi l'étude des philosophes, et des penseurs. Il
« serait curieux d'entendre plaider que les œuvres
« magistrales de ces grands maîtres sont impuissan-
« tes à moraliser. »

Cette objection vaudra quelque chose, du jour où l'on aura trouvé le moyen d'initier à la philosophie de jeunes enfants de 6, 7 ou 8 ans.

Si d'autre part, on se réserve de ne commencer

l'éducation qu'*après* l'épanouissement de l'intelligence, les mauvais instincts auront pris le dessus. *Il ne sera plus temps alors ;* on aura un adolescent vicieux.

Assurément, quelques privilégiés pourront, en suivant des cours supérieurs et grâce à un commerce quotidien avec les génies de la littérature, acquérir une moralité relative ; mais c'est là l'exception.

D'ailleurs, pourquoi l'étude sérieuse et prolongée de ces œuvres est-elle salutaire, si ce n'est parce que toutes, à peu près, sont pénétrées d'un esprit religieux qui en fait autant de traités de morale ? En tout cas, le peuple les ignore.

Il faut donc que ce soit l'enseignement lui-même en général, et surtout l'enseignement *populaire*, qui forme journellement dès le bas âge le cœur de l'enfant.

Eh bien ! *rien qu'avec l'instruction*, ce résultat ne sera jamais obtenu. AUTRE CHOSE est nécessaire.

***

Il est manifeste, qu'en dépit de la raison et de la grammaire, on persiste à attribuer à l'*instruction*, les effets salutaires qui découlent de l'*éducation* SEULE.

Partout se renouvelle cette équivoque singulière !

On veut persuader aux parents, empressés d'accueillir cet expédient qui met une sourdine à leur conscience, qu'ils n'ont rien à surveiller, rien à corriger ; qu'ils sont en droit de se désintéresser de leur mission, et que s'il y a des réformes à poursuivre, il suffit, de s'en remettre à la Société.

Et, comme celle-ci n'est pas une entité extérieure
à nous tous, on se demande quelle peut être l'issue
d'une pareille situation.

On devrait au contraire chercher à réveiller les
esprits de cette léthargie morale où ils sommeillent.

On n'ignore pas ses devoirs : le courage fait
défaut.

Il manque donc un enseignement fortifiant qui
ne parle pas seulement à l'intelligence, mais au sentiment, à la volonté, au cœur; un enseignement qui
relève, qui régénère, qui ose, à visage découvert,
sans périphrases ni réticences, parler d'un Dieu
rémunérateur ou vengeur et d'une âme responsable :
l'éducation en un mot!

***

Alléguera-t-on que l'instruction moralise, par là
même qu'elle *développe les facultés ?*

A cela, nous répondrons que, développer la puissance intellectuelle d'un individu en le laissant privé
de direction et de croyances, c'est multiplier le mal
par lui-même.

Qu'un enfant aux mauvais instincts soit dépourvu
d'instruction : son influence ne saurait s'étendre
bien loin, elle ne dépassera pas le cercle de sa médiocrité.

Mais, *cultivez* cette intelligence de façon à en
décupler les énergies, *et négligez de la moraliser...*

D'abord, elle s'éloignera des principes du sens
commun les croyant indignes d'elle, précisément,
parce qu'ils doivent être le partage de tous; elle ne

recherchera que le brillant paradoxe, le fin du fin,
comme dit La Bruyère : le raisonnement bannira la
raison.

Puis, profitant de l'expérience du passé, et transformant la science en auxiliaire inconscient, elle en
arrivera par un perfectionnement funeste, à une
sorte de barbarie civilisée, la pire de toutes.

Alors, au lieu d'un délinquant vulgaire, vous
aurez un criminel de haute marque, qui défiera la
Justice et tiendra en échec la Société.

⁎

II. —L'histoire nous apprend que, de tout temps,
la formation de la jeunesse a été l'objet de la sollicitude des Législateurs et des Philosophes.

En Grèce, puis à Rome, l'éducation nationale est
exclusive.

Il n'y a plus d'individus, mais un peuple qui absorbe les personnalités; plus de foyers pour ainsi
dire, mais des places publiques.

Bientôt une ère nouvelle s'ouvre pour l'humanité ;
un enseignement inconnu jusque-là commence...

Il a l'austérité de la discipline spartiate, et la
pureté d'une doctrine sublime.

En réalité, c'est seulement à dater de ce moment
que *l'éducation* apparaît dans le monde : du haut
de la chaire, le prêtre enseigne la Foi et la Science.
Il est tout ensemble, et le ministre de l'autel et le
maître du néophyte.

Alors les lettrés étaient moins nombreux qu'aujourd'hui, soit ; mais était-il sans utilité, ce pauvre ignorant qui se contentait de savoir mourir pour son Pays et pour sa Foi ?

Or, si excellente que soit la science, elle ne saurait tenir lieu de moralité et de croyances.

**

A notre époque, l'instruction publique s'attache d'abord à enseigner aux enfants leurs *droits,* c'est-à-dire ce qu'ils peuvent exiger des autres à leur profit.

Mais on ne parle point assez, à beaucoup près, de ce corrélatif nécessaire, le *devoir ;* ou bien on s'en tient aux généralités fastidieuses et *vaines.*

Il en résulte que la jeunesse, apprenant comme suprême morale à se faire rendre justice, en arrive à constituer une société où l'ordre semble impossible ; où l'on ne voit plus qu'antagonisme de droits, choc d'opinions, rivalité d'intérêts : une espèce de concurrence vitale, un festin où chacun veut prendre part et refuse de payer son écot ?

**

Nous corrigera-t-on, en disant qu'une analogie manifeste permettra à l'enfant d'apprendre ses devoirs, en étudiant ses droits ?

Non certes ! car la réciproque n'est nullement vraie.

La tendance naturelle à l'homme n'est-elle point égoïste ?

Ne préfère-t-on pas commander à obéir ; abaisser les autres à s'humilier soi-même ?

Faut-il de grands mouvements oratoires et d'entraînantes périodes, pour persuader au créancier de se faire payer, à l'insulté d'exiger réparation, à celui qui a été attaqué, d'opposer une légitime défense ?

Ah ! n'hésitons pas à le reconnaître : *l'instruction* SANS L'ÉDUCATION, voilà bien l'origine certaine des aberrations et de l'insubordination de la jeunesse.

Aussi la France est-elle livrée à des révolutions périodiques... Aussi, les individus sont-ils en révolte permanente, l'inférieur contre son chef, le fils contre le père, le citoyen contre les gouvernants, et souvent les gouvernants contre la Liberté !

***

Ceux qui soutiennent que c'est *aux parents seuls*, qu'incombe le soin de l'éducation, distincte de l'instruction, prouvent par là, qu'ils n'ont jamais vu de près les familles qui constituent la grande majorité du pays.

Le père qui travaille, a-t-il donc jamais le temps ? A-t-il souvent la science et l'autorité voulues ?

Ce serait l'idéal.

Par malheur, il est aussi impossible à l'homme du peuple de donner à son foyer l'éducation, que d'y faire la classe ; car la direction morale est un *fait successif* qui suppose une action quotidienne, une surveillance incessante.

Il faut, dans la plupart des cas, recourir à l'intervention de maîtres étrangers.

***

En second lieu, imposer à ces maîtres un programme d'instruction indépendant de toute éducation, ne révélant ni la raison des choses, ni la conséquence des faits ni leur cause ; un programme prétendu *neutre* enfin ; c'est concevoir le projet le moins sage qui se puisse imaginer : *donner l'enseignement, à condition qu'il n'apprenne rien en quelque sorte !*

Quoi ! le rapprochement de ces deux idées : enseignement et neutralité, n'étonne pas l'esprit, n'offusque pas la logique ?

Mais ces mots, selon l'énergique expression de Rousseau, hurlent de se trouver accouplés ! Car si *enseignement* signifie suggestion et direction des pensées, *neutralité* implique juste le contraire : le néant !

Disons mieux, la neutralité s'inscrit dans les programmes : en pratique, elle est impossible, matériellement impossible.

L'expérience l'a prouvé.

A-t-on seulement le moyen d'expliquer le « millésime » de l'année présente sans remonter à l'ère chrétienne, sans même faire allusion à l'Enfant de la Crèche ?

Qu'on le veuille ou non, la foi d'un peuple est autant un *fait social,* qu'un sentiment.

***

Il n'est pas admissible, dit-on, de créer autant d'écoles qu'il y a de cultes et de systèmes, car alors il en faudrait fonder également pour les petits mahométans, les mormons et les quakers.

L'objection n'est qu'ingénieuse.

Oui, il serait absurde de construire des écoles pour quelques mormons, quelques boudhistes ou confucéistes, mais la question est de savoir si en France, le Catholicisme est, comme les religions et sectes précitées, une quantité négligeable, ou au contraire *une partie très notable* de la nation.

Là est tout le différend.

En effet, au point de vue social, dès qu'un groupe d'individus ayant un intérêt commun constitue une catégorie « suffisante », l'État doit en tenir compte.

C'est ainsi que les ministres des principaux cultes professés en France, émargent seuls au budget, et non les imans ni les brahmanes. Or, rien que dans le département de la Seine, place-forte de la libre-pensée, 73.000 enfants suivent les écoles où l'instruction religieuse fait partie de l'enseignement. Est-ce là un chiffre insignifiant ?

De plus, quand on n'est point systématique, on est frappé des anomalies suivantes:

Il y a d'importantes sommes votées pour permettre à une douzaine de curieux d'apprendre au Collège de France les religions de la Tartarie et de la Mandchourie, le culte de Lao-Tseu et celui de Tao-Té-King... Il y a de même des crédits multiples pour l'instruction de ces enfants *exceptionnels* qui s'appellent : jeunes aveugles, mineurs délinquants, sourds-muets... On croit juste de se rappeler, (et en cela on a mille fois raison), que, par 10.000 habitants se trouvent *deux* petits sourds-muets ; et l'on méconnaît cependant qu'en dépit des laïcisations les plus actives, il y a dans les écoles catholiques près de deux millions d'enfants, pour l'enseignement desquels il n'est point inscrit un seul centime dans les budgets publics.

Néanmoins, leurs parents payent l'impôt comme les autres (1).

En équité, la subvention doit être *proportionnelle* au nombre des élèves des diverses écoles : le gouvernement Hollandais vient d'entrer dans cette voie. Les esprits indépendants reconnaîtront avec nous, que telle est la *vraie solution* du conflit qui divise notre pauvre pays.

C'est ainsi que, tout dogmatisme à part, l'éminent auteur de « la Liberté de Conscience » s'est élevé, au nom même de la philosophie, contre l'exclusivisme à l'école.

**

III. — Les plus graves autorités soutiennent que l'instruction, A ELLE SEULE, ouvre bien l'esprit, mais *ne forme pas le cœur*.

(1) Le budget de l'instruction publique dépasse 130 millions par an.

Analysons avec sang-froid cette thèse importante.

C'est d'abord M. Guerry qui, dans un travail complet, couronné par l'Académie, assure que les départements les plus instruits, sont ceux qui fournissent le plus de criminels.

Après lui, MM. *Bigot de Morogues* et *d'Angeville* appuient cette proposition.

Puis M. *Quételet*, académicien belge, consacre sa vie à démontrer « que l'instruction scolaire SANS MORALE, — *nous ne parlons absolument que de celle-là,* — n'est qu'une facilité de plus de mal faire. »

A son tour un spécialiste, M. *Fayet*, affirme qu'il n'y a aucune corrélation entre la criminalité et le défaut d'instruction.

C'est qu'en effet, selon l'expression de M. *Caro* dans son mémoire à l'Académie : « l'instruction ne « contient pas en soi la moralité : ce n'est qu'un « sens, qu'une faculté de plus, un instrument de « perte aussi bien que de salut. »

« Ce n'est pas l'instruction qui moralise, disait « M. *Cousin*, mais l'éducation, et surtout l'éducation « religieuse. L'instruction peut avoir ses dangers. »

**

Lorsqu'en 1843 M. *Thiers*, alors ministre de l'intérieur, voulut s'édifier sur la question qui nous occupe, il ne se contenta point d'affirmer, comme on le faisait récemment à la tribune : « que l'instruction diminuait certainement la criminalité ; » mais estimant utile, lui, d'étudier les choses avant d'en parler, il ouvrit une enquête minutieuse, et recueil-

lit l'avis compétent de l'administration des Pénitenciers.

Le directeur du bagne de Toulon écrivit : « Les
incorrigibles ce sont les lettrés. »

Ceux des prisons de Clermont, de Loos, d'Embrun,
de Limoges, du mont Saint-Michel, et d'autres encore, partagèrent ce sentiment.

Et d'après M. *Moreau Christophe* : « Dans nos
prisons, les plus effrontés coquins, sont ceux qui ont
aiguisé dans les écoles leur intelligence... Les directeurs de prison, ajoute-t-il, sont à peu près unani-
mes pour l'attester : SANS L'ÉDUCATION, l'instruction
n'est qu'une cause de ruine. »

Que de fois la police n'a-t-elle pas saisi chez des
criminels fameux des travaux de médecine légale,
des ouvrages spéciaux sur l'aliénation, l'infanticide,
les poisons, ou encore des comptes-rendus judiciaires,
trop descriptifs! annotés de la manière suivante :
*à rajeunir... ; truc usé... ; innovation...; à com-
biner...*

La vérité comme l'explique fort bien Portalis,
c'est que l'instruction est un instrument utile ou
déplorable, suivant l'usage qu'on en fait ; une machine bienfaisante ou malfaisante, selon l'expression
de M. *Cousin* à l'Académie.

***

Et il en est ainsi de toutes choses !

Le même couteau qui sert à couper le pain des
pauvres, peut devenir une arme homicide dans la
main d'un meurtrier.

La plante vénéneuse, en grandissant ne se transformera pas en un fruit savoureux ; et l'animal aux instincts farouches que rien n'a dompté, ne deviendra que plus dangereux en se fortifiant.

... Pour nous, nous persistons à croire que l'*éducation* est le grand moyen de régénération ; qu'elle ne peut exister sans morale, et qu'il n'y a pas de vraie morale sans religion.

Nul n'est obligé d'être savant ; tandis que chacun est tenu d'être honnête homme.

***

Je sais que plusieurs chercheront à travestir ces pensées.

C'est prêcher l'ignorance, dira-t-on, c'est appeler les ténèbres...

A ceux qui dénatureraient ainsi nos paroles, et qui prétendraient que nous sommes ennemis du savoir, nous répondrons : *plus que personne, nous désirons voir diffuser l'enseignement et ses bienfaits précieux*, mais nous démontrons que l'instruction, EN L'ABSENCE DE TOUTE ÉDUCATION, au lieu d'améliorer la jeunesse, menace de devenir une nouvelle cause de décadence, si l'on n'y prend garde sérieusement.

***

IV. — Voyez le tableau que présente la France, qui fait tant pour l'instruction et si peu pour la moralisation !

Le fils du laboureur qui sait l'orthographe, veut entrer dans les Administrations, même dans les Ministères. Et, comme les chefs du personnel ne découragent jamais les candidats « recommandés », (alors même que la demande ne viendrait en rang utile que pour le siècle suivant), le pauvre jeune homme, en attendant la réalisation de ses vœux, restera dans la ville où il compte trouver un emploi.

J'entends qu'il est libre de retourner aux champs paternels ; que les connaissances acquises, loin d'être défavorables, ne sauraient qu'aider à une exploitation intelligente...

Il s'en gardera bien ! ce serait déchoir...

Et le plus souvent, le père même partagera les sentiments de son fils.

Assurément, d'un ingénieur, on peut faire un cantonnier, et d'un fonctionnaire, un garçon de bureau. Oui, on *peut* descendre ; mais on ne le *veut* pas.

Notre jeune diplômé deviendra donc citadin, prendra les habitudes de la ville, se moralisera au théâtre, s'instruira au café, deviendra lecteur assidu du journal le plus avancé, c'est-à-dire de celui qui prêche le désordre. Et en effet ! si les événements suivent leur cours naturel, il lui faudrait avoir la longue vie des patriarches, pour entrer *candidat-aspirant-surnuméraire*, comme on l'a appelé spirituellement.

***

Il attendra donc.

Et l'idée révolutionnaire, partagée par des milliers de *déclassés* ou de *non déclassés*, fera son chemin.

Nul doute, qu'avant même qu'il ait compris l'inanité de ses espérances ambitieuses, il ne s'élève quelque tempête sociale. Alors, convaincu qu'il fait œuvre de bon citoyen, en contribuant à renverser un ordre de choses qui ne permet pas à un homme de sa valeur de se produire, il versera le pétrole sur la France pour éclairer « l'Obscurantisme » !

Pendant ce temps, le pauvre père écrira à la frontière pour enrôler des moissonneurs mercenaires, parce que, faute de bras, ses foins se fanent sur pied, ou que le blé trop mûr s'égrène sur le sol! Dans ce révolté cependant, dans ce fauteur de révolutions, il y avait un excellent cultivateur, un fils respectueux, qui, à son heure, aurait pu donner sa vie à la France, en réservant son âme à Dieu...

Voilà bien, au point de vue *social*, les conséquences inévitables du système : déclassement des individus, convoitises inassouvies, audaces et désespoirs de l'homme déçu et découragé, amenant à courte échéance et d'une façon chronique des bouleversements, des ruines... et du sang !

Comment en serait-il autrement ? Le nombre des candidats n'est-il point décuplé, juste au moment où l'état de nos Finances oblige à réduire l'effectif des fonctionnaires ?

Où en arrive-t-on socialement parlant...? On n'en sait rien : personne n'ose même se poser cette question redoutable.

Ainsi, d'après le Bulletin municipal Officiel de la

Préfecture de la Seine, pour *cent quarante* places, il y a plus de VINGT-SEPT MILLE demandes (1).

[*]

Et alors que les *âmes* se gâtent sous ce régime délétère, les *corps*, eux aussi, se déforment tant, a dit M. Lagneau à l'Académie des sciences, que les conscrits incapables du service militaire, sont très spécialement des diplômés.

Tel est le résultat du surmenage intellectuel : une déviation physique et morale, un double rachitisme : *mens insana, in corpore insano.*

[*]

Aux « brevetés » ajoutez les candidats évincés ; et vous aurez une légion d'affamés en quête d'un gagne-pain quelconque, comme l'a prouvé également M. Dujardin-Beaumetz à l'Académie.

Le *cercle* des connaissances exigées est si vaste, qu'à peine l'élève a-t-il le temps d'en faire le tour, comme au pas de course, sans s'arrêter nulle part.

De nos jours le monument de l'instruction publique est *tout en façade*. Point de profondeur.

Puis, dans cette façade, on a percé tant d'ouvertures nouvelles pour multiplier les *vues*, que l'œuvre même n'a plus aucune solidité.

---

(1) *Commis :* 12 places par an ; 2821 candidats. — *Octroi :* 33 places ; 3220 candidats. — *Mont-de-Piété :* 17 vacances ; 4023 postu'ants...

Au Temple de la science, recueilli et ordonné, on substitue une halle tumultueuse et confuse.

**

Dès que les parents, quelque modeste que soit leur condition, ont *le moyen de payer* les droits de brevet, ils n'ont qu'un rêve : faire subir à leur fils épreuves et concours.

Un examinateur se plaignait un jour de l'incroyable faiblesse d'un élève.

... Le candidat avait-il répondu que le favori de Tibère « c'était Jean »; confondu Scarron avec Mascaron ; ou affirmé, comme nous l'avons entendu nous-même, que Florian était l'auteur des fables de La Fontaine...? Je ne sais.

Bref, un autre examinateur intervenant : « Revenez donc mon ami! dit-il, et ne vous troublez pas : D'où êtes-vous? — De Cholet, Monsieur. — Très bien! Est-ce un beau pays? — Oh! bien joli, Monsieur! — Que fait votre père? — De la toile, Monsieur, surtout des mouchoirs; nous en expédions partout, même en Amérique, ourlés ou pas ourlés, par douze ou par vingt-quatre... — De mieux en mieux! »

Et se tournant vers ses collègues, le professeur ajouta : « Vous voyez, Messieurs, que quand on demande à ce jeune homme des choses qu'il sait, il s'en tire fort bien. Pour vous, mon ami, retournez à Cholet, faites de la toile... et mes compliments à Monsieur votre père. »

CHAPITRE DEUXIÈME

L'INSTRUCTION ET LA CRIMINALITÉ
MORALITÉ COMPARÉE

S'il était vrai que le défaut d'instruction fût la cause de tous les maux, qu'il est plus juste d'attribuer à l'absence d'éducation, on devrait arriver à ces deux conséquences sociales : d'abord qu'il doit y avoir une moralité moindre *dans les campagnes* où l'enseignement est moins soigné que dans les villes ; puis ensuite, que le sentiment du devoir doit être bien plus faible *chez la femme* que chez l'homme, qui fait des études beaucoup plus complètes.

**

Or, c'est précisément le contraire qui arrive.

En effet, la population urbaine, qui ne forme que les trois dixièmes de la masse totale, fournit cependant près de la moitié des accusés : soit 3 contre 1.

Et secondement, la statistique établit que la femme commet environ *quatre fois moins de délits que l'homme, et six fois moins de crimes.*

En un quart de siècle, sur cinq millions de *délits,* les hommes figurent pour quatre millions.

Quant aux *crimes* commis par les hommes, la moyenne est de 84 sur cent; par les femmes, 16 sur cent seulement.

Enfin sur un total de 7.570 suicidés, il en a 5.960 du sexe masculin.

La raison en est surtout dans ces deux mots : on donne encore à la fille l'ÉDUCATION; on se contente de FAIRE INSTRUIRE le fils.

Et, en admettant même, que la femme ne développe pas cette éducation première, elle en conservera néanmoins une impression durable et profonde, car elle grandira sans connaître les sophismes du faux philosophe, les paradoxes du rhéteur, les témérités et les audaces de la demi-science : *quod multorum sermonis expertes, ea mulieres tenent semper quæ prima didicerunt*, selon la judicieuse remarque de l'auteur du *Traité des Lois*.

*

Rappelez-vous les Aspasie, les Élisabeth, les Marion Delorme, la Grande Catherine..., et vous ne pourrez admettre, comme on le soutient, que c'est l'ignorance qui gâte le cœur de la femme.

Elle ne manque point de philosophie, cette réflexion d'un satirique : une femme qui est *très* instruite l'est souvent *trop*.

La Providence sachant la mission de la femme au foyer, lui a donné l'intuition, c'est-à-dire, en bien des cas, la *vision* nette des choses sans les labeurs de la *prévision*.

Dans cet ordre d'idées, pour elle, le travail est presque tout fait.

Les amis de la libre-pensée ont bien compris quel parti ils pourraient tirer du scepticisme de la science.

Et c'était calculer habilement ; parvenir à jeter le doute au cœur de la femme, l'institutrice du genre humain, *reipublicæ damnum aut salus*, d'après l'expression de Sénèque ; n'est-ce pas le moyen le plus assuré d'étouffer les croyances au berceau ?

***

Pratiquement, à quoi a-t-on abouti ?

A constituer en 6 années seulement, une armée de 300.000 « candidates » et de 138.000 diplômées, dont la plupart sollicitent en vain un emploi.

Pour une place disponible il y a des centaines de demandes.

Veut-on des chiffres ?

Pendant la même période, les commissions d'examen ont décerné 125.000 brevets élémentaires et 13.000 brevets supérieurs ; or, étant donné le nombre des places vacantes par année, il faudrait attendre SOIXANTE ET ONZE ANNÉES, pour parvenir à placer rien que les postulantes inscrites à Paris ! (Cons. m. 15 mars.) Beaucoup meurent de faim, qui eussent été des ménagères modèles, sans cette décevante tentation du diplôme !

***

Que de temps laborieusement perdu !

Quel intérêt, nous le demandons, peut-il y avoir

pour des jeunes filles, à préciser « le rôle de la Macédoine au point de vue de la diffusion de l'hellé-
nisme »; ou à comparer : « la civilisation de l'Égypte
avec celle de la Chaldée. »

Voilà, cependant, les sujets que l'on donne en
composition!

Eh quoi! savants examinateurs, vous connaîtriez
assez les mœurs des Chasdims ou Couschites, pour
les juger... ?

Malheur au temps où le sentiment aura fait place
dans le cœur de la mère et de l'épouse, à une science
aride et desséchante; où, au lieu d'être pour
l'homme, selon des vues providentielles, l'agent intime du bonheur et de la moralisation, la femme ne
sera pour son enfant qu'un pédadogue, pour son
époux qu'un condisciple... !

A partir de ce jour, la famille n'existera plus que
de nom !

*
* *

De toutes les démonstrations invoquées à l'appui
de la thèse que nous analysons, il n'en est pas que
l'on renouvelle plus volontiers que celle-ci : « La
preuve que l'instruction moralise, c'est que, sur
100 criminels, 2 ou 3 seulement ont suivi des cours
supérieurs. »

Les naïfs trouvent cette preuve décisive! et la
satisfaction avec laquelle on la reproduit chaque année, à l'époque du rapport sur la statistique crimi-
nelle, prouve la légèreté d'esprit de beaucoup.

C'est comme si l'on disait : « Sur 100 délinquants,

il n'y a qu'un bossu et 2 borgnes; sur 20 criminels, il n'y a que 8 récidivistes et un forçat libéré.
Donc, les borgnes, les récidivistes et les forçats sont
plus moraux que les autres hommes... »

Est-ce que les érudits et les savants, ne sont point,
eux aussi, *la minorité* dans la société, et même une
très petite fraction?

Leur nombre étant extrêmement limité, les crimes qui leur sont imputables, doivent, de toute évidence, être bien plus rares que ceux relevés contre
les citoyens vulgaires. En effet, qu'on prenne au
hasard dans la société une centaine d'individus:
parmi eux, il ne se rencontrera peut-être qu'un
homme ayant une haute culture intellectuelle.

Donc, si la première catégorie, (celle des ignorants), est cent fois plus importante que celle des
savants, elle pourra, — en vertu même de la pro-
portionnalité, — fournir cent délinquants contre
un, c'est-à-dire cent fois plus de coupables... : et
le rapport restera rigoureusement le même.

En résumé, l'erreur commise est la suivante : on
argumente, comme si les savants et les ignorants
étaient EN PROPORTION ÉGALE dans le monde !

Or rien n'est moins exact.

La thèse manque donc de critique et de justesse,
bien qu'on ne se lasse pas de la rééditer, grâce à sa
forme spécieuse.

D'ailleurs, de hautes études impliquent une situation pécuniaire, qui exclut la plupart des tentations,
auxquelles succombe souvent le pauvre.

***

Reportons-nous donc à l'enseignement général et populaire, le plus important de tous.

Or, en 1826, par exemple, il y avait en France 30.000 écoles; on en compte aujourd'hui 80 mille environ.

Cependant, qui *oserait soutenir, que la moralité de la jeunesse soit* PROGRÈS?

Peut-on nier, au contraire, que jamais crimes épouvantables n'ont été plus fréquemment commis, par de très jeunes hommes, d'une instruction *supérieure à celle de la masse?*

Les faits sont là, indéniables, saisissants.

Non, ce qui dissuade de mal faire, ce ne sont point tant les connaissances de l'esprit, que les sentiments du cœur.

CHAPITRE TROISIÈME

L'ATHÉISME SOCIAL : LA RELIGION

Tous les âges, et tous les peuples ont jugé téméraire cette entreprise contemporaine, à savoir : l'indifférence religieuse, socialement affirmée?

Écoutez les anciens eux-mêmes :

« L'ignorance du vrai Dieu est pour un État la pire « des calamités, » disait *Platon*.

Et *Aristote :* « Il est plus difficile de créer une so- « ciété sans croyances, que d'édifier une cité dans les « airs. »

Puis *Cicéron :* « Il n'est pas de peuple assez bar- « bare, pour croire possible de se passer de l'idée de « la Divinité. »

Sénèque, à son tour, voudra que l'enseignement suggère aux jeunes âmes la justice et la piété : *justiciam ac pietatem*.

Quintilien est plus explicite encore, quand il demande pour les maîtres, les hautes vertus : *sanctitatem docentis :* le mot est remarquable.

Ce sont des païens qui parlent ainsi (1).

_____

(1) *Voir* le Dictionnaire des sciences philosophiques par M. *Franck*, et les savantes recherches de M. *Martha* sur les Moralistes anciens.

Consultez aussi les philosophes modernes.

Voltaire, parlant de l'action divine dans le monde, s'exprime ainsi :

> C'est le sacré lien de la société,
> Le premier fondement de la sainte équité.

Autre part il s'écrie : « Un peuple athée serait une horde de brigands. »

« Sans Dieu, pas de vraie probité, » affirmera aussi *Rousseau*.

« En dehors des notions religieuses, point d'éduca-« tion morale possible, » répète de son côté M. *Jouffroy*.

« L'instruction populaire doit être religieuse, « c'est-à-dire chrétienne, » déclare encore M. *Cousin*.

Et il ajoute : « L'instruction répand l'erreur ou la « vérité, la vraie ou la fausse lumière... On voit des « gens très instruits et très immoraux. »

« Pour être utile, l'instruction primaire doit être « profondément religieuse, » conclut aussi M. *Guizot...* Si l'instituteur n'est pas l'auxiliaire du prê-« tre, la morale de l'école est en danger. »

« Quel avantage, s'écriait *Robespierre*, (interpel-« lant ainsi l'athéisme social de son temps), quel « avantage trouves-tu donc à persuader aux hom-« mes qu'une force aveugle préside à leur destinée, « et frappe au hasard le crime ou la vertu, et que « son âme n'est qu'un souffle léger qui s'éteint aux « portes du tombeau !.... L'idée de son néant lui

« inspirera-t-elle des sentiments plus purs et plus
« élevés que celle de son immortalité? »

Ne croyez-vous pas que de nos jours, Robespierre
lui-même serait taxé de cléricalisme, et vili-
pendé comme réactionnaire...? N'a-t-il pas obtenu
de la Convention cette profession de foi : «Le peuple
« français croit à l'existence de l'Être Suprême, et
« à l'immortalité de l'âme. » (8 juin 1794.)

Notons enfin cette parole de Bonaparte : «L'homme
sans Dieu, ah! je l'ai vu à l'œuvre en 93...! De cet
homme-là, j'en ai assez! Pour former l'homme il faut
mettre Dieu avec soi... Nulle société ne peut exister
sans morale, et la morale implique des croyances. »

♦

Nous ne combattons pas ici des théories, nous signalons des faits : l'éducation négative qu'on s'efforce
d'imposer à la France.

Ainsi, au moment où les passions s'éveillent, où
le besoin de l'indépendance se fait sentir, on ne pré-
munit pas l'enfant contre les attraits du mal qui l'entoure, ni contre les séductions d'une imagination
ardente!

La provocation est certaine, la lutte inévitable...
Et on l'envoie combattre sans armes pour se défendre, sans bouclier pour se protéger!

Pendant plusieurs années, il n'y aura plus pour
lui de vie morale, mais une froide instruction... On
développera ses facultés sans lui indiquer la direction qu'elles doivent prendre; on fera le vide autour
de lui; on ne donnera rien à cette âme avide de

vérité ; on laissera ce cœur se dessécher dans l'é-
goïsme et l'indifférence, et s'avilir quelquefois jusqu'à la dégradation.

Sa mère aura éveillé en lui des notions religieuses, alors qu'il n'en pouvait pas encore bien comprendre la signification ; et, du jour où l'intelligence
de l'élève saura chercher la pensée dans la formule
qui l'enveloppe, le maître taira ces choses comme si
l'on redoutait d'en rappeler le souvenir.

En un mot, l'éducation, indispensable à tout
homme dans toutes les carrières ; l'éducation qui sur-
vit à la mémoire des formules et des réminiscences
classiques, sera mise en quelque sorte au ban des
programmes scolaires, durant cette évolution décisive qui substitue l'homme à l'enfant, la liberté à la
dépendance, la curiosité à la confiance, la passion
ardente à l'ingénuité et à la candeur du jeune âge.

Tel est l'avenir qu'on prépare !

**

En une seule année, il y a eu, de l'aveu de **M.** le
Garde des Sceaux, 398 suicides de *mineurs*, dont
67 de jeunes enfants.

C'est tristement significatif !

Ceux-là, qui se constituent les apôtres de l'incrédulité méritent bien qu'on leur applique le mot de
Platon : « Quiconque attaque les Croyances n'aime
« pas son Pays, car l'athéisme est la ruine même de
« l'État. »

**

Écoutez, en terminant, ces paroles dont l'importance s'accroît encore de l'autorité du nom qui les a signées.

Victor Hugo a écrit les lignes suivantes :

« Quand la France saura lire, ne laissez pas sans
« direction cette intelligence que vous aurez déve-
« loppée : L'IGNORANCE VAUT MIEUX QUE LA MAUVAISE
« SCIENCE. »

Et il ajoute :

« Donc, ensemencez les villages d'évangiles. »

Et ailleurs :

« Ce qui allège la souffrance ; ce qui sanctifie le
« travail ; ce qui fait l'homme bon, fort, sage, patient,
« bienveillant, digne de la liberté, c'est d'avoir devant
« soi la perpétuelle vision d'un monde meilleur,
« rayonnant à travers les ténèbres de cette vie.
« Quant à moi, j'y crois profondément à ce monde
« meilleur, et je déclare ici, c'est la suprême joie
« de mon âme, comme c'est la première certitude
« de ma raison. Je veux donc sincèrement, je dis
« plus, je veux ardemment l'enseignement reli-
« gieux. »

⁎⁎*

La preuve évidente que l'on confond généralement l'instruction avec l'éducation, c'est que l'on entend tous les jours des parents tenir le langage suivant :

« Si notre fils n'est pas élevé comme il aurait dû l'être, ce n'est certes point notre faute ! Nous n'avons rien à nous reprocher de ce côté... Quand il était petit, on a pris des domestiques exclusivement pour lui. Puis, on lui a donné des maîtres à la maison. Aussitôt qu'il a eu l'âge voulu, on l'a placé dans le meilleur lycée; et sans jamais compter, on lui a payé des répétiteurs de tout genre, procuré mille distractions et fourni l'argent de poche de la manière la plus généreuse. C'est au moins vingt mille francs que nous a coûté ce vilain ingrat ! Que pouvions-nous faire de plus... ? »

Oui ! l'enfant a appris à lire et à écrire; il a étudié la grammaire et l'orthographe pendant ses premières années, pour se livrer ensuite à des études plus sérieuses, plus approfondies, sous la direction de professeurs distingués... On lui a enseigné la Géographie et l'Histoire, et à mots couverts la Mythologie... Bientôt, il a commencé le latin, dans César, Phèdre, Ovide, et appris les principes de la prosodie... Plus tard, il a traduit quelques livres de Virgile, deux ou trois chants de l'Iliade : ce qui l'autorisera dans l'âge mûr, à parler avec enthousiasme et tendresse du « divin Homère » !

Ce n'est point tout : il sait extraire une racine carrée, faire une équation, et trouver un chiffre logarithmique...

Enfin, il a passé en revue les doctrines des grands philosophes de l'humanité, donnant à l'étude de chacun d'eux un quart d'heure en moyenne ; il a même lu 50 pages de Dugald-Stewart, 100 de M. Jouffroy, et 200 de M. Cousin...

Bref, il est réputé avoir fait des études *complètes ! !* A merveille !

Cependant les parents vont peut-être s'apercevoir

que l'enfant est devenu homme, *sans avoir vraiment reçu d'éducation.* La tête est meublée de connaissances multiples ; mais le cœur est vide, si même il n'est pas gâté dans ses profondeurs.

**

Pendant plusieurs années nous avons entendu, dans un des premiers lycées, notre Proviseur nous adresser, chaque samedi, l'allocution suivante, dans des termes presque identiques : « Messieurs, vos « familles font des sacrifices pour votre instruction ; « vous ne voudrez pas qu'elles perdent leur argent. « Évitez donc avant tout les fautes matérielles, si « vous voulez obtenir les diplômes qui doivent être le « but de vos efforts. »

Durant huit années, les internes n'ont point reçu d'autre conseil de la part de cet excellent homme. Et cela suffirait..?

C'est lamentable...

Heureusement, on trouvait autre chose à nous dire au digne foyer de la famille. Mais combien sont privés de cette direction !

Il faut que les parents s'en rendent compte : l'enseignement public, redisons-le encore, n'a, pour ainsi dire, nul souci de l'éducation.

Où trouverait-on un proviseur, se considérant comme véritablement chargé d'inciter à la vertu la jeunesse qui lui est confiée... ?

On n'obtiendrait même pas cette précieuse influence en payant « un supplément », comme pour l'escrime, la musique ou la danse...

C'est en dehors du programme !

A peine ose-t-on garantir la discipline.

Ainsi donc: en ce qui concerne les maîtres, l'élève EST CENSÉ recevoir des parents l'éducation morale... ; et de leur côté, ces derniers comptent aveuglément sur les maîtres qu'ils payent, vous diront-ils, pour les remplacer.

Le prix de la pension « *tout compris* », ne s'applique-t-il pas aussi bien à la formation du cœur qu'à la nourriture, au blanchissage et au cirage des bottes... ?

Cela ne fait même pas question pour le père !

***

. . . .

N'en avons-nous point dit assez, pour démontrer la justesse de cette affirmation :

L'*Instruction* SEULE, ne suffit pas à moraliser l'enfant.

Il faut de toute nécessité y joindre l'*Éducation*.

CONCLUSION

En résumé, ce qu'on prend pour impossibilité de « bien élever », n'est presque toujours que l'impuissance certaine de corriger une direction DÉJA FAUSSÉE, et de réparer l'œuvre manquée totalement.

On commence à vouloir réagir, quand le mal EST FAIT.

Oh oui ! souvenons-nous qu'accorder à l'enfant tout ce qu'il demande, et lui céder pour s'épargner les ennuis de la lutte, cela s'appelle d'un mot fort clair et tristement significatif : LE GATER.

Certes ! il n'est point interdit ce vœu si cher, cet idéal charmant : avoir des filles dont on ne parle point..., et des fils dont on parle beaucoup...

Mais avant toute chose, de grâce ! donnons-leur avec de fortes croyances, une vraie éducation, et ne la sacrifions jamais, en aucun cas, à une instruction exclusive et absorbante.

Enfin, si l'on veut une formule dernière, nous dirons :

— Que la mère dirige librement.
— Que le père sanctionne.
— Et que tous deux donnent l'exemple.

FIN

TABLE DES MATIÈRES

LIVRE TROISIÈME

L'autorité et la correction.

LIVRE QUATRIÈME

La physionomie et le caractère.

LIVRE CINQUIÈME

Influence de la gaieté sur l'éducation.

LIVRE SIXIÈME

Idées de l'enfant sur le bonheur.

LIVRE SEPTIÈME

Perceptions, facultés et sentiments de l'enfant. L'éducation au berceau.

LIVRE HUITIÈME

Principaux défauts de l'enfant.

LIVRE NEUVIÈME

Les enfants terribles. — Anecdotes.

LIVRE DIXIÈME

L'amour paternel. — L'amour filial.

LIVRE ONZIÈME

L'esprit de dénigrement. — La médisance.

34

LIVRE DIX-SEPTIÈME

De l'éducation des parents « par les enfants »,

LIVRE DIX-HUITIÈME

Pourquoi il y a tant d'enfants mal élevés.

7210. — Poitiers, Imprimerie BLAIS, ROY et Cie, rue Victor-Hugo.

www.ingramcontent.com/pod-product-compliance
Lightning Source LLC
Chambersburg PA
CBHW070623270326
41926CB00011B/1788